Wolfgang Wippermann
Niemand ist ein Zigeuner

Wolfgang Wippermann

NIEMAND IST EIN ZIGEUNER

Zur Ächtung eines europäischen Vorurteils

Mehr Bäume.
Weniger CO₂.
www.cpibooks.de/klimaneutral

MIX
Papier aus verantwor-
tungsvollen Quellen
FSC® C083411

Bibliografische Information der Deutschen Nationalbibliothek

Die Deutsche Nationalbibliothek verzeichnet diese
Publikation in der Deutschen Nationalbibliografie;
detaillierte bibliografische Daten sind im Internet unter
http://dnb.d-nb.de abrufbar.

Umschlag: Groothuis. www.groothuis.de
Covergestaltung und Illustration: Ralf Nietmann|
ralfnietmann.de
Der Autor wird vertreten durch Aenne Glienke|Agentur für Autoren
und Verlage|aenneglienkeagentur.de
Herstellung: Das Herstellungsbüro, Hamburg|
buch-herstellungsbuero.de
Druck und Bindung: CPI – Clausen & Bosse, Leck
Printed in Germany

ISBN 978-3-89684-167-4

www.edition-koerber-stiftung.de

Inhalt

»Wäsche weg! Die Zigeuner kommen!«
Einleitung

»Wäsche weg! Die Zigeuner kommen!« – rief meine Großmutter 1951 aufgeregt aus, als sich eine Gruppe von Roma unserem Haus näherte. Meine Großmutter nahm die noch feuchte Wäsche von der Leine und befahl mir, sofort ins Haus zu gehen. Folgsam, wie ich im Alter von sechs Jahren noch war, gehorchte ich meiner geliebten Großmutter, fragte sie aber, was das alles solle. Flüsternd und sich sogar bekreuzigend teilte sie mir mit, dass »die Zigeuner« furchtbare Menschen seien, die keineswegs nur Wäsche, sondern auch kleine Kinder stehlen würden. Dies weckte meine Neugier. In der Hoffnung, durch die »Zigeuner« aus der Herrschaft meines überaus strengen Elternhauses und vom gerade begonnenen Schuldienst befreit zu werden, lief ich ihnen nach. Leider vergeblich. Die »Zigeuner« haben mich nicht gestohlen. Sie zogen an mir vorbei. Ich habe ihnen nur sehnsüchtig und voller Neid auf ihre freie Lebensweise nachschauen können.

Mit dieser Geschichte aus meiner Kindheit habe ich beschrieben, was ich Jahre später als Historiker erforscht habe – die Antiziganismus genannte Feindschaft gegenüber jenen, wie sie sich selber nennen, Roma bzw. Sinti und Roma. Sie wurzelt in einer Mischung aus Angst und Neid und besteht aus Vorurteilen der Angehörigen der Mehrheitsgesellschaft, die von den Roma »gadsche« genannt werden.

An erster Stelle ist die Namensgebung zu nennen. Denn diese ist falsch und pejorativ. Roma sind keine »Zigeuner«. Dabei handelt es sich um eine Fremdbezeichnung, eine Zuschreibung, die negative Assoziationen auslöst und auslösen soll. Im Deutschen bezieht sie sich auf die Vorstellung, dass Roma ständig herumziehen und Gaunereien begehen würden, das Wort »Zigeuner« bedeutet eigentlich »Zieh-Gauner«. Obwohl dies falsch ist, war das Vorurteil für meine Großmutter eine Tatsache. Sie glaubte fest daran, dass »Zigeuner« vor allem kleine Kinder stehlen würden. Das sich hartnäckig haltende Vorurteil, wonach »Zigeuner« notorische Diebe und Kinderräuber seien, ist das zentrale Element des sozialen Antiziganismus.

Während dies keiner weiteren Erläuterung bedarf, bleibt jedoch zu erklären, warum sich meine Großmutter bekreuzigte, um sich und mich vor den »Zigeunern« zu schützen. Weil sie in den »Zigeunern« teuflische Wesen erblicken wollte, die sich mit dem Teufel verbündet hätten, um von ihm seine magischen Fähigkeiten zu erlernen. Ich sehe in der Verteufelung der Roma das zentrale Element des wiederum von mir so genannten religiösen Antiziganismus.

Zum religiösen und sozialen Antiziganismus kommt ein weiteres Vorurteil. Es handelt sich dabei um den auch von mir als Jungen geteilten Neid auf das angeblich »lustige Zigeunerleben« der Roma, die ständig herumziehen dürfen, statt sich wie alle anderen von anständiger und ehrlicher Arbeit zu ernähren – und ihre Kinder in Schulen zu schicken, wo sie zu dieser anständigen und ehrlichen Arbeit erzogen werden. Die Forschung bezeichnet dieses scheinbar positive Vorurteil als romantischen Antiziganismus.

Diese Erklärungen und Differenzierungen des Antiziganismus sind sicherlich richtig und wichtig, erklären aber nicht, warum diese Vorurteile gegenüber allen Roma bestehen. Meine Großmutter und ich kannten keinen einzigen und haben auch mit keinem der Roma gesprochen, die an unserem Haus vorbeizogen. Dennoch waren wir vom Wahrheitsgehalt der erwähnten Vorurteile gegenüber »den Zigeunern« überzeugt. Warum? Weil wir wie die meisten Angehörigen der Mehrheitsgesellschaft davon überzeugt waren, dass alle Roma von Natur aus die gleichen negativen Eigenschaften aufwiesen. Dies ist eine genuin rassistische Denkungsart. Ich bezeichne das als rassistischen Antiziganismus, der den sozialen, religiösen und romantisierenden Antiziganismus ergänzt, aber keineswegs verdrängt hat.

Antiziganismus ist also eine Ideologie, die aus sozialen, religiösen, romantisierenden und rassistischen Elementen besteht und auf Vorurteilen über die diebischen, faulen, teuflischen und »rassisch minderwertigen« Roma beruht. Diese Ideologie bzw. dieses »falsche Bewusstsein« ist aber tief in der Mentalität der Mehrheitsgesellschaft verwurzelt und von Generation zu Generation tradiert worden. Die Ängste und Vorurteile gegenüber den Roma wurden von den Herrschenden aufgegriffen und instrumentalisiert, um von sozialen Missständen ablenken und politische Ziele rechtfertigen zu können. Roma wurden nicht nur zu Sündenböcken gemacht, sondern diskriminiert und verfolgt. Das wurde von den Angehörigen der Mehrheitsgesellschaften nicht nur gebilligt, sondern gefordert, weil der Antiziganismus in ihrer Mentalität fest verwurzelt ist.

Mit der Geschichte und Funktion des Antiziganismus als Ideologie, Mentalität und Politik habe ich mich seit mehr als dreißig Jahren beschäftigt und darüber sowie über den Völkermord an den Roma mehrere Aufsätze und Bücher publiziert. Zunächst davon ausgegangen, dass in erster Linie der deutsche Antiziganismus zum Völkermord geführt hat, haben meine Forschungen aber ergeben, dass es sich keineswegs nur um ein spezifisch deutsches Phänomen gehandelt hat.

Beides ist falsch. Beim Antiziganismus handelt es sich um ein gesamteuropäisches Vorurteil, und der Völkermord an den Roma ist als ein europäischer Genozid zu bezeichnen, weil er keineswegs nur von den Deutschen, sondern auch von den Angehörigen anderer europäischer Völker begangen worden ist. Dennoch ist der Antiziganismus nach 1945 nicht so geächtet worden wie der Antisemitismus, der zum Völkermord an den Juden geführt hat. Die Roma werden immer noch und in allen europäischen Ländern stärker abgelehnt, diskriminiert und verachtet als die Juden. Ein skandalöser Zustand. Niemand ist ein »Zigeuner«, und keiner darf als »Zigeuner« (oder »gypsy«, »gitano«, »tsigan«, »zigenar« etc.) beschimpft, diskriminiert und verfolgt werden. Es muss zu einer Ächtung dieses europäischen Vorurteils kommen.

Um diese Thesen beweisen und diese Forderungen begründen zu können, bin ich folgendermaßen vorgegangen. Zunächst wird im ersten Kapitel begründet, warum nicht nur die deutsche, sondern alle anderen europäischen Fremdbezeichnungen der Roma falsch und antiziganistisch konnotiert sind. Im zweiten Kapitel wird gezeigt, wie es in ganz Europa zur Feind- und Fremderklärung der Roma gekommen ist. Beides ist bis heute nicht überwunden worden. Die Roma werden, wenn auch nicht mehr als Feinde Europas, so doch als Fremde angesehen. Dies, obwohl sie bzw. ihre Vorfahren schon vor tausend Jahren nach Europa eingewandert sind. In den nächsten beiden Kapiteln wenden wir uns der Entstehung und Verbreitung des religiösen und sozialen sowie des rassistischen und romantischen Antiziganismus zu. Dies geschieht wiederum unter einer gesamteuropäischen Perspektive und in einer epochenübergreifenden Weise.

Im darauffolgenden Kapitel wird die Geschichte des intendierten und rassistisch motivierten Völkermordes an den Roma skizziert, der im Romanes, der Sprache der Roma, *Porrajmos* (= das Verschlungene) genannt wird. Wie bereits oben angedeutet, wird dabei auch auf die Kollaboration einiger europäischer Völker am Genozid der Roma verwiesen.

Beides – die europäische Kollaboration und die rassistische Motivation des Porrajmos – ist jedoch, wie im sechsten Kapitel gezeigt wird, nach 1945 geleugnet worden. Dies geschah, um den überlebenden Roma den Anspruch auf Wiedergutmachung zu verweigern, und wurde mit dem antiziganistischen Argument begründet, wonach es sich bei den ermordeten Roma um »Asoziale« gehandelt habe, die wegen ihrer »asozialen« Eigenschaften und nicht wegen ihrer »rassischen« Herkunft ermordet worden seien.

Von diesem Stigma sind die Roma in Westeuropa bis heute nicht befreit worden, auch wenn sich dazu niemand mehr bekennt. Sie werden zwar nicht mehr offen als Asoziale beschimpft, aber etwas verschämt zu einer »sozialen Randgruppe« erklärt, deren Angehörige aufgefordert werden, sich endlich in die Mehrheitsgesellschaft zu integrieren. Dieses Integrationsgebot ist vielleicht gut gemeint, basiert aber auf der falschen Annahme, dass sich die Roma bisher nicht integriert haben und das auch nicht wollen. Das Gegenteil ist der Fall: Die Integration der Roma wird nicht von den Roma verweigert, sie wurde und wird zum Teil noch heute von Politikern in Europa verhindert, indem die Roma von der Mehrheitsgesellschaft separiert werden. Sie müssen ihre Kinder auf besondere und schlecht ausgestattete (Hilfs-)Schulen schicken, werden gezwungen, in besonderen und schlechten Wohnquartieren zu leben, und erhalten schlechtere Sozialleistungen als ihre Mitbürger. Die Separierung und Diskriminierung der Roma wird von vielen Angehörigen der Mehrheitsgesellschaft begrüßt und gefordert. Für sie sind und bleiben die Roma eben ewige »Zigeuner« oder ständig herumziehende »Nomaden«. Dies ist, wie im siebenten Kapitel gezeigt wird, jedoch stärker in den westeuropäischen Ländern als in Deutschland der Fall.

In Osteuropa ist die Situation der Roma noch schlimmer. Hier werden die schon seit Jahrhunderten lebenden Roma nicht »nur« in rechtlicher und sozialer Hinsicht diskriminiert, hier sind sie offenen Verfolgungen ausgesetzt, die nicht nur mit Elementen und Motiven des sozialen (und religiösen), sondern auch des rassistischen Antiziganismus begründet werden.

Sowohl die Diskriminierung der Roma in Westeuropa wie ihre Verfolgung in Osteuropa hätte von Europa bzw. den verschiedenen europäischen Institutionen und Organisationen verhindert werden müssen. In mehreren ost- und westeuropäischen Ländern werden den Roma sogar die Minderheitenschutzrechte verweigert. Dies ist ein Verstoß gegen die Konventionen und Gesetze, die vom Europaparlament beschlossen und vom Europarat erlassen worden sind. Die EU hat bisher auch darauf verzichtet, die Mitgliedstaaten zu kritisieren oder ihnen den Ausschluss aus der Europäischen Union anzudrohen, die die Diskriminierung und offene Verfolgung ihrer Roma-Staatsbürger tolerieren oder gar selber betreiben. Das ist skandalös.

Noch skandalöser ist, dass den europäischen Roma häufig das verwehrt wird, was ihnen als Bürgern eines Staates der Europäischen Union eigentlich und von Rechts wegen zusteht, nämlich die Freizügigkeit, das Recht, von einem europäischen Staat in den anderen zu ziehen und dort zu wohnen und zu arbeiten. Stattdessen werden die Roma, welche der Not in ihren Heimatländern entfliehen, als »Sozialtouristen« beschimpft, weil sie sich ihnen angeblich nicht zustehende Sozialleistungen ergaunern würden.

Ein, wie ich finde, besonders perfides und abscheuliches Beispiel für die fortdauernde Diskriminierung der Roma hat die Bundesrepublik Deutschland im September 2014 geliefert, indem sie den Roma aus einigen Balkanstaaten, die noch nicht der EU angehören, das Grundrecht auf Asyl verweigerte. Und dies mit der ebenso fadenscheinigen wie falschen Begründung, die Roma würden in diesen Staaten nicht politisch verfolgt. Roma, die aus diesen formal als »sicher« eingestuften Staaten in die Bundesrepublik Deutschland geflüchtet sind, werden derzeit alle wieder ausgewiesen und in ihre Herkunftsländer zurückgeschickt.

All das ist ein Beleg für die Fortexistenz des Antiziganismus im gegenwärtigen Europa. Dagegen wehren sich, wie im zehnten und letzten Kapitel dargestellt wird, einige Roma-Verbände. Sie fordern jene Rechte ein, die ihnen als Angehörigen einer ethnischen Minderheit zustehen. Einige europäische Roma gehen in ihrer Forderung sogar noch weiter: Sie wollen nicht mehr nur als Minderheit angesehen werden. Schließlich handelt es sich bei den Roma um ein Volk, das zu einer Nation werden und die Errichtung eines Nationalstaates fordern kann. Wohlgemerkt kann. Denn bisher haben nur ganz wenige Roma die Errichtung eines Roma-Staates gefordert. Doch einen Namen hat er schon – Romanestan. Romanestan könnte die europäischen Roma vor dem europäischen Antiziganismus schützen, wie Israel die Juden vor dem weltweiten Antisemitismus schützt.

Dazu muss, ja sollte es jedoch nicht kommen. Die Abwehr des europäischen Antiziganismus und der Schutz der europäischen Roma sollte unsere Aufgabe sein. Denn dafür sind wir Europäer verantwortlich. Wir müssen unsere Vorurteile überwinden und die Feindschaft gegenüber den Roma genauso ächten wie die gegen die Juden. Daher und noch einmal: Niemand ist ein »Zigeuner«, und keiner darf als »Zigeuner« (oder »gypsy«, »gitano«, »tsigan«, »zigenar« etc.) beschimpft, diskriminiert und verfolgt werden.

Wie schon diesen Ankündigungen zu entnehmen ist, ist die

gesamte Arbeit nicht zweckfrei und ohne Zorn – *sine ira et studio* – geschrieben worden. Sie ist kritisch und zielt auf eine Bekämpfung und Überwindung des Antiziganismus ab. Erklärungsbedürftig hingegen ist die Gewichtung der Arbeit. Der Schwerpunkt liegt auf der Gegenwart. Der Geschichte wird weniger Raum gewidmet. Das kann man kritisieren, ist die Gegenwart doch nicht ohne die Geschichte zu verstehen. Dennoch blicken wir aus der Gegenwart auf die Geschichte, um aus der Geschichte etwas für die Gegenwart zu lernen.

Dass die gesamte Arbeit in gedrängter Kürze und in einer essayistischen Form gehalten ist, nur über einen ganz knappen Anmerkungsapparat verfügt und in einer allgemein verständlichen Sprache geschrieben ist, geschah bewusst, um einen möglichst breiten Leserkreis zu erreichen, der sich für dieses wichtige und uns alle betreffende Thema interessiert.

Weiterführende Literaturhinweise findet man in einem angehängten Kapitel, in dem ich die »Zigeunerforschung« kritisiere. In einem abschließenden »Glossar« werden die wichtigsten Begriffe noch einmal erwähnt und erklärt. Diese zusätzlichen Informationen sollen die Leser in die Lage versetzen, meine sehr persönlich gehaltenen Thesen und Forderungen zu verstehen und mit mir zu diskutieren. Darauf freue ich mich.

1. Schnitzel und Saucen

»Zigeuner« und »gypsies«

Dürfen wir noch »Zigeunerschnitzel« essen, Pommes mit einer »Zigeunersauce« bestellen und schnulzige Lieder über »gypsy women« singen, werde ich oft gefragt. Wenn es euch Spaß macht, nur zu!, pflege ich dann zu antworten. Beachtet aber bitte, dass die Roma es keineswegs spaßig finden, wenn sie als »Zigeuner« und »gypsies« bezeichnet werden. Schließlich wollt ihr ja auch nicht als »boches«, »Hunnen«, »Krauts« oder gar samt und sonders als »Faschisten« bezeichnet und beschimpft werden.

Damit ist das Wesentliche gesagt. Genau wie die Deutschen wollen auch die Roma nicht beschimpft werden. Dies geschieht aber, wenn man sie als »Zigeuner« oder als »gypsies« bezeichnet, denn diese und alle anderen europäischen Fremdbezeichnungen der Roma sind negativ konnotiert. Wie kam es dazu?

Den Anfang haben die Griechen gemacht. Denn die haben die Roma, die vom 9. bis zum 11. Jahrhundert über Konstantinopel in den europäischen Teil des damaligen Byzantinischen Reiches eingewandert sind, als »atsigganoi« bezeichnet (im

Neugriechischen werden sie »tsigganoi« genannt). Vermutlich weil die Griechen meinten, dass die eingewanderten Roma der christlichen Religionsgemeinschaft der »athinganoi« (= die Unberührbaren) angehörten. Ob es sich hierbei um eine Eigen- oder eine Fremdbezeichnung dieser Religionsgemeinschaft gehandelt hat, weiß man bis heute nicht. Sicher ist, dass sie keine positive Bedeutung hatte. Den Athinganen wurde näm- lich nicht nur unterstellt, unberührbar zu sein und sein zu wollen, weil sie alle Kontakte mit ihren christlichen Brüdern und sonstigen Mitmenschen vermieden, sondern sich allzu weit von den offiziellen Dogmen und Lehren der Amtskirche entfernt zu haben, weil sie gnostische, d. h. geheime und nicht legitimierte Lehren verbreiteten. Dazu gehörte die dem persi- schen Zarathustra-Glauben entlehnte und als manichäistisch bezeichnete Lehre von der Existenz eines »guten« und eines »bösen« Gottes. Beide Götter bzw. Gott und Teufel sollen die Anhänger der gnostischen Sekte der Athinganen angebetet haben.

In den Augen der Amtskirche war das Häresie, d. h. eine von den Lehren der Kirche abweichende und falsche Lehre. Daher wurden die Athinganen zu Häretikern erklärt und genau wie später die Sekte der Katharer (= die Reinen) verketzert und verfolgt. Bei den Athinganen war dies schon im 9. Jahrhun- dert der Fall. Danach verliert sich ihre Spur. Ob Angehöri- ge dieser nur im Gebiet der heutigen Türkei nachweisbaren gnostischen Sekte jemals nach Europa gelangt sind, ist eben- so zu bezweifeln wie die Vermutung, dass die Roma, die zwi- schen dem 9. und 11. Jahrhundert nach Europa eingewandert sind, jemals »athinganoi« waren.

Dass sie dennoch von den Griechen nach den »athinganoi« als »atsigganoi« bezeichnet worden sind, ist also sachlich falsch und negativ konnotiert. Damit wurde den Roma unterstellt, wie die Athinganen keine oder zumindest keine guten Christen zu sein, weil sie nicht nur Gott, sondern auch den Teufel verehren würden. Dafür seien sie, wie in byzantinischen Quellen behauptet, vom Teufel mit der Verleihung von magischen Fähigkeiten belohnt worden. Dieses antiziganistische Gerücht wurde mit dem Hinweis auf die offensichtlich nachweisbare Tatsache begründet, dass sich einige der nach Griechenland eingewanderten Roma als Zauberer und Handleser betätigten.

Ähnliche Vorwürfe sind auch den Roma gemacht worden, die im 13. und 14. Jahrhundert nach Griechenland eingewandert sind. Sie haben sich in einem Teil der Peloponnes niedergelassen, der von den Zeitgenossen als »Kleinägypten« bezeichnet worden ist. Vermutlich deshalb wurden diese Roma von den Griechen nicht »atsingganoi«, sondern »aigypsios« (= Ägypter) genannt. Dies geschah ebenfalls in einer antiziganistischen Absicht. Wurden doch die gegenüber den »richtigen« Ägyptern im Land am Nil bestehenden Vorurteile auf die »falschen« Ägypter auf der griechischen Peloponnes übertragen.

Dass die beiden griechischen Fremdbezeichnungen negativ konnotiert waren, scheinen jene Roma nicht gewusst zu haben, die zu Beginn des 15. Jahrhunderts aus übrigens ungeklärten Gründen Griechenland und die angrenzenden Balkanländer verlassen haben und in das damalige Deutsche Reich und seine europäischen Nachbarländer gezogen sind, wo sie von ihren neuen mitteleuropäischen Mitbürgern als

»atsingganoi« und »aigypsios« bezeichnet wurden. Allerdings waren diese griechischen Begriffe ins Lateinische und einige andere europäische Sprachen übersetzt bzw., wie man sagen muss, verballhornt worden. Aus den griechischen »atsingga-noi« wurden die lateinischen »cingari«, die deutschen »Zigeu-ner«, die französischen »tsiganes«, die schwedischen »zigena-re« etc. Die griechische Fremdbezeichnung der »aigypsios« wurde von den Engländern und Spaniern mit »gypsies« und »gitanos« wiedergegeben.

Diese Verunglimpfungen ihrer griechischen Fremdbezeich-nungen haben sich die Roma gefallen lassen. Ihre Anführer, die von den Repräsentanten der geistlichen und weltlichen Gewalten als Barone, Grafen und Woiwoden tituliert wurden, scheinen sogar stolz darauf gewesen zu sein, als Barone, Gra-fen, Woiwoden der »cingari«, »Zigeuner«, »tsiganes«, »zigenare« etc. bzw. der »gypsies« und »gitanos« angesprochen zu werden. Wurden ihnen und ihren Gefolgsleuten doch in den Geleit- und Schutzbriefen, die ihnen im 15. Jahrhundert von geist-lichen und weltlichen Gewalten ausgestellt wurden, weitrei-chende Rechte und Privilegien zugestanden.[1] Dazu gehörte das Recht, im Lande herumzuziehen, Handel zu treiben und Streitigkeiten unter sich durch eigene Gerichte zu schlichten. Damit besaßen die Roma zu dieser Zeit eine bessere Rechts-stellung als die Juden. Wie die meisten der mittelalterlichen Juden verfügten die Anführer der Roma auch über bedeutende Geldmittel. Sie nutzten sie, um die Geleit- und Schutzbriefe zu erkaufen, sich in teure Gewänder zu kleiden und Jagdhun-de zu halten, was damals nur Adligen gestattet war. All das wissen wir nicht von den Roma selber, sondern aus den mittelalterlichen und frühneuzeitlichen Chroniken der gadsche, die ihre neuen Mitbürger sicherlich nicht mit offenen Armen aufgenommen haben, ihnen aber keineswegs feindlich gegenüberstanden. Wenigstens zunächst nicht.

Doch dann kam es zu einem dramatischen Wandel. Die in das Deutsche Reich und seine europäischen Nachbarländer eingewanderten und hier zunächst integrierten Roma wurden aus der spätmittelalterlichen Feudalordnung ausgeschlossen, diskriminiert und verfolgt. Diese im ausgehenden 15. Jahrhundert einsetzende Verfolgung der europäischen Roma in allen europäischen Ländern führte zu einer radikalen Veränderung des Roma-Bildes. Dies wirkte sich v. a. auf ihre Namensgebung bzw. deren Deutung aus. Beides geschah mit einer erkennbaren antiziganistischen Intention.

Besonders deutlich wird dies an der deutschen Fremdbezeichnung der Roma als »Zigeuner«. Dabei wurde der aus dem Griechischen stammende Begriff etymologisch aus dem Deutschen abgeleitet. Dies geschah unter Verwendung des schon im Althochdeutschen nachweisbaren Verbs »ziehen« und des aber erst im 16. Jahrhundert in die neuhochdeutsche Sprache aufgenommenen Substantivs »Gauner«.

Sprachgeschichtlich stammt »Gauner« aus dem hebräischen »jowon«. Damit waren die griechischen Ionier gemeint, die bei den Juden offensichtlich übel beleumdet waren. Galten die Ionier doch als notorische Falschspieler. Nachweisbar ist dies jedoch nicht. Dennoch wurden alle Falschspieler in der Rotwelsch genannten Sprache der Außenseiter der mittelalterlichen Gesellschaft unter Verwendung des hebräischen »jowon« als »jauner« bezeichnet. Aus dem rotwelschen »jauner« wurde schließlich das hochdeutsche »Gauner«, womit alle Betrüger und Diebe gemeint waren. Als besonders gefährlich und gerissen galten die umherziehenden Gauner – die »Zigeuner«.

Diese Herleitung des Begriffs »Zigeuner« aus »Zieh-Gauner« ist nur im Deutschen möglich. Dennoch rufen die ebenfalls aus dem griechischen »atsingganoi« stammenden französischen, russischen und schwedischen Fremdbezeichnungen »tsiganes«, »cyganie« und »zigenare« ähnlich negative Assoziationen hervor. Auch sie sollen Nomaden und notorische Diebe sein.

Im Englischen wird zwar zwischen »gypsies« und »travellers« differenziert. Beide Gruppen werden aber meist in einem Atemzug genannt. Übersehen wird dabei, dass es sich bei den »gypsies« um Angehörige einer Ethnie und bei den »travellers« um Zugehörige einer sozialen Schicht handelt. Das sozialantiziganistische Vorurteil gegen die Roma als gerissene Betrüger wird mit der englischen Fremdbezeichnung »gypsies« zumindest angedeutet. Jemanden »übers Ohr hauen« heißt im Englischen umgangssprachlich »to gyp somebody«.

Die ebenfalls im Englischen gebräuchliche Bezeichnung von Geschäften, die bunte und exotisch wirkende Kleider verkaufen, als »gypsy stores« deutet dagegen auf romantisierende, aber gleichwohl ebenfalls antiziganistisch geprägte Vorurteile hin. Die heute weltweit zu beobachtende Liebe zu und Werbung für »gypsy clothes«, »gypsy music«, »gypsy style« und natürlich »gypsy women« ist von Elementen des romantisierenden Antiziganismus nicht frei. Bei den »gypsy women« vom Schlage der allseits bekannten Carmen kommt noch eine gewisse sexistische Note hinzu.

Falsch und antiziganistisch geprägt sind noch zwei weitere europäische Fremdbezeichnungen der Roma. Dies gilt zum einen für die in der Frühen Neuzeit in Norddeutschland und den skandinavischen Ländern gebräuchliche, jetzt aber nur noch in Schweden anzutreffende Bezeichnung der Roma als Tataren bzw. als »tattern« und »tatare«.[2] Dies ist falsch, weil die Roma keine Tataren waren, und es ist negativ konnotiert, weil die Tataren bzw. die Mongolen über ein überaus negatives Image verfügten. Hatten sie doch im 13. Jahrhundert fast ganz Russland erobert und waren bis nach Schlesien vorgedrungen, wo sie 1241 ein deutsch-polnisches Ritterheer bei Liegnitz vernichtend geschlagen haben. Damit bedrohten die Mongolen das gesamte christliche Abendland, wie das zwei Jahrhunderte später die Türken getan haben. Jedenfalls ist das von ebendiesem christlichen Abendland so empfunden worden. Doch im Unterschied zu den Türken sind die Mongolen nicht weiter nach Westen vorgedrungen, sondern haben sich nach ihrem Liegnitzer Sieg wieder in den Osten zurückgezogen. Erstaunlicherweise ist den als »tattern« bezeichneten schwedischen Roma dann auch nicht mehr vorgeworfen worden, Spione des Erzfeindes des christlichen Abendlandes zu sein, denn ab dem 15. Jahrhundert waren damit nicht mehr die Tataren, sondern die Türken gemeint.

Ebenfalls falsch und antiziganistisch konnotiert ist auch die französische Fremdbezeichnung der Roma als »bohémiens«.[3] Mit diesen »bohémiens« waren ursprünglich die Böhmen bzw. die Tschechen gemeint, die im 15. Jahrhundert von ihren europäischen Nachbarn ebenso gefürchtet wie verachtet wurden. Ob ihrer Grausamkeit und Kriegskunst berühmt waren jene

Tschechen, die sich nach dem 1415 als Ketzer verurteilten und hingerichteten Johannes Hus als Hussiten bezeichneten.

Die Hussiten haben sich für die Ermordung ihres religiösen und nationalen Führers und Märtyrers Hus gerächt, indem sie zunächst die in ihre böhmische Heimat vorgedrungenen Reichs- und Kreuzzugsheere schlugen, um dann eigene Heerzüge gegen das Reich durchzuführen. Dabei sind sie über die mittel- und ostdeutschen Gebiete bis in das preußische Territorium des Deutschen Ordens vorgedrungen, das damals nicht zum Deutschen Reich gehörte. An diesen Hussitenzügen haben sich zwar auch die Frauen und Kinder der Hussiten beteiligt, was von den Zeitgenossen besonders vermerkt und verübelt wurde, aber mit Sicherheit keine Roma. Daher machte es wirklich keinen Sinn, irgendwelche Beziehungen zwischen den »Roma-Böhmen« und den hussitischen Böhmen herzustellen. Warum sind die Roma dennoch von den Franzosen als »bohémiens« bzw. Böhmen bezeichnet worden?

Vermutlich weil die Roma, die im 15. Jahrhundert nach Frankreich gezogen sind, aus Böhmen kamen, das damals zum Heiligen Römischen Reich Deutscher Nation gehörte. Der Charakter der Herkunftsbezeichnung verlor sich, so dass »bohémiens« und »Zigeuner« zu einem Ausdruck der »liederlichen und unordentlichen Sitten und Gebräuche« wurde und keine ethnische Zugehörigkeit mehr darstellte. Karl Marx hat die »bohème« zum »Lumpenproletariat« gerechnet.

Darin stimmten ihm aber keineswegs alle französischen und europäischen Künstler und Schriftsteller der damaligen Zeit zu. Einige, und ihre Zahl wurde immer größer, waren sogar stolz darauf, zur »Bohème« zu gehören oder dazugerechnet zu werden.[4] Dabei zeigten sie sich von dem damals aufkommenden romantischen Zigeunerbild beeinflusst. Sie wollten genauso frei und ungebunden leben und lieben, wie dies die »Zigeuner« angeblich tun würden.

Wie wir gesehen haben, waren und sind alle europäischen Fremdbezeichnungen der Roma nicht nur falsch und antiziganistisch konnotiert, sondern auch ungenau und unpräzise. Dies in zweifacher Hinsicht. Können und werden doch dadurch Personen zu Roma gemacht und erklärt, die gar keine Roma sind. Sie haben oder sollen mit den wirklichen Roma nur die angeblich typischen Roma-Eigenschaften und Verhaltensweisen gemein haben. Andererseits können wirkliche Roma jederzeit bestreiten, Roma zu sein, wenn sie die angeblich typischen Roma-Eigenschaften und Verhaltensweisen nicht aufweisen.

Mit diesem doppelten Problem waren vor allem die Deutschen konfrontiert. Jedenfalls jene, die in den Roma »Zigeuner« sehen wollten. Sie haben, und tun es zum Teil noch heute, Personen zu »Zigeunern« erklärt, die gar keine Roma waren, sondern nur »wie die Zigeuner« im Lande herumzogen und sich dabei verschiedener krimineller Delikte schuldig gemacht haben oder gemacht haben sollen. Übersehen wurde dabei aber, dass sich schon in der frühen Neuzeit viele Roma nicht so verhalten haben, wie es die »Zigeuner« angeblich tun würden. Sie zogen nicht mehr ziellos im Lande herum, waren sesshaft geworden und übten ganz normale Berufe aus. Im 17. Jahrhundert waren zahlreiche Roma in die europäischen Söldnerheere aufgenommen worden, in denen einige zu Offizieren befördert worden waren. Der Historiker Ulrich Friedrich Opfermann hat herausgefunden, dass sich einige dieser Roma-Soldaten und Roma-Offiziere als »gewesene Zigeuner« bezeichnet haben, weil sie sich sozial angepasst und ihren, wie es in den Quellen heißt, »Zigeuner Habit« abgelegt hätten.[5] In nicht wenigen Fällen war das erfolgreich. »Gewesene Zigeuner« sind nicht wie ihre Roma-Landsleute ausgewiesen und vertrieben worden, sondern in die Mehrheitsgesellschaft aufgenommen worden. Dies wurde gewissermaßen mit Brief und Siegel, d. h. durch die Verleihung von Offizierspatenten und Militärpässen, bekräftigt. Den Inhabern eines Offizierspatents und eines Militärpasses und ihren Kindern und Kindeskindern ist dann, man kann sagen: natürlich auch ein bürgerlicher Pass verliehen worden.

Damit gelangten sie in den Besitz der deutschen Staatsbürgerschaft, die nach dem im Prinzip heute noch geltenden *ius sanguinis* (= Blutrecht) nur Personen deutscher Abstammung zustand.[6] Dies missfiel vielen deutschen Antiziganisten. Sie setzten alles daran, um ihren ungeliebten Roma-Mitbürgern die deutsche Staatsbürgerschaft wieder zu entziehen.

Das konnten sie aber nicht mit dem Hinweis auf die »zigeunerische« Lebensweise der Roma begründen. Zogen doch längst nicht mehr alle deutschen Sinti und Roma »wie die Zigeuner« ständig herum und bestritten nur ganz wenige ihren Lebensunterhalt durch allerlei Gaunereien. Stattdessen verfügten die meisten (heute sind es fast alle) über einen festen Wohnsitz und übten ganz normale Berufe aus. Andererseits waren die wenigsten der Fahrenden, Wohnungslosen und Kriminellen tatsächlich »Zigeuner«. Diesen als »Zigeuner« etikettierten Personen konnte man die deutsche Staatsbürgerschaft nicht entziehen, weil sie deutscher Abstammung waren und dies auch beweisen konnten.

Die antiziganistisch eingestellten nationalsozialistischen »Zigeunerforscher« lösten dieses »Problem« mit Hilfe der »Rassenkunde«, indem sie die »rassereinen Zigeuner« von den »Zigeunermischlingen« und diese wieder von den Personen unterschieden, die sich nur »wie die Zigeuner« verhielten, ohne Roma zu sein.[7] Natürlich war das alles Unsinn, doch hatte dieser Methode. Den »Zigeunerforschern« ist es tatsächlich gelungen, die deutschen Sinti und Roma nach rassistischen Kriterien zu bewerten. Damit haben sie die von Himmler schon am 8. Dezember 1938 angeordnete »endgültige Lösung der Zigeunerfrage (...) aus dem Wesen dieser Rasse heraus« nicht nur begründet, sondern vorbereitet.

Darauf, auf den rassistisch motivierten Völkermord an den Roma in der NS-Zeit und die Tatsache, dass dieser nach der NS-Zeit geleugnet worden ist, wird noch einzugehen sein. Hier ist darauf hinzuweisen, dass sich die gesamte Geschichte der Verfolgung der Roma vor, während und nach der NS-Zeit auch auf ihre Namensgebung und deren Deutung ausgewirkt hat. Da die Verfolgung der Roma vor der NS-Zeit vornehmlich mit Motiven des sozialen Antiziganismus begründet worden ist, wollte man in ihnen vornehmlich eine soziale Gruppe sehen. In der NS-Zeit wurden die Roma dagegen zu einer »minderwertigen Rasse« gerechnet, die daher, d. h. aus Motiven des rassistischen Antiziganismus, verfolgt und ermordet worden sind. Bei der Leugnung des rassistisch motivierten Mordes hat man an den sozialen Antiziganismus angeknüpft und die Roma wieder zu einer sozialen Randgruppe gerechnet.

Insgesamt wurden die Roma schon durch ihre Fremdbezeichnungen als »Zigeuner« bzw. »cyganie«, »tsiganes«, »zigenare« etc., »gypsies« und »gitanos«, »bohémiens« und »tatare« nicht als das erkannt und anerkannt, was sie zweifellos sind – eine Ethnie bzw. ein Volk, das zu einer Nation werden kann, deren Angehörige auf jeden Fall und in allen europäischen Staaten den Status einer ethnischen bzw. nationalen Minderheit erhalten müssen. Doch welche Politik wir gadsche auch immer gegenüber den Roma betreiben werden und müssen, eins ist schon jetzt klar und unbedingt zu beachten: Die Roma dürfen nicht länger mit den erwähnten europäischen Fremdbegriffen bezeichnet werden. Nicht nur deshalb, weil alle Fremdbezeichnungen antiziganistisch konnotiert sind, sondern weil von wenigen Ausnahmen abgesehen die Roma selber nicht so bezeichnet werden wollen. Dies ist von uns gadsche zu respektieren.

2. »Verkundschafter der christen lant«

Feinde und Fremde

»Verkundschafter der christen lant« seien die Personen, »so sich ziegeiner nennen«, stellte der in Freiburg tagende Reichstag des Heiligen Römischen Reiches Deutscher Nation am 4. September 1498 fest.[1] Gemeint waren die Roma, die beschuldigt wurden, Spione der Türken zu sein, denn das sei »glauplich anzeigt« worden. Daher sollten den Roma alle Geleit- und Schutzbriefe entzogen und ihnen verboten werden, im Lande herumzuziehen und Handel zu treiben: »nit ziehen, handeln noch wandeln (…) noch inen des sicherheit oder geleyt geben.« Roma sollten aus dem Heiligen Römischen Reich bzw. »uß den landen teutscher nacion« vertrieben werden. Wer sich diesem Beschluss widersetze oder wieder einwandere, könne von jedermann tätlich angegriffen und getötet werden, ohne dafür von den Gerichten bestraft zu werden: »wann wo sie (= die ziegeiner) darnach betreten und yemants mit der tate gegen inen zu handeln fürnemen würde, der soll darin nit gefrevelt noch unrecht getan haben.«

Damit wurden die Roma, wie einige Forscher meinen, für vogelfrei erklärt. Dies ist nicht ganz richtig, denn nur formal geächtete Personen konnten nach mittelalterlicher Rechtsauffassung zum Tode verurteilt werden. In ganz schweren Fällen wurde ihnen dann eine christliche Bestattung verwehrt. Ihre Leichen wurden einfach verscharrt oder den Vögeln und Wölfen zum Fraß vorgeworfen. Mit einer zynischen Umdeutung des ursprünglich positiv gemeinten Begriffs wurde diese gerichtlich angeordnete Praxis als »vogelfrei« bezeichnet. Gemeint war nicht mehr »frei *wie* ein Vogel«, sondern »frei *für* die Vögel«.

Dies alles traf auf die Roma nicht zu. Sie sind vom Reichstag nicht geächtet und kollektiv zum Tode verurteilt worden. Ihre Leichen konnten daher auch nicht den Vögeln zum Fraß vorgeworfen werden. Die Roma sollten »nur« vertrieben werden. Der Beschluss des Freiburger Reichstages beinhaltete also keine Vogelfreierklärung der Roma, sondern eine gegen die Roma gerichtete Feinderklärung.

Genauer gesagt war es eine europäische Feinderklärung. Abgegeben wurde sie zwar nur vom Reichstag des Heiligen Römischen Reiches Deutscher Nation, doch dieses Reich verstand sich immer noch als Fortsetzung des von Karl dem Großen erneuerten Römischen Reiches, das schon von den mittelalterlichen Zeitgenossen als »Europa« bezeichnet worden ist. Zu diesem »Europa« gehörten zwar auch Länder, die wie Frankreich, England und die Schweiz nicht oder nicht mehr zum Römischen Reich gehörten, sich aber dennoch mit ihm verbunden fühlten. Daher haben diese Länder den Beschluss des Reichstages übernommen und ebenfalls dazu aufgerufen, die Roma aus ihren Territorien zu vertreiben. Frankreich hat das bereits 1504, sechs Jahre nach dem Reichstag, umgesetzt.

Seit 1514 wurden die Roma aus den Schweizer Städten vertrieben, 1530 aus England und 1541 auch aus Schottland ausgewiesen. 1557 folgte Polen dem gesamteuropäischen Beispiel.

Warum aber wurden die Roma zu Feinden Europas erklärt? Weil sie, wie der Freiburger Reichstag meinte gehört zu haben, Spione der Türken – »erfarer, usspeer und verkundschafter der christen lant« seien. Mit diesem »christen lant« waren ganz offensichtlich nicht nur die »landen teutscher nacion«, sondern das gesamte christliche Abendland gemeint, das sich von den Türken bedroht fühlte. Dies geschah nicht zum ersten Mal. Das christliche Abendland hat sich bereits seit seiner Konstituierung durch das muslimische Morgenland bedroht gefühlt. Zunächst von dem arabischen Großreich, das im 8. Jahrhundert bis nach Frankreich vorgedrungen war. Der weitere Vormarsch der muslimischen Araber wurde aber durch die christianisierten Franken gestoppt. Karl Martell bereitete ihnen bei Tours und Poitiers eine vernichtende Niederlage, von der sich die Araber nicht erholt haben. In den folgenden Jahrhunderten wurden sie Schritt für Schritt auch aus Spanien wieder verdrängt. Die von den Christen »reconquista« (= Rückeroberung) genannte Befreiung Spaniens von der muslimischen Herrschaft endete 1492 mit der Eroberung Granadas, des letzten arabischen Staates auf europäischem Boden.

Zwei Jahrhunderte zuvor hatte das christliche Abendland damit begonnen, das muslimische Morgenland anzugreifen. Die in den ersten Kreuzzügen gewonnenen und wieder christianisierten Territorien des arabischen Großreiches im Nahen Osten waren Ende des 13. Jahrhunderts jedoch wieder verloren gegangen, und das christliche Abendland wurde erneut vom muslimischen Morgenland bedroht. Dies in Gestalt des muslimischen Osmanischen Reiches, das in der zweiten Hälfte des 14. Jahrhunderts nicht nur die asiatischen, sondern auch die europäischen Teile des Byzantinischen Reiches eroberte. 1453 fiel schließlich seine Hauptstadt Konstantinopel.

Der Fall Konstantinopels und die Zerschlagung des gesamten Byzantinischen Reiches sind vom christlichen Abendland zwar bedauert, aber noch nicht als wirkliche Bedrohung Europas aufgefasst worden. Dies schon deshalb nicht, weil es sich hier um ein Reich gehandelt hat, das wegen der orthodoxen Konfession seiner Herrscher und Bewohner nicht zum wirklich christlichen, dem katholischen Abendland gerechnet wurde. Erst als das Osmanische Reich die Grenze zwischen dem orthodoxen und dem katholischem Europa überschritt und sich anschickte, das katholische Ungarn zu erobern, um bald darauf auch die Kernlande des Heiligen Römischen Reiches Deutscher Nation zu bedrohen, änderte sich alles. Der, wie er in den deutschen Quellen allgemein genannt wurde, »Türke« wurde zum Erzfeind der »christen lant« erklärt.

Die schon zu Beginn des 15. Jahrhunderts in das Heilige Römische Reich Deutscher Nation und seine europäischen Nachbarländer eingewanderten Roma zu Türken, also zum Erzfeind der katholischen Welt, zu erklären, ist vor allem deshalb absurd, weil die Roma mehrheitlich keine Muslime, sondern Christen waren. Damit schlug man sozusagen »zwei Fliegen mit einer Klappe«.

Heute würde man dies Propaganda nennen. Doch diese erfolgte nicht von langer Hand geplant oder wohl überlegt. Der die »Zigeuner« betreffende Beschluss des Reichstages wurde vor allem deshalb gefasst, um von dem völligen Scheitern des Freiburger Reichstages abzulenken. Hatten die dort vertretenen Stände doch den Antrag Kaiser Maximilians abgelehnt, ihm Steuergelder für einen Krieg gegen die Türken zur Verfügung zu stellen. Diese Weigerung hat den darüber mehr als erbosten Maximilian zu dem überlieferten Ausspruch veranlasst, wonach »von den deutschen Fürsten Thaten für das allgemeine Wohl des Reiches hoffen, heißt Trauben von Diesteln (zu) erwarten«. Um nicht völlig unverrichteter Dinge nach Hause zu gehen, haben die Stände schließlich Beschlüsse über die Kleidungs- und Weinordnung, gegen das Bettelwesen und auch gegen die »Zigeuner« gefasst.

Ob der Ausweisungsbeschluss des Reichstages lange geplant oder improvisiert war, hatte für die betroffenen Roma keine Bedeutung. Gerechnet hatten sie damit auf jeden Fall nicht. Schließlich hatten sie sich nichts zuschulden kommen lassen. Im Gegenteil kann man sagen: Sie waren keine Spione der Türken oder gar Feinde der »christen lant« und stellten somit auch keine Bedrohung der politischen und gesellschaftlichen Ordnung des Reiches und seiner europäischen Nachbarländer da. Schon deshalb haben sie sich dem Ausweisungsbeschluss widersetzt und sich nicht »uß den landen teutscher nacion« und den übrigen europäischen Ländern vertreiben lassen. Das war verständlich. Denn wohin hätten die Roma auch gehen sollen? Eine Rückkehr in ihre türkisch gewordene Heimat oder gar in ihr indisches Ursprungsland kam nicht in Frage. Blieb nur die Flucht von einem deutschen Territorium ins andere bzw. von einem europäischen Staat in den nächsten.[2]

Um aber auch dies zu verhindern, erließen alle deutschen Fürstentümer und alle europäischen Staaten »Zigeunergesetze«, in denen allen Roma schwerste Strafen angedroht wurden, die es wagten, die entsprechenden deutschen und europäischen Länder zu betreten.[3] Diese Strafen reichten vom Auspeitschen und Brandmarken bis zum Aufhängen am nächsten Baum und verstießen gegen alle bisher geltenden mittelalterlichen Rechtsordnungen. Wurden die aufgegriffenen Roma doch ohne vorheriges Urteil durch ein ordentliches Gericht ausgepeitscht, gebrandmarkt und aufgehängt. Etwas Vergleichbares hat es in der gesamten europäischen Rechtsgeschichte nicht gegeben. Allen anderen Delinquenten, seien es Diebe, Mörder oder »Hexen«, haben die Richter eine individuelle Schuld nachweisen müssen, um sie bestrafen zu können. Dass die Richter die Schuld der Angeklagten auch durch Folter beweisen bzw. erzwingen konnten, widerspricht zwar unserem heutigen Rechtsverständnis, war aber nach der damals geltenden Rechtsordnung legitim.

Absolut illegitim und auch durch die damalige Rechtsordnung nicht legitimiert waren die von den Exekutiven und keineswegs von den Judikativen verhängten »Zigeunerstrafen«. Durchgeführt wurden sie auch nicht von den dazu befugten Richtern und Scharfrichtern, sondern von Polizisten und ganz gewöhnlichen Bürgern. Zu diesem Zweck wurden regelrechte und auch so genannte »Zigeunerjagden« durchgeführt, bei denen einzelne und ganze Gruppen von Roma wie wilde Tiere aufgespürt und zusammengetrieben wurden, um gleich an Ort und Stelle aufgehängt zu werden. Neben Männern auch Frauen. Nur die Kinder der Roma wurden im Allgemeinen verschont und gegen Zahlung eines Geldbetrages in die Obhut eines gadsche gegeben. In einigen deutschen Territorien konnte man sich noch im 18. Jahrhundert einen »Zigeunerjungen« oder ein »Zigeunermädchen« kaufen.

Liest man die in der frühen Neuzeit erlassenen europäischen »Zigeunergesetze« und die aus nahezu allen Teilen Europas überlieferten Berichte über die »Zigeunerjagden« der frühen Neuzeit, fragt man sich, wie die Roma das überleben konnten. Dabei gilt es zu bedenken, dass die frühneuzeitlichen Staaten nicht über die Mittel und Institutionen verfügten, um überall und radikal die »Zigeunergesetze« exekutieren und die »Zigeunerjagden« durchführen zu können. Das staatliche Gewaltmonopol war noch begrenzt und die Polizeidichte nicht so groß wie heute. Das haben die Roma genutzt, indem sie sich ihrer Verfolgung durch Flucht entzogen oder, wenn das nicht mehr möglich war, dagegen gewehrt haben.[4]

Um beides tun zu können, haben sich die Roma zu größeren und kleineren Gruppen zusammengeschlossen, denen sich dann auch andere Außenseiter der frühneuzeitlichen Gesellschaft angeschlossen haben. Diese Gruppen sind von den Obrigkeiten wiederum zu »Banden« bzw. zu »Zigeunerbanden« erklärt und als Bedrohung der, wie wir heute sagen würden, »inneren Sicherheit« angesehen worden.[5] Nun wurden die Roma nicht mehr als Agenten des äußeren türkischen Feindes, sondern als Repräsentanten des inneren Feindes wahrgenommen. Auch diese neuerliche Feinderklärung wurde mit neuen antiziganistischen Feindbildern und Ideologien begründet. Darauf wird im nächsten Kapitel einzugehen sein.

Hier ist noch ein Blick auf die Roma zu werfen, die von dem Vertreibungsbeschluss des Reichstages nicht betroffen waren. Dies traf einmal auf die »gitanos« genannten spanischen Roma zu. Ihre Ende des 15. Jahrhunderts beschlossene Vertreibung ist nämlich bereits zu Beginn des 16. Jahrhunderts rückgängig gemacht worden.[6] Dies geschah jedoch nicht aus einem Unrechtsbewusstsein heraus, sondern aus rein utilitaristischen Überlegungen. Man brauchte schlicht die Arbeitskraft der »gitanos« als Zwangsarbeiter auf den spanischen – teilweise auch südamerikanischen – Plantagen und als Rudersklaven auf den spanischen Galeeren. Die rechtliche und soziale Lage der im Lande geduldeten spanischen Roma war also keineswegs besser als die der übrigen Roma, die ständig herumziehen mussten, um ihrer Verfolgung zu entgehen.

Dennoch ist dies von den gadsche immer wieder behauptet worden. Zum Beweis der These, dass es den spanischen Roma relativ gutging, verwiesen sie stets auf die so schön und unbeschwert musizierenden und tanzenden männlichen »gitanos« und die sinnlichen und männermordenden weiblichen Roma. Dass dieses Vorurteil eines romantischen Zigeunerbildes bis heute hartnäckig in unseren Köpfen verankert zu sein scheint, darauf wird im vierten Kapitel eingegangen.

Werfen wir noch einen Blick auf die Situation jener Roma, die sich dem Zug in das Reich und seine Nachbarländer nicht angeschlossen haben und stattdessen in den von den Türken beherrschten Balkanländern geblieben sind.[7] Ihre rechtliche und soziale Lage war zunächst keineswegs schlecht, wurden sie doch von ihren neuen osmanischen Herren toleriert. Dies traf nicht nur auf die Roma zu, die zum Islam konvertierten, sondern auch auf jene, die ihrem christlichen Glauben treu blieben.

Die türkischen Verwalter der Balkanländer haben es aber zugelassen, dass die Roma von den christlichen Adligen und Geistlichen entrechtet, ausgebeutet und versklavt wurden. Daran haben die Herrscher der auf dem europäischen Teil des Osmanischen Reiches wieder entstandenen und neu gegründeten christlichen Fürstentümer und Staaten nichts geändert. In Rumänien bzw. in den damaligen Fürstentümern Moldau und Walachei ist die Roma-Sklaverei erst im Jahr 1856 aufgehoben worden.[8]

Dass es bis zu diesem Zeitpunkt auch in Europa noch Sklaven gab, ist von den Europäern weder kritisiert noch überhaupt wahrgenommen worden. Dies ist bemerkenswert, haben die damaligen Europäer doch ziemlich einhellig und äußerst scharf die Sklaverei in den amerikanischen Südstaaten kritisiert und das Los der versklavten Afroamerikaner beklagt. Eine auch nur vergleichsweise ähnliche Empathie mit den rumänischen Roma-Sklaven hat es nicht gegeben. Offensichtlich weil es sich bei ihnen »nur« um »Zigeuner« gehandelt hat. Erst als einige, aber keineswegs viele der aus der Sklaverei befreiten, aber gleichwohl noch immer entrechteten, diskriminierten und ausgebeuteten Roma im ausgehenden 19. Jahrhundert damit begannen, sich der Not in den Balkanländern durch Flucht in die mittel- und westeuropäischen Länder zu entziehen, kam es zu einer Änderung in der Einstellung der Europäer. Es war aber keine Änderung zum Besseren; man kann sogar vom Gegenteil sprechen. Die osteuropäischen Roma waren in Westeuropa keineswegs willkommen. Man versuchte alles, um ihnen die Niederlassung und die Einbürgerung zu verwehren. Sie wurden wie ihre Vorfahren im 15. Jahrhundert zu Feinden Europas und zu Fremden im eigenen europäischen Land bzw. Kontinent erklärt.

Dass dies mit den gleichen antiziganistischen Vorurteilen begründet wurde, welche die Europäer gegenüber den alteingesessenen Roma hatten, verwundert inzwischen kaum mehr. Sie fühlten sich durch die bloße Anwesenheit der aus Osteuropa stammenden Roma in ihren alten und tief verwurzelten Vorurteilen über »die Zigeuner« sogar noch bestätigt. Dabei wurde bewusst übersehen, dass sich die osteuropäischen Roma von den westeuropäischen im Hinblick auf ihre Religion, Kultur und Sprache sowie soziale Lebensweise unterschieden. Sie waren keine katholischen, sondern orthodoxe Christen und Muslime. Ihre Kultur und Sprache war von der ihrer balkanischen Nachbarn beeinflusst und geprägt. Sie waren noch ärmer als ihre westeuropäischen Verwandten und gehörten anderen Stämmen und Berufsgruppen an.

Dennoch sollte man diese Unterschiede nicht zu hoch einschätzen oder gar, wie das Klaus-Michael Bogdal getan hat, von den »Rom-Völkern« sprechen.[9] Die europäischen Roma sind Angehörige eines Volkes, das sich aber von den anderen europäischen Völkern in zweierlei Hinsicht unterscheidet: Zum einen, weil es viel negativer bewertet und stereotypisiert wird als alle anderen europäischen Völker. Zum anderen, weil das Roma-Volk nicht als ein *europäisches* Volk wahrgenommen wird. Antiziganismus ist eine europäische Ideologie, und die Roma selber sind ein gesamteuropäisches Feindbild.

3. »Greuliche und schwartze leute«

Gauner und Teufel

Die »Zigeuner« seien »greuliche und schwartze leute«, meinte
Albert Krantz in seiner erstmals 1520 veröffentlichten »Sachsenchronik« zu wissen.[1] Krantz wie auch die anderen Chro-
nisten der frühen Neuzeit und die meisten der späteren Historiker und »Zigeunerforscher« kannten die Roma nur vom
Hörensagen bzw. aus den antiziganistischen Werken ihrer
Kollegen, die sie einfach nur abschrieben, ohne sie korrekt zu
zitieren oder die Aussagen über sie gar auf ihren Wahrheitsgehalt hin zu überprüfen. So entstehen und werden bis heute
Vorurteile tradiert.

Krantz kommt hier eine besondere Bedeutung zu. Er prägte
maßgeblich das Bild, wonach die »Zigeuner« »greuliche« bzw.
abscheuliche Leute seien, die unstetig und müßiggängerisch
im Land herumzögen und sich anstatt durch ehrliche und
anständige Arbeit durch Diebstahl und andere Gaunereien
ernähren würden. Damit brachte Krantz das zum Ausdruck,
was ich als sozialen Antiziganismus bezeichnet habe. Er war
damit jedoch nicht der Erste und Einzige. Unzählige andere
Antiziganisten aus allen europäischen Ländern haben ähn-

liche Vorurteile verbreitet und tun es auch heute noch. Ein Blick in die Tageszeitung von heute macht das deutlich, in der mit Sicherheit ein reißerischer Artikel über die Raubzüge und Trickbetrügereien von irgendwelchen tatsächlichen oder auch nur angeblichen Roma zu finden ist.

Deutsche und Engländer schenken diesen Berichten über stehlende und betrügende Roma schon deshalb mehr Glauben, weil sie Roma immer noch mit den Begriffen »Zigeuner« und »gypsies« bezeichnen.

Erklärungsbedürftiger aber ist, dass viele Deutsche, Engländer und andere Europäer ausgerechnet das mit Abstand schlimmste sozialantiziganistische Vorurteil tatsächlich für begründet halten. Dies ist der Verdacht, dass Roma vor allem kleine Kinder stehlen würden. Derartiges haben sie vielleicht (wie ich selber) von ihren Großmüttern gehört, man kann es aber auch heute noch in Büchern, Zeitungen und Foren finden. Statt vieler Beispiele aus der Vergangenheit eins aus der unmittelbaren Gegenwart.

2013 erregte der Fall eines angeblich gestohlenen Roma-Mädchens namens Maria die europäische Öffentlichkeit. Was war geschehen? Griechische Polizisten hatten bei einer Razzia in einer Roma-Siedlung ein Mädchen gefunden, das sich von ihren Geschwistern und Spielgefährten durch ihre blonden Haare und blauen Augen unterschied. Das weckte den Verdacht griechischer Kriminalisten, wonach die kleine Maria ihren wahren (gadsche-)Eltern weggenommen worden war. Maria wurde sofort aus der Herrschaft ihrer vermeintlichen Eltern »befreit«, die festgenommen und der Kindesentführung bezichtigt wurden. Doch dann meldete sich eine bulgarische

Romni bei den griechischen Behörden und teilte ihnen mit, dass Maria ihr Kind sei. Weil sie es nicht selber habe versorgen können, habe sie es in die Obhut der griechischen Roma gegeben. Genetische Untersuchungen ergaben, dass die bulgarische Romni tatsächlich die Mutter der kleinen Maria ist. Damit war die Mär von der Entführung widerlegt. Das war gut. Keineswegs gut war, dass dies so lange geglaubt wurde. Um das verstehen zu können, muss man sich etwas näher mit der Geschichte und Herkunft dieses sozialantiziganistischen Vorurteils beschäftigen.

Möglicherweise ist es dem Fundus der antisemitischen Vorurteile entnommen worden. Ist doch den Juden immer wieder und übrigens bis ins 20. Jahrhundert vorgeworfen worden, ebenfalls kleine Kinder zu stehlen. Allerdings sollen Juden diese Kinder deshalb gestohlen haben, um sie anschließend zu schlachten und ihr Blut für rituelle Zwecke zu verwenden.[2]

Das sollen die Roma jedenfalls nicht getan haben. Sie sind niemals des Ritualmordes beschuldigt worden. In der frühen Neuzeit ist ihnen aber vorgeworfen worden, wenn auch selten, Kannibalismus zu betreiben, was man den europäischen Roma natürlich nicht nachweisen konnte. Dies ist auch dem wichtigsten und einflussreichsten europäischen Antiziganisten nicht gelungen. Gemeint ist Heinrich Moritz Grellmann, der den in der ersten Auflage seines 1783 veröffentlichten Buches über die »Zigeuner« geäußerten Kannibalismusvorwurf in der zweiten Auflage seines antiziganistischen Klassikers wieder zurücknehmen musste, allerdings ohne sich bei den Roma für diesen völlig unbegründeten Vorwurf zu entschuldigen. Woran liegt es, dass die Roma von den gadsche des Kinderraubs verdächtigt wurden und teilweise immer noch werden? Ich vermute, dass damit von der Tatsache abgelenkt werden sollte, dass sie selber den Roma Kinder weggenommen haben. Nicht nur in der frühen Neuzeit, indem sie die Kinder der bei den »Zigeunerjagden« ermordeten Roma an die meistbietenden gadsche verkauft haben. Auch heute noch werden die Kinder von als verwahrlost geltenden Eltern der staatlichen Fürsorge übergeben. Dieser staatlich sanktionierte Kinderraub wird nicht nur, aber vor allem an »Asozialen« begangen, die als »Zigeuner« gelten oder als solche eingestuft werden. Dies ist kein »philoziganistisches« Gerücht, dies ist antiziganistische Tatsache.

Einige schwedische Journalisten haben 2013 aufgedeckt, dass Sozialarbeiter im großen Stil die Kinder von schwedischen »zigenare« und »tattare« in staatliche Fürsorgeheime gesteckt haben. Dies wurde mit dem Hinweis auf die spezifisch schwedische Ideologie begründet, wonach der Staat, der im Schwedischen auch als »samhälle« (wörtlich: Zusammenhalt) bezeichnet wird, so etwas wie ein »Volksheim« sei, in das alle Schweden auch gegen ihren Willen integriert bzw. eingewiesen werden müssen, um den Zusammenhalt von Staat und Gesellschaft zu gewährleisten. Diese Ideologie ist nicht unbedingt als schlecht zu bezeichnen und zu kritisieren. Dennoch trifft auch hier das Sprichwort zu, wonach dort, wo viel Licht, auch viel Schatten zu finden ist. Zu den Schattenseiten des schwedischen Sozialstaates gehört ohne Zweifel die schwedische Roma-Politik, die dazu geführt hat, dass vielen schwedischen Roma ihre Kinder deshalb weggenommen wurden, weil sie »zigenare« und »tattare« waren bzw. als solche bezeichnet worden sind.

Scharf zu kritisieren sind auch die erst 1973 aufgedeckten antiziganistischen Machenschaften einer schweizerischen Stiftung, die sich »Pro Juventute« nennt und die ebenfalls im großen Stil den Schweizer Roma die Kinder weggenommen hat, um sie entweder in staatliche Erziehungsheime zu stecken oder, was ich noch viel schlimmer finde, an Adoptiveltern zu vermitteln, die für diese Vermittlungsdienste nicht unbeträchtliche Geldbeträge an »Pro Juventute« zahlen mussten.[3] Ein wirklicher Skandal, vor allem, dass er so spät aufgedeckt worden ist. Auch das deutet auf das Vorhandensein von tief verwurzelten antiziganistischen Vorurteilen innerhalb der schweizerischen Mehrheitsgesellschaft hin.

Verzichten wir auf weitere Beispiele, welche die ohnehin von kaum jemandem bestrittene These beweisen, wonach es sich beim sozialen Antiziganismus um ein gesamteuropäisches Vorurteil handelt, und kommen auf einen anderen Bestandteil dieser europäischen Ideologie zu sprechen – den von mir so genannten religiösen Antiziganismus.

Auch dieses Vorurteil war und ist in allen europäischen Ländern anzutreffen. Allerdings in einer häufig verdeckten und nicht leicht zu erkennenden Weise. Bei Krantz war es die eingangs schon zitierte Bemerkung, wonach die Roma nicht nur »greuliche«, sondern auch noch »schwartze leute« sind oder sein sollen. Vordergründig war damit die angeblich schwarze Haut- und Gesichtsfarbe der Roma gemeint, die nach Krantz »von der Sonnen verbrannt« seien. Eine schwarze Haut- und Gesichtsfarbe soll aber auch der seit dem Mittelalter imaginierte und zum Leibhaftigen gemachte Teufel gehabt haben.[4] Für einige besonders gläubige oder abergläubische Zeitgenossen ist er das noch immer. Sie fürchten sich immer noch vor dem »Schwarzen mit dem Pferdefuß«, womit der Teufel gemeint ist. Nach dem Willen der Kirche, zumindest der katholischen und orthodoxen, müssen sie das auch tun. Der auf aufgeklärte Zeitgenossen wahrhaft mittelalterlich wirkende Teufelsglaube ist nämlich von der katholischen, orthodoxen und selbst Teilen der evangelischen Kirche bis heute nicht überwunden worden.[5] Unter dem Teufelsglauben hatten auch die Roma zu leiden, wurde ihnen doch eine enge Beziehung zum Teufel unterstellt. Dafür ein Beispiel nicht aus der fernen Vergangenheit, sondern aus der jüngsten Gegenwart.

Ende des 20. Jahrhunderts haben einige Emsländer Kaufleute damit begonnen, Besen vor die Türen und in die Fenster ihrer Geschäfte zu stellen. Mit diesem in Norddeutschland althergebrachten und weit verbreiteten Besen-Brauch wollten sie »Zigeuner« davon abhalten, ihre Geschäfte zu betreten und ihre Waren zu stehlen. Um diesen Brauch zu verstehen, muss man wissen, dass Besen im volkstümlichen Aberglauben als teuflische Symbole gelten. Auf Besen sollen die durch einen Pakt mit dem Teufel zu Hexen gewordenen Frauen durch die Luft zum Blocksberg reiten, um dort am »Teufels«- oder »Hexensabbat« teilzunehmen. Mit Besen kann man aber auch, so wiederum der Aberglaube, den Teufel vertreiben. Genau wie man sich mit Kreuzen und Knoblauchzehen der blutdürstigen Vampire erwehren kann. Dass all dieser Aberglaube auch heute in unserer scheinbar aufgeklärten Zeit vorhanden ist und geglaubt wird, ist ein Beweis für das, was Ernst Bloch die

»Gleichzeitigkeit des Ungleichzeitigen« genannt hat, nämlich das Vorhandensein von »Überbauten«, die längst »umgewälzt« und verdrängt zu sein schienen, aber dennoch immer noch vorhanden sind.

Doch dies ist nicht überall und nicht bei allen Zeitgenossen der Fall. Im Emsland zumindest haben die Roma den Aberglauben der Kaufleute nicht geteilt. Sie ließen sich von den teuflischen »Zigeuner-Besen« nicht abschrecken, betraten die Geschäfte und fragten ihre Inhaber, ob es sich bei diesen Besen um preisgünstige Sonderangebote handeln würde. Die der Lächerlichkeit preisgegebenen und des abergläubischen Teufelsglaubens überführten Kaufleute entfernten daraufhin die Besen aus ihren Geschäften. Die Vernunft schien über den Aberglauben gesiegt zu haben. Tatsächlich war es nur ein Pyrrhussieg. Mit dem Verschwinden der »Zigeuner-Besen« ist die Verteufelung der Roma nicht verschwunden. Roma werden immer noch und in aller Welt von vielen gadsche verteufelt.

Warum? Was haben oder sollen Roma mit dem Teufel gemein haben? »Teufelskinder« waren sie zweifellos nicht. Das sollen nach der Auffassung des Evangelisten Johannes »die Juden« gewesen sein. Haben die Roma den Teufel angebetet? Dieser Vorwurf ist, wie bereits erwähnt, der gnostischen Sekte der Athinganen gemacht worden, um dann auf die Roma übertragen zu werden. Doch davon wussten die übrigen europäischen Völker nichts. Sie haben den aus Griechenland nach Mitteleuropa eingewanderten Roma nicht vorgeworfen, den Teufel anzubeten, sondern sie beschuldigt, sich (wie die Hexen) mit dem Teufel verbündet zu haben, um wiederum wie diese in den Besitz von dämonischen Fähigkeiten zu gelangen. Dazu gehörten Schadenszauberei und Wahrsagerei.

Dieses Vorurteil verfügt über einen rationalen Kern. Roma haben tatsächlich Wahrsagerei betrieben (und tun es zum Teil noch immer), indem sie gegen Zahlung eines Obolus ihren ebenso vertrauensseligen wie zahlungswilligen Kunden die Zukunft aus der Hand und aus eigens zu diesem Zweck angefertigten Karten vorhersagen. Nach dem Zeugnis der mittelalterlichen griechischen Quellen sollen das bereits die »atsigganoi« und »Ägypter« in Griechenland gemacht haben. Doch das scheint von den Griechen nicht als anstößig oder gar als unchristlich empfunden worden zu sein. Die Chiromantie genannte Kunst des Handlesens galt damals (wie die Astrologie) als eine Wissenschaft. Das änderte sich auch im mittelalterlichen Mitteleuropa nicht.

In nahezu allen Berichten über die Roma, die zu Beginn des 15. Jahrhunderts in das Reich und seine europäischen Nachbarländer zogen, wird die Tatsache, dass einige von ihnen ihren Lebensunterhalt mit Wahrsagerei verdienten, nicht kritisiert oder gar verurteilt. Auch in dem schon mehrfach erwähnten »Abschied« des Freiburger Reichstages von 1498 wird das Wahrsagen der »Zigeuner« mit keinem Wort erwähnt. Ihre Vertreibung »uß den landen teütscher nacion« wird ausschließlich mit dem Spionagevorwurf begründet.

Dass die »Zigeuner« bzw. ihre »alten Weiber« Wahrsagerei betreiben, wird meines Wissens erstmals in der zuerst 1550 veröffentlichten »Cosmographey« Sebastian Münsters erwähnt und kritisiert.[6] Münsters Kritik war aber noch nicht religiös, sondern sozial begründet. Warf er den »alten Weibern«

doch vor, mit ihrer Wahrsagerei Trickdiebstähle zu begehen: »Ihre alten Weiber begehn sich mit Wahrsagen, und dieweil sie den fragenden antwort geben, wie viel Kinder, Männer und Weiber sie werden haben, greifen sie mit wunderlichen behendigtkeit ihnen zum Seckel oder zu den Täschen und lären sie, daß es die Person, deren solches begegnet, nicht gewahr wirdt.«

Was Münster nicht wusste oder nicht wissen wollte, war, dass die Kirche die Wahrsagerei inzwischen als heidnische und unchristliche Praxis bezeichnet und verurteilt hatte. Wahrsagen sei wie das Zaubern eine magische Fähigkeit, welche die Wahrsager und Zauberer nur vom Teufel gelernt haben könnten. Gemeint waren zunächst und vor allem die »Hexen«, die von den weltlichen Gerichten so lange gefoltert wurden, bis sie zugaben, mit dem Teufel geschlafen zu haben, um dafür mit der Verleihung von magischen Fähigkeiten belohnt zu werden. Dazu wurde neben Schadenszauber auch die Wahrsagerei gezählt.

Dieser Hexenglaube ist genau wie der ihm zugrunde liegende Teufelsglaube von Luther nicht reformiert, sondern theologisch begründet und radikalisiert worden. Für Luther waren die »Hexen« böse »Teufelshuren, die da Milch stehlen, Wetter machen, auf Böcken und Besen reiten, auf Mänteln fahren, die Leute schießen, lähmen, verdorren, die Kinder in der Wiege martern, die ehelichen gliedmaßen bezaubern (…) die da können Dingen eine andere Gestalt geben, daß eine Kuh oder Ochs scheinen, das in der Wahrheit ein Mensch ist, und die Leute zur Liebe und Buhlschaft zwingen, und des Teufels Dinge viel«.[7]

Einige, aber nicht alle der hier von Luther den »Hexen« nachgesagten Fähigkeiten wurden auch den »Zigeunern« angehängt. Auch sie wurden dafür verantwortlich gemacht, wenn die Kühe der Bauern keine Milch mehr gaben, wenn plötzlich eintretendes schlechtes Wetter die Ernte verhagelte oder ganz vernichtete – und wenn die Bauern selber plötzlich impotent wurden, weil, wie es Luther so entzückend ausgedrückt hat, ihre »ehelichen gliedmaßen« bezaubert waren.

All dies wurde von den Zeitgenossen geglaubt. Doch warum wurde das ausgerechnet den Roma zugetraut? Weil sie offensichtlich den ihnen feindlich gegenüberstehenden gadsche mit diesen Schadenszaubereien gedroht haben. Dies wissen wir aus verschiedenen Dokumenten der Obrigkeiten, die sich immer wieder darüber beklagt haben, dass sich gerade die Bauern weigerten, sich an den staatlich angeordneten Verfolgungen der Roma zu beteiligen, weil sie deren Rachezauber fürchteten.

In diesem Zusammenhang wird immer wieder auf ein Ereignis verwiesen, das sich die Zeitgenossen nicht erklären konnten. Dies war der in der frühen Neuzeit oft zu beobachtende Brand von Scheunen. Ursache dieser unerwarteten (und nicht selbst gelegten!) Brände war wahrscheinlich die Selbstentzündung des in den Scheunen gelagerten und nicht völlig getrockneten Heus. Man suchte also nach nachvollziehbaren Ursachen und verdächtigte die »Zigeuner«, die Brände gelegt zu haben. Auch solche, die sich nicht oder nicht mehr am Tatort aufgehalten hatten. Die »Zigeuner« verfügten nämlich, so wurde gemunkelt, über die wahrhaft schwarze, ja teuflische Kunst, Brände zu legen, die erst lange nach dem Verschwinden der vermeintlichen zigeunerischen Brandstifter bemerkt werden konnten. Die Geschichte der Zeitzünderbrandstiftung wird immer wieder und aus allen europäischen Ländern kolportiert.

Noch schönere, ja schaurig-schöne Geschichten über den Schadenszauber der teuflischen »Zigeuner« findet man in der europäischen Belletristik des 19. Jahrhunderts und auch noch im Film des 20. Jahrhunderts. »Thinner – der Fluch«, nach einer Vorlage von Stephen King, handelt von einem ziemlich dicken Amerikaner, der zu Beginn des Films die Tochter eines Roms überfährt und anschließend Fahrerflucht begeht. Dafür wird er von diesem Rom verflucht. Der Amerikaner merkt das jedoch nicht und freut sich, dass er mehr und mehr an Gewicht verliert, obwohl er sein Essverhalten in keiner Weise verändert. Erst als er völlig abgemagert und dem Tode nahe ist, bittet er den Rom, ihn vom Fluch zu erlösen.

Die Verteufelung der Roma ist sicherlich die wichtigste und folgenreichste, aber nicht die einzige Form und Variante des religiösen Antiziganismus. Zu erwähnen sind auch die Versuche, den Stammvater der Roma in der Bibel zu finden.

Dabei verwiesen einige besonders bibelkundige gadsche sogar auf Kain, der seinen Bruder Abel erschlagen hat und ob dieses Verbrechens von Gott zum ständigen Herumziehen verurteilt wird: »Unstet und flüchtig sollst du sein auf Erden«, heißt es in 1. Mose 4. Doch Kain sieht das nicht ein und handelt mit Gott eine Strafminderung aus. Kain soll zwar herumziehen müssen, darf aber nicht von seinen Mitmenschen erschlagen werden. Um dies zu verhindern, wird Kain von Gott gezeichnet, d. h. mit dem Kainszeichen versehen. »Und der

Herr machte ein Zeichen an Kain, dass ihn niemand erschlüge, der ihn fände.« So geschieht es. Kain überlebt seine Bestrafung und hat sogar viele Kinder und Kindeskinder. Darunter befinden sich laut Aussage der Bibel »Jubal, von dem sind hergekommen alle Zither- und Flötenspieler« und »Tubai-Kain, von dem sind hergekommen alle Erz- und Eisenschmiede«.

Für nicht wenige der damaligen und vielleicht auch heutigen Bibelleser war das der endgültige Beweis für die These, dass Kain der Stammvater der Roma gewesen sein muss. Warum? Weil viele Roma tatsächlich ihr Brot als Musiker und Schmiede verdient haben. Und dies nicht an einem Ort, sondern indem sie von einem Ort zum anderen zogen, um ihre Fähigkeiten als Musiker und Schmiede (vor allem Kesselflicker) unter Beweis zu stellen und sich dafür bezahlen zu lassen. Beides ist heute nicht oder kaum noch der Fall. Es gibt keine Roma-Schmiede und -Kesselflicker mehr, und die Roma-Musiker, die es immer noch gibt, ziehen nicht mehr ziel- und planlos im Lande umher. Sie werden stattdessen von ihren Agenten von einem Konzert zum nächsten geschickt, wo sie von ihren Fans begeistert empfangen und gefeiert werden. Die meisten Roma-Musiker sind sehr gute Musiker. Dies aber nicht von Natur aus, wie das positive Vorurteil suggeriert, sondern weil sie das Musizieren von Kind an gelernt haben.[8]

Auf eine weitere Interpretation und Richtigstellung der These, wonach Kain der Stammvater der Roma gewesen sein soll, können wir verzichten, weil dies heute von kaum jemandem mehr behauptet wird. Das gilt auch für eine andere Theorie, wonach der ebenfalls in der Bibel erwähnte Ham Stammvater der Roma gewesen sein soll. Bei Ham handelt es sich um einen

Sohn Noahs, der sich über seinen betrunkenen Vater lustig gemacht haben soll, weshalb er von Noah dazu verurteilt wurde, seinen Brüdern Japhet und Sem zu dienen. Ham soll eine schwarze Hautfarbe gehabt haben. Daher wurde er von den muslimischen Arabern und dann auch von den europäischen Christen zum Stammvater der Afrikaner gemacht. Mit dieser Hamitentheorie ist die Versklavung der Afrikaner legitimiert worden.[9] Die Roma sind zwar wegen ihrer angeblich schwarzen Hautfarbe ebenfalls zu den Kindern und Kindeskindern des biblischen Hams gerechnet worden, ihre Versklavung ist aber mit anderen Motiven begründet worden. Doch dies ist Geschichte und nicht mehr Gegenwart.

Auch die an die Adresse der Roma gerichteten religiösen Schuldzuweisungen sind in der Gegenwart kaum noch anzutreffen. Gemeint sind die gar nicht frommen Legenden, wonach ein Rom die Heilige Familie auf ihrer Flucht nach Ägypten nicht beherbergt[10], die Nägel zum Kreuz Christi geschmiedet oder gar den vierten Nagel gestohlen habe, der auf den bildlichen Darstellungen der Kreuzigung Christi fehlt, weil hier die Füße von Jesus Christus mit nur einem Nagel ans Kreuz geschlagen sind. Phantastische Geschichten, die geglaubt wurden, weil sie erklärten, warum die Roma ständig herumzogen: Sie befänden sich nämlich auf einer Pilgerfahrt, um damit Buße für die Missetaten ihrer Vorfahren zu leisten. Dies wollten die gadsche von den Roma selbst gehört haben. Doch ob das wirklich so gewesen ist, weiß man nicht.

Nicht bewiesen und keineswegs glaubwürdig sind auch die Verdächtigungen, wonach die Roma wenn schon keine Heiden oder Ketzer, so doch schlechte Christen seien, die an ihren unchristlichen Sitten und Gebräuchen festhielten. So würden sie sich mehrmals taufen lassen, was nach Auffassung der Amtskirche illegitim war, um in den Besitz von Taufgeschenken zu gelangen, was auf ihre unchristliche Geldgier zurückgeführt wurde.

Noch perfider war der Vorwurf, dass die Roma an ihren alten heidnischen Gebräuchen festhielten und unchristliche religiöse Praktiken ausüben würden.[11] Das war nicht nur unbegründet, das hat die meist äußerst frommen und gläubigen Roma tief verletzt – und tut es immer noch. Dennoch suchen verschiedene Ethnologen, Theologen und sogenannte Tsiganologen immer noch nach heidnischen Elementen im Glauben und religiösen Brauchtum der Roma, die sie aus ihrer indischen Urheimat mitgebracht haben sollen.[12]

Bei dieser antiziganistisch motivierten Suche hat man sich vor allem auf eine romafeindliche Interpretation der sogenannten Zigeunerwallfahrt nach Saintes-Maries-de-la-Mer konzentriert. Dieser Wallfahrtsort liegt an der Küste der Camargue. Benannt ist er nach drei in der Bibel erwähnten Frauen, die alle Maria hießen: Maria Magdalena, Maria Salome von Galiläa und die ebenfalls Maria genannte Frau des Kleophas, der so etwas wie ein Onkel und Ziehvater von Jesus gewesen sein soll, weil er ein Bruder von Josef war.

Alle drei Marien gehörten zum direkten Umfeld von Jesus. Man könnte sie auch zu seinen Jüngerinnen zählen. Doch für die Kirche gibt es bis heute nur männliche Anhänger. Alle drei sind aber von der katholischen Kirche zu Heiligen erklärt worden. Dies aber nicht wegen ihrer Bekanntschaft mit Jesus (die, was Maria Magdalena angeht, sehr eng war, weil sie vermutlich seine Frau war), sondern wegen ihrer missionarischen Tätigkeit im damals noch heidnischen Südfrankreich.

Nach Frankreich sind die drei Marien in Begleitung einer Dienerin gekommen, die Sara genannt wurde und vermutlich eine schwarze Sklavin gewesen ist, weil sie auf allen bildlichen Darstellungen schwarz ist. Die »Schwarze Sara« soll für den Lebensunterhalt der drei Marien gesorgt haben, und zwar durch Betteln, was damals noch nicht als anstößig empfunden wurde. Zum Lohn für diese Tätigkeit wurde sie ebenfalls heiliggesprochen. Ihre Gebeine sollen genau wie die der drei Marien in einer Kapelle verwahrt sein, die im 10. Jahrhundert zu Ehren der drei Heiligen Marien und der Heiligen Sara in Saintes-Maries-de-la-Mer errichtet worden ist. Doch während die zu Reliquien erklärten Gebeine der drei Marien in der oberirdischen Kapelle ausgestellt sind, ist die Heilige Sara in der unterirdischen Krypta beerdigt worden.

Die Roma, die alljährlich Ende Mai eine Wallfahrt nach Saintes-Maries-de-la-Mer veranstalten, tun das mit einer besonderen Inbrunst. Die in bunte Gewänder gehüllte Statue der schwarz bemalten Heiligen Sara wird zusammen mit den Statuen der anderen Marien in einer feierlichen Prozession ans Meer getragen, um dort mit Meerwasser begossen zu werden. Auf protestantische und dem katholischen Glauben distanziert gegenüberstehende Zeitgenossen wirkt das alles etwas befremdlich. Die besonders frommen Roma sehen jedoch in der Schwarzen Sara ihre Schutzpatronin, tragen ihr Medaillon an ihren Halsketten und verehren sie mit einer Inbrunst, zu der nur wirklich gläubige Menschen fähig sind. Dabei stört es sie nicht, dass ihre Wallfahrt zu ihrer geliebten und verehrten Schwarzen Sara zu einer Touristenattraktion gemacht worden ist. Was sie wirklich stört und verletzt, sind die Thesen einiger Ethnologen, Theologen und Tsiganologen, wonach die Verehrung der Schwarzen Sara mit als heidnisch zu bezeichnenden Ritualen geschieht, die indischen Ursprungs seien. Deshalb ist diesen antiziganistisch gesinnten »Zigeunerforschern« dringend anzuraten, sich endlich von diesen Thesen und Verdächtigungen zu distanzieren.

Wir alle sollten versuchen, unsere religiös geprägten antiziganistischen Vorurteile zu überwinden. Für uns sind die Roma immer noch irgendwie unheimliche und uns feindlich gesinnte Menschen. Im Unterschied zu meiner oben erwähnten Großmutter glaube ich allerdings nicht mehr daran, dass die Roma teuflische Wesen sind, weil ich auch nicht an den Teufel glaube.

4. »Volk des Orients«

Primitive und Wilde

»Die Zigeuner« seien ein »Volk des Orients« und verfügten über eine »orientalische Denkungsart«, die »nach Jahrtausenden noch herrschend« sei, behauptete Heinrich Moritz Grellmann in seinem 1783 veröffentlichten Buch über »Die Zigeuner«, das in verschiedene europäische Sprachen übersetzt wurde und das europäische Roma-Bild entscheidend geprägt hat.[1] An Grellmanns Behauptung ist einiges gut und richtig, vieles aber falsch und negativ.

Gut und richtig ist Grellmanns These, wonach es sich bei den Roma nicht um eine soziale Gruppe von ständig herumziehenden Gaunern, sondern um ein »Volk« im modernen Sinne des Wortes handelt; d. h. um eine Ethnie bzw. eine Nation. Richtig ist auch, dass die Roma ursprünglich aus Indien stammen, das damals zum »Orient« gerechnet wurde. Die indische Herkunft der Roma war zu Grellmanns Zeiten durch einige Indologen und Linguisten nachgewiesen worden, die herausfanden, dass die Romanes genannte Sprache der Roma große Ähnlichkeiten mit dem altindischen Sanskrit und dem neuindischen Hindi hat.

Die Roma als »Volk des Orients« zu bezeichnen, weil ihre Vorfahren aus dem Orient nach Europa eingewandert sind, war dagegen falsch. Dies führte dazu, dass das falsche und negativ konnotierte Bild bis heute seine Wirkung hat. Der Orient wurde zwar nicht mehr wie das muslimische Morgenland als Bedrohung empfunden, dafür aber als ebenso »verderbt« wie »primitiv« und »rückständig« angesehen.[2] Im Zuge des Imperialismus teilten sich die europäischen Völker, allen voran die Engländer und Franzosen, die Welt auf und kolonisierten, d. h. unterwarfen fremde Länder oder gliederten sie in ihren eigenen Machtbereich ein.

Den nach Europa eingewanderten Roma eine genetisch bedingte und vererbbare »orientalische Denkungsart« zu unterstellen ist schon an sich als rassistisch zu bezeichnen. Damit hat Grellmann die bisherigen sozialantiziganistischen Vorurteile über die Roma mit Rassenideologien begründet. Diese seien nämlich, so Grellmann, nicht aus Not oder Neigung diebisch, faul, räuberisch und, was Grellmann besonders abstoßend, insgeheim jedoch anziehend empfand, sinnlich und sexuell aktiv, sie seien dies alles von Natur aus und wegen ihrer »orientalischen Denkungsart«, die sie von ihren Vätern und Vorvätern geerbt hätten. Die Roma seien »Menschen« (an einer Stelle seines voluminösen Werkes hat Grellmann sie sogar als »Halbmenschen« bezeichnet) »mit kindischer Denkungsart, mit einer Seele voll roher ungebildeter Begriffe«.

Als »Halbmenschen« bzw. »Menschen mit kindischer Denkungsart« sind von den damaligen Europäern auch die Afrikaner und die nord- und südamerikanischen Indianer bezeichnet worden. In den Augen der angeblich zivilisierten Europäer galten sie als »Wilde«. Damit hat Grellmann, vielleicht ohne dies zu wollen oder zu bemerken, die Ideologien sowohl des rassistischen wie des romantischen Antiziganismus geschaffen. Diese These muss näher begründet und ausgeführt werden.

Wir beginnen mit dem romantischen Antiziganismus. Er wird heute noch von vielen gadsche nicht als verwerflich, sondern als gut oder zumindest gut gemeint angesehen. Tatsächlich ist das romantische nur die Kehrseite des rassistischen Roma-Bildes. In nahezu allen belletristischen und wissenschaftlichen bzw. pseudowissenschaftlichen Werken, die in wiederum nahezu allen europäischen Ländern bis zur NS-Zeit und teilweise noch weit darüber hinaus publiziert worden sind, werden die Roma als »primitiv« und »wild« dargestellt.[3] Besonders häufig sind die Vergleiche der Roma mit den Afrikanern und den nord- und südamerikanischen Indianern.[4] Vorurteile gehören nun einmal zu den »Mentalitäten«, die nach den Worten Fernand Braudels »Gefängnisse von langer Dauer« sind.[5] Aus diesen mentalen »Gefängnissen« wollen sich viele Menschen nun einmal nicht befreien und befreien lassen. Dies scheint vor allem auf die »antiziganistischen Gefängnisse« zuzutreffen. Warum?

Weil die antiziganistischen Vorurteile im Allgemeinen und die über die »primitiven« und »wilden« Roma im Besonderen auch heute noch schlimmer und weiter verbreitet sind als die über die ebenfalls als »primitiv« und »wild« bezeichneten Afrikaner und Indianer. In den belletristischen und wissenschaftlichen Werken werden nämlich einige Afrikaner und Indianer von der allgemeinen Verurteilung ausgenommen. Stattdessen werden sie zu den »edlen Wilden« gerechnet, die von einigen

Aufklärern entdeckt und von den Romantikern geradezu verherrlicht worden sind.

Roma gehören jedoch nicht dazu. Unter ihnen soll es keine »edlen Wilden« gegeben haben. Jedenfalls lässt sich in der erwähnten Literatur kein wilder und edler Rom finden. Kein einziger Rom ist auch jemals mit edlen und wilden Indianern verglichen und so gepriesen worden wie James Fenimore Coopers »Chingachgook«, Fritz Steubens »Tecumseh« und Karl Mays »Winnetou«. Andererseits ist keine einzige Afrikanerin und Indianerin mit der ebenso schönen wie sinnlichen Carmen verglichen und mit einem entsprechenden Namen versehen worden. Schön, sinnlich und sexy sollen vor allem die weiblichen Roma und nicht die Afrikanerinnen und Indianerinnen gewesen sein. Dieses Bild dient bis heute so manchem zur Grundlage sexueller Stimulanz.[6]

Von der Verehrung der »schönen Zigeunerinnen« ausgenommen wurden dagegen die älteren Romnija. Sie werden in der Literatur und bildenden Kunst als abschreckend hässlich und hexenähnlich dargestellt, weshalb sie gefürchtet und keineswegs begehrt wurden. Dazu beigetragen hat übrigens die zuerst von Grellmann mitgeteilte angebliche Tatsache, dass ältere Romnija Pfeife geraucht und Hosen getragen haben sollen, Handlungen, die einer Frau der damaligen Zeit unwürdig waren. Beides tun sie zwar auf bildlichen Darstellungen, aber nicht in der Realität. Die meisten der heutigen osteuropäischen Romnija tragen keine Hosen, sondern lange Röcke und scheinen, so meine Wahrnehmung, auch nicht in der Öffentlichkeit zu rauchen. Jedenfalls keine Pfeifen. Denn das wäre mir als passioniertem Pfeifenraucher aufgefallen.

So entstand ein der Realität entrücktes Bild der weiblichen Roma, das sich bis heute in unseren Köpfen verfestigt hat: Die jungen gelten als zu schön und anziehend, die älteren als hässlich und abstoßend. Wir alle kennen die Bilder der »verführerischen Carmen«, die man bis vor kurzem in fast jedem Kaufhaus für wenig Geld kaufen konnte, um sie vielleicht nicht in den Wohnzimmern, wohl aber in den Schlafzimmern aufzuhängen.

Dass die romantische Variante des Antiziganismus eng mit der rassistischen verbunden und keineswegs einmalig ist, kann gerade bei den bildlichen Darstellungen der schönen und hässlichen »Zigeunerinnen« beobachtet werden. Rassistische Bilder sind generell nicht geschlechtsneutral. Sie sind stattdessen, wie man neudeutsch sagt, »gegendert«. Frauen werden meistens viel negativer dargestellt und bewertet als Männer. Bei den weiblichen Roma ist dies »nur« deutlicher erkennbar. Die männlich dominierte Wissenschaft, darunter Ethnologen, Kriminalisten und »Zigeunerforscher«, aber auch die Produzenten der künstlerischen und literarischen Darstellungen, haben seit dem 19. Jahrhundert und bis in die Gegenwart hinein die angeblichen »Rassen«-Merkmale der Romnija untersucht und beschrieben und dabei besonders stark betont und zugleich negativ bewertet. Dabei sind nachweislich einige Romnija gezwungen worden, sich zu entkleiden, was von ihnen als besonders demütigend und entehrend empfunden worden ist.

Abscheu rufen aber auch die Berichte hervor, welche jene Forscher über ihre »rassenkundlerischen« Untersuchungen an männlichen Roma verfasst und publiziert haben. Ihr Ziel war es, die »Rassen«-Merkmale der »Zigeuner« zu bestimmen, was insofern sinnlos ist, weil die Roma keine »Zigeuner« sind und sie schon deshalb keiner menschlichen »Rasse« angehören, weil es überhaupt keine menschlichen »Rassen« gibt. Die Menschheit kann und darf nicht in unterschiedlich wertige »Rassen« eingeteilt werden.[7]

Der rassistisch motivierte Antiziganismus diente seinen Anhängern in erster Linie dazu, die Verweigerung der Einbürgerung der Roma in die europäischen Nationalstaaten, dann ihre Ausweisung aus diesen Staaten und schließlich ihre Ermordung zu begründen. Dies muss etwas näher ausgeführt werden.

Dabei ist noch einmal auf Grellmann einzugehen. Denn er hat die von dem preußischen Juristen Christian Wilhelm von Dohm[8] für möglich gehaltene und von dem Sprachwissenschaftler Johann Rüdiger[9] sogar geforderte Emanzipation bzw. »bürgerliche Verbesserung« der Roma, wie sie damals genannt wurde, für unmöglich gehalten und schlussendlich abgelehnt, eben weil es sich seiner Meinung nach bei den Roma um ein »Volk des Orients« mit einer »orientalischen Denkungsart« handele.

Diese Argumentation kann man als rassistisch geprägt deuten und kritisieren. Sie wurde aber von Grellmann selber noch nicht mit rassistischen Ideologien begründet. In den ersten Rassentheorien bzw., wie man sie besser und treffender bezeichnen muss, Ideologien des Rassismus, die im ausgehenden 18. Jahrhundert von Aufklärern wie Georges-Louis Leclerc de Buffon, Immanuel Kant, Christoph Meiners und Johann Friedrich Blumenbach entwickelt worden sind, werden die

Roma entweder gar nicht oder nur ganz am Rande erwähnt.[10] Jene Aufklärer haben tatsächlich Theorien über die Existenz von unterschiedlich wertigen menschlichen »Rassen« entwickelt. Damit haben sie das begründet, was seit den 1930er-Jahren als »Rassismus« bezeichnet und verurteilt wird.

Die meisten der späteren Ideologen des anthropologischen Rassismus haben die Roma ebenfalls nicht erwähnt. Denn hätten sie es getan, hätten sie die Roma zu der von ihnen verherrlichten »arischen Rasse« zählen müssen. Ist diese angeblich überlegene »arische Rasse« doch mit dem Hinweis auf die indogermanische Sprachfamilie konstruiert worden, zu der jedoch auch das mit dem altindischen Sanskrit eng verwandte Romanes gehört. Aufgrund ihrer indogermanischen Sprachwurzel und Herkunft aus Indien müsste man – in deren Logik – die Roma zu den »Ariern« rechnen und von den »Semiten« bzw. von den Völkern, die eine semitische Sprache sprechen, abgrenzen.

Dass die Ideologen des anthropologischen Rassismus den Roma den von den Nationalsozialisten erfundenen »Arier-Pass« hätten verleihen müssen, ist geradezu grotesk und entlarvt an dieser Stelle sehr eindrücklich diese willkürlich geschaffene Konstruktion. In der Fußballsprache nennt man das »ein Eigentor schießen«.

Das hielt deutsche Publizisten und Juristen wie Hartwig von Hundt-Radowsky, Theodor Tetzner und Richard Liebich nicht von dem Versuch ab, die »rassische Minderwertigkeit« der Roma durch einen Vergleich mit den ebenfalls als »rassisch minderwertig« angesehenen Juden zu beweisen.[11] Dabei wurde nicht nur auf körperliche Merkmale, sondern auch auf soziale Eigenschaften verwiesen, die Juden und Roma angeblich gemein hätten. Der Vergleich entbehrte natürlich jeder Grundlage. Die deutschen Sinti und Roma wollten als eine ethnische Minderheit, die deutschen Juden allenfalls als eine religiöse Minderheit angesehen werden. Sie wurden, im Unterschied zu den Roma, im ausgehenden 19. Jahrhundert emanzipiert und zu deutschen Staatsbürgern erklärt, die sich nur im Hinblick auf ihre Religion von den anderen deutschen Staatsbürgern unterschieden und unterscheiden lassen wollten.

Gleichwohl ist sowohl Juden wie Roma die Zugehörigkeit zur deutschen Nation streitig gemacht worden. Um dies zu rechtfertigen, berief man sich auf das schon erwähnte deutsche Staatsbürgerrecht, das auf dem *ius sanguinis*, dem sogenannten Abstammungsprinzip, basierte. Danach konnten und sollten nur solche Personen die deutsche Staatsbürgerschaft erwerben, die »deutscher Abstammung« sind, die sich wiederum durch sogenanntes »deutsches Blut« kennzeichnete. Das im Kern heute noch geltende deutsche Staatsbürgerrecht folgt dem Prinzip des *ius sanguinis*. Da sie als »stammesfremd« bzw. als »rassefremd« galten, ist den im 19. Jahrhundert aus dem Osten nach Deutschland eingewanderten Juden und Roma die deutsche Staatsbürgerschaft in der Regel verwehrt worden.

Von diesem Schicksal betroffen waren aber auch viele der in Deutschland seit Jahrhunderten lebenden Sinti und Roma, da sie in den Augen der Behörden immer noch als Ausländer galten. Am Ende des 19. Jahrhunderts erfand man die völlig willkürliche Unterscheidung zwischen »ausländischen« und »inländischen Zigeunern«, denen es gelungen war, in den

Besitz der deutschen Staatsbürgerschaft zu gelangen. Sinti und Roma, die ihren Militärdienst in Deutschland absolviert hatten, wurden im Anschluss daran mit der Verleihung eines Militärpasses belohnt, der dann in einen normalen Zivilpass umgetauscht werden konnte.

Die rassistisch, genauer gesagt antisemitisch und antiziganistisch begründete Diskriminierung der »Ostjuden« und der »Zigeuner« war vielleicht in Deutschland besonders ausgeprägt, sie stellt aber keine deutsche Besonderheit dar. Auch die meisten der anderen europäischen Staaten haben sich gegen die Zuwanderung von Roma und »Ostjuden« gewehrt und die auch bereits in ihren Ländern seit langem ansässigen Roma diskriminiert. Beides wurde mit den gleichen oder zumindest vergleichbaren antisemitischen und antiziganistischen Ideologien begründet: Juden wie Roma galten als Angehörige einer fremden und zugleich »minderwertigen Rasse«.

Die »Rassen«-Zugehörigkeit der Juden und Roma wurde jedoch mit unterschiedlichen Methoden eruiert. Bei den Juden war es die Zugehörigkeit zur jüdischen Religionsgemeinschaft.[12] Wie widersinnig es ist, einer »Rasse« eine Religion zuzuordnen, ist den Rassetheoretikern nicht aufgefallen. Mit diesem Religionsmerkmal konnte die Ausgrenzung, Verfolgung und schließlich Ermordung der Juden relativ leicht durchgeführt werden, weil die Zugehörigkeit der Juden zur jüdischen Religionsgemeinschaft durch die Verzeichnisse der Synagogengemeinden leicht nachzuweisen war. Außerdem war die Zugehörigkeit zur jüdischen Konfession in den Unterlagen der staatlichen Behörden vermerkt.

Dies war und ist bis heute in Deutschland der Fall, wo es

nicht wie etwa in den USA zu einer wirklichen Trennung von Kirche und Staat gekommen ist. Daher müssen alle Deutschen ihre religiöse Zugehörigkeit den staatlichen Behörden gegenüber angeben. Vor allem gegenüber den Finanzämtern, die dadurch in die Lage versetzt werden, die Kirchen- und (seit 1919) Synagogensteuern einzuziehen. Dass viele Deutsche nichts dagegen haben und die Fragen der staatlichen Behörden nach ihrer Konfession bereitwillig beantworten, können und wollen viele US-Amerikaner nicht verstehen. Sie sehen darin einen schweren und nicht zu tolerierenden staatlichen Eingriff in ihre Privatsphäre. Deutsche haben dagegen keinerlei Verständnis dafür, wenn sie von amerikanischen Behörden nach ihrer »Rasse«-Zugehörigkeit befragt werden.

Jedenfalls trifft das auf mich zu, der ich in den 1990er-Jahren als Gastprofessor an mehreren amerikanischen Universitäten mehrmals danach gefragt wurde, zu welcher »Rasse« ich denn gehören würde. In den mir vorgelegten Fragebogen habe ich dann meist angegeben, dass ich zur »human race« gehöre. Dies wurde aber von den sonst freundlichen Repräsentanten der amerikanischen Behörden mit keineswegs freundlichen Bemerkungen kommentiert. Sie fragen noch heute nach der »Rasse«, zu denen sie nicht nur Afrikaner, sondern auch Chinesen, Japaner und »hispanics« zählen. Dies wird von den angesprochenen Minderheiten hingenommen, weil sie dadurch einen Bonus gewinnen. Dieser gilt übrigens für Bewerber um ein Stipendium oder eine Professur. Dass eine »Rassen«-Zugehörigkeit der Roma wie bei den Juden nicht mit dem Hinweis auf ihre Religion erfolgen konnte, ist ohne Weiteres einsichtig. Roma gehören verschiedenen christlichen

Religionsgemeinschaften an. Einige der südosteuropäischen Roma sind, wie schon erwähnt, Muslime. Da die erwähnten Versuche der »Zigeunerforscher« scheiterten, die »zigeunerische Rasse« mit anthropologischen und biologischen Methoden zu bestimmen, griff man zu sozialwissenschaftlichen und kriminalbiologischen Methoden.

Die Letzteren gehen auf den italienischen Kriminalbiologen Cesare Lombroso zurück. Lombroso meinte herausgefunden zu haben, dass es so etwas wie »geborene Verbrecher« gebe: Menschen, die von Geburt an Verbrecher seien und wegen ihrer verbrecherischen Erbanlagen unweigerlich Straftaten begehen würden. Vollkommen ins Absurde rutschte diese Theorie, da sie davon ausging, man könne jene Personen an ihrem physiognomischen Aussehen erkennen. Die Folgen dieser Theorie waren dagegen ganz real und letztlich tödlich. Um die Erbanlagen nicht weitergeben zu können, müsse man sie einsperren und sterilisieren.[13]

Obwohl Lombroso selber in diesem Zusammenhang nur ganz am Rande auf die Roma eingegangen ist, diente seine kriminalbiologische Theorie und Methode den deutschen »Zigeunerforschern« als eine angeblich wissenschaftliche Grundlage. Sie fühlten sich in ihrem Vorurteil bestätigt, wonach alle »Zigeuner« Betrüger und Diebe seien, weil »zigeunerisches Blut« in ihren Adern floss. Ein ebenso klassischer wie falscher Zirkelschluss. Welche Auswirkungen diese Rassenlehre zeitigte, wissen wir bereits. Wie die Juden wurden den »Zigeunerforschern« auch Roma zur Betrachtung und Beurteilung zugeführt. Dies erfolgte durch die »Zigeunerpolizisten«, welche die von ihnen durchgeführten Betrachtungen und Beurteilun-

gen der aktenkundig gewordenen Roma an die »Zigeunerforscher« übergaben. Da in den polizeilichen »Zigeunerakten«
nicht nur die Namen und persönlichen Daten der verhörten
und verhafteten Roma, sondern auch die ihrer Verwandten
und Sexualpartner »zigeunerischer« und »nichtzigeunerischer
Herkunft« vermerkt waren, konnten die »Zigeunerforscher«
die Roma von den Nicht-Roma und beide wiederum von den
sogenannten »Zigeunermischlingen« unterscheiden. Letztere
wurden in der perfiden Logik der Rassentheoretiker noch negativer als die sogenannten »reinrassigen« Roma angesehen.
Entstammten diese, so wurde jedenfalls angenommen, aus
sexuellen Verbindungen von »Zigeunern« mit Personen, die
aktenkundig geworden waren, weil sie irgendwelche kriminellen Handlungen begangen hatten oder begangen haben
sollten. Den Kindern derartiger sexueller Verbindungen wurde nicht nur »zigeunerisches«, sondern auch noch »kriminelles Blut« unterstellt. Dies nach der ebenso einfachen wie gro-
tesken Rechnung, wonach ein »Zigeuner« und ein Krimineller
einen »zigeunerischen« Kriminellen bzw. einen kriminellen
»Zigeuner« ergeben müsse.

Mit diesen pseudowissenschaftlichen Rechenkünsten haben
der NS-Rassentheoretiker Robert Ritter und andere »Zigeunerforscher« die deutschen Sinti und Roma in verschiedene Ka-
tegorien und Mischlingsgrade eingeteilt. Für die betroffenen
Personen hatte das tödliche Folgen. Wurden doch keineswegs
nur »reinrassige« Roma, sondern auch »Zigeunermischlinge
ersten, zweiten und selbst dritten Grades« nach Osten deportiert und dort ermordet. Ritter verfasste als Leiter der »Rassenhygienischen Forschungsstelle« mehr als 24 000 Gutachten

über diese Einteilung und schuf damit die Grundlage für die Zwangsmaßnahmen gegen Roma, die letztlich zu ihrer Deportation in das »Zigeunerlager« Auschwitz und damit zu ihrer Ermordung führten.

Ohne die Hilfe der deutschen »Zigeunerpolizisten« wäre das aber nicht zu leisten gewesen. Denn diese haben seit dem ausgehenden 19. Jahrhundert die Namen und persönlichen Daten der deutschen Sinti und Roma systematisch erfasst und in einem Buch zusammengetragen, das nach seinem Urheber, dem bayerischen Kriminalrat Alfred Dillmann, als »Dillmann-Buch« bezeichnet wurde.[14] Es enthielt darüber hinaus auch die Lichtbilder und Fingerabdrücke der erfassten Roma. Mit dem von Dillmann gegründeten und geleiteten bayerischen »Nachrichtendienst in Bezug auf die Zigeuner« arbeiteten die »Zigeunerpolizeistellen« der anderen deutschen Länder eng zusammen. Sie wurden 1938 zur zentralen und reichsweiten »Reichszentrale zur Bekämpfung des Zigeunerunwesens« zusammengefasst.

Das deutsche bzw. zunächst bayerische Beispiel machte Schule und wurde auch in den Nachbarländern Deutschlands nachgeahmt. Vor allem in Österreich, wo die dortigen Roma nach ähnlichen Kriterien erfasst wurden. In Wien, der Hauptstadt des damals noch unabhängigen Österreich, ist 1936 eine »Internationale Zentralstelle zur Bekämpfung der Zigeunerplage« errichtet worden. Sie arbeitete wie die heute noch bestehende »Internationale kriminalpolizeiliche Organisation« (Interpol). Polizeistellen verschiedener anderer Länder haben mit dieser »Internationalen Zentralstelle« eng zusammengearbeitet.

Dies traf aber mehr auf die westeuropäischen als auf die osteuropäischen Länder zu. In den osteuropäischen Ländern sind die Roma vor der NS-Zeit zwar auch diskriminiert und entrechtet, aber nicht so intensiv untersucht und erfasst worden. Dabei haben sich die demokratisch verfassten Staaten nicht wesentlich von den autoritären unterschieden. Für die unterschiedliche Roma-Politik der ost- und westeuropäischen Staaten vor der NS-Zeit waren unterschiedliche Roma-Bilder und Ideologien verantwortlich. In Osteuropa wurden die Roma vornehmlich deshalb diskriminiert, weil sie als Gauner und Teufel angesehen wurden. Für viele Westeuropäer waren die Roma dagegen »Primitive« und »Wilde«.

Die in diesem Kapitel analysierten und kritisierten Ideologien des rassistischen und des romantischen Antiziganismus waren stärker in West- als in Osteuropa anzutreffen. Schließlich sind sie ja auch vornehmlich von westeuropäischen Antiziganisten entwickelt und verbreitet worden. Nicht ausschließlich, aber vornehmlich von deutschen »Zigeunerforschern« wie Robert Ritter. Sie waren nicht die einzigen, wohl aber die wichtigsten und schrecklichsten »Vordenker der Vernichtung«. Dennoch hat nicht nur das deutsche, sondern das gesamteuropäische antiziganistische Vorurteil zum Völkermord an den Sinti und Roma geführt. Dies hat der Antiziganismus mit dem Antisemitismus gemein.[15]

5. »Endgültige Lösung«
Der europäische Genozid

Am 8. Dezember 1938 gab Heinrich Himmler die »endgültige Lösung der Zigeunerfrage« bekannt. Sie sollte »aus dem Wesen dieser Rasse« heraus erfolgen. Dabei seien »die rassereinen Zigeuner und die Mischlinge gesondert zu behandeln«. Dies wurde mit dem Verweis auf die »Erkenntnisse« der »rassenbiologischen Forschungen« begründet.[1]

Gemeint waren die des nationalsozialistischen Rassentheoretikers Robert Ritter. Seine »rassenbiologischen Forschungen« bildeten die Grundlage dafür, Roma zu einer »minderwertigen Rasse« zu erklären. Ferner war Ritter der Ansicht, dass die »Mischlinge« einen noch minderwertigeren Charakter als die »reinrassigen Zigeuner« hätten. Entstammten sie doch sexuellen Beziehungen, die Roma mit asozialen und kriminellen Angehörigen des deutschen Volkes eingegangen seien. Die »Mischlinge« verfügten daher nicht nur über angeblich minderwertiges »zigeunerisches«, sondern auch noch über minderwertiges »asoziales und kriminelles Blut«.

Hier muss nicht noch einmal betont und nachgewiesen werden, dass es sich bei den Thesen Ritters nicht um eine

Wissenschaft handelte, sondern um eine Ideologie, mit der die Verfolgung und Ermordung der Roma begründet wurde. Die »Rassenforschung« im Allgemeinen und die »Zigeunerforschung« im Besonderen wurde zu einer »mörderischen Wissenschaft.« Wie und warum?[2]

Seit 1934 wurde das »Gesetz zur Verhütung erbkranken Nachwuchses« auch auf Roma angewandt. Nicht wenige deutsche Sinti und Roma sind nur deshalb zwangssterilisiert worden, weil sie als »Zigeuner« angesehen wurden, denen man aufgrund ihres sozialen Verhaltens »sozialen Schwachsinn« attestierte. Ende 1935 sind dann auch die eigentlich nur gegen Juden gerichteten Nürnberger Rassengesetze auf die deutschen Sinti und Roma angewandt worden. In verschiedenen Erlassen des Reichsministers des Innern wurden Juden, Roma sowie Afrikaner bzw. »Neger und ihre Bastarde«, wie sie hier genannt wurden, zu den »Trägern nicht deutschen oder artverwandten Blutes« gezählt.[3] In dem 1936 veröffentlichten »Kommentar zur deutschen Rassengesetzgebung« der Juristen des Reichsinnenministeriums Hans Globke und Wilhelm Stuckart war folgender Satz zu lesen: »In Europa sind regelmäßig nur Juden und Zigeuner artfremden Blutes.«[4]

Diesen rassistischen Worten folgten rassistisch motivierte Taten. Auf Befehl Himmlers wurden im April und Juni 1938 Tausende von »Asozialen« und »Zigeunern« in »polizeiliche Vorbeugungshaft« genommen und in Konzentrationslager verbracht, wo beide Häftlingsgruppen zum Tragen des gleichen schwarzen Winkels gezwungen wurden.

Am 21. September 1939 fand in Berlin die erste (es folgten noch weitere) »Zigeunerkonferenz« statt, auf der darüber debattiert wurde, wie die von Himmler am 8. Dezember 1938 angeordnete »endgültige Lösung der Zigeunerfrage« durchzuführen sei. Einige der geladenen Ministerialbeamten und »Zigeunerforscher« schlugen eine Zwangssterilisation aller deutschen Sinti und Roma vor, was aber als zu aufwendig und teuer angesehen und deshalb verworfen wurde. Stattdessen entschied man sich dafür, die deutschen Sinti und Roma sowie die aus dem an das Reich angeschlossenen Österreich nach Osten in das sogenannte »Generalgouvernement« zu deportieren. Um die Erfassung der für die Deportation vorgesehenen Sinti und Roma zu erleichtern, wurde ihnen am 17. Oktober 1939 befohlen, ihre Wohnorte nicht mehr zu verlassen. Doch das war denjenigen Sinti und Roma ohnehin nicht mehr möglich, die in den »Zigeunerlagern« inhaftiert waren, die es seit 1935 in verschiedenen deutschen Großstädten, wie z. B. in Berlin, Düsseldorf, Essen, Frankfurt/M., Köln u. a., gab.

Anfang 1940 wandte sich der »Generalgouverneur« Hans Frank jedoch gegen die Abschiebung aller deutschen Sinti und Roma in »sein Generalgouvernement«, das die Kerngebiete des besiegten und zerschlagenen polnischen Staates umfasste. Frank und Himmler handelten einen Kompromiss aus. Statt aller 30 000 deutschen Sinti und Roma wurden im April 1940 »nur« 2500 Sinti und Roma aus den westlichen und nordwestlichen Teilen des Reichs in das besetzte Polen deportiert. Dabei blieb es zunächst.

Die Deportation der noch in Deutschland verbliebenen Sinti und Roma hat Himmler erst am 16. Dezember 1942 befohlen; sie wurde Anfang 1943 durchgeführt. Die meisten deutschen Sinti und Roma sind nach Auschwitz deportiert worden. Im

Unterschied zu den übrigen KZ-Häftlingen wurden sie hier nicht nach Geschlecht und Altersgruppe getrennt. Stattdessen mussten sie zusammen mit ihren Frauen und Kindern in einem vom übrigen Lager abgetrennten »Zigeunerlager« leben bzw. vegetieren. Bevor sie selber vergast wurden, mussten die Erwachsenen zusehen, wie ihre Kinder langsam und qualvoll an Hunger und Seuchen starben. Mehr als die Hälfte der Deportierten erlag einer planmäßigen Mangelernährung und unbehandelten Krankheiten und Seuchen. Eines der vielen unbeschreiblichen Leiden in den Lagern.

Nachzutragen bleibt, dass keineswegs nur die antiziganistisch eingestellten »Zigeunerpolizisten«, sondern auch Beamte und Pfarrer ihre Daten über die »Zigeuner« an die »Zigeunerforscher« übergaben. Bei den Pfarrern waren das die Kirchenbücher, in denen die tatsächliche oder auch nur vermeintliche »zigeunerische« Identität von Frauen und Männern vermerkt war, die geheiratet und ihre Kinder hatten taufen lassen. Damit haben sich die Pfarrer und Pastoren beider christlicher Konfessionen der »Beihilfe zum Völkermord« schuldig gemacht.[5] Doch zu dieser Schuld haben sie sich bis heute nicht bekannt.

Der Völkermord an den nichtdeutschen Roma wurde – wie jener am jüdischen Volk – keineswegs nur in Auschwitz und anderen deutschen Konzentrations- und Vernichtungslagern, sondern auch in den von den deutschen Truppen überfallenen und besetzten osteuropäischen Ländern begangen. Dies keineswegs nur von der SS und den Einsatzgruppen, welche der kämpfenden Truppe auf dem Fuße folgten, sondern auch von Angehörigen der Polizeibataillone und der Wehrmacht.

Sie alle haben wie die Juden auch Roma zusammengetrieben, um sie gleich an Ort und Stelle zu ermorden. Dies geschah nicht in stationären und fahrbaren Gaskammern, sondern durch den Einsatz von Maschinengewehren und anderen Handfeuerwaffen. Die Leichen der aus kurzer Distanz erschossenen Juden und Roma wurden nicht wie in den Krematorien der Konzentrationslager verbrannt, sondern in abgelegenen Wäldern verscharrt. Da dies aber Seuchen wie das gefürchtete Fleckfieber verursachte, sind die Leichen später wieder exhumiert und unter freiem Himmel auf Rosten, die aus Eisenbahnschienen angefertigt worden waren, verbrannt worden. Zu dieser schrecklichen Arbeit wurden Häftlinge und Kriegsgefangene gezwungen.

An dieser Stelle möchte ich die Frage beantworten, ob der Völkermord an den Roma mit dem an den Juden vergleichbar ist. Dies wird von einigen Historikern noch heute bestritten.[6]

Der Völkermord an den Juden zeichne sich, so meinen sie, durch einen singulären Charakter aus, weil er intendiert, rassistisch motiviert und ausnahmslos alle Juden betroffen habe, die sich im deutschen Machtbereich befanden. All dies treffe auf den Mord an den Roma nicht zu. In Deutschland seien die »reinrassigen Zigeuner« und im Osten die sesshaften Roma verschont worden. Außerdem seien weit weniger Roma als Juden ermordet worden. Schließlich wird die Angabe, wonach dem Völkermord an den Roma 500 000 Personen zum Opfer gefallen sind, bezweifelt.

Das Herunterrechnen von Opferzahlen empfinde ich als zynisch, kommentieren und richtigstellen möchte ich allerdings die erstgenannten Argumente, die gegen die Vergleichbarkeit von Schoah und Porrajmos sprechen sollen. Zum intentionalen und rassistisch motivierten Charakter beider Völkermorde: Die »Endlösung der Judenfrage« ist von Hitler mehrmals angekündigt worden. Nicht nur in seinem programmatischen Buch »Mein Kampf«, sondern auch noch in seiner am 30. Januar 1939 gehaltenen Reichstagsrede, in der er die »Vernichtung der jüdischen Rasse« angedroht hatte, falls es dem »internationalen Judentum« gelingen sollte, Deutschland in einen neuen Krieg zu zwingen.[7] Keine zwei Monate zuvor hatte Himmler am 8. Dezember 1938 die »endgültige Lösung der Zigeunerfrage (...) aus dem Wesen dieser Rasse heraus« nicht nur angekündigt, sondern angeordnet.

Die Realisierung der beiden Endlösungen ist aber mit unterschiedlichen – antisemitischen und antiziganistischen – Ideologien begründet worden. Beispielhaft kann das an einem Schreiben des kommandierenden Generals in Serbien, Harald Turner, vom 26. Oktober 1941 verdeutlicht werden, in dem dieser die Geiselnahme und anschließende Ermordung von Juden und Roma anordnete und folgendermaßen begründete:[8] »Juden und Zigeuner« stellten »ein Element der Unsicherheit« und »Gefährdung der öffentlichen Ordnung und Sicherheit« dar. Die Juden müssten deshalb »vernichtet« werden, weil »der jüdische Intellekt diesen Krieg heraufbeschworen« habe. Damit rekurrierte Turner auf die oben erwähnte Reichstagsrede, in der Hitler dem »internationalen Judentum« gewissermaßen den Krieg erklärt und mit der »Vernichtung der jüdischen Rasse« gedroht hatte.

Roma waren in dieser Rede nicht erwähnt worden, Hitler hat sich generell wenig über die »Zigeuner« geäußert. Dennoch sah

Turner auch in den Roma Angehörige einer »minderwertigen Rasse«. Mit Bezug auf die hier aber nicht namentlich genannten »Zigeunerforscher« erklärte Turner, dass »der Zigeuner (…) aufgrund seiner inneren und äußeren Konstruktion kein brauchbares Mitglied einer Völkergemeinschaft sein« könne. Während das »jüdische Element an der Führung der Banden«, womit die serbischen Partisanenverbände gemeint waren, »erheblich beteiligt« sei, seien »gerade Zigeuner für besondere Grausamkeiten und den Nachrichtendienst verantwortlich«. Hier spiegeln sich gleich zwei antiziganistische Vorurteile wider. Zum einen der schon vom Freiburger Reichstag von 1498 bekannten Spionagevorwurf und zum anderen das Stereotyp der Roma als »primitive und grausame Wilde«.

Am 29. August 1942, nur zehn Monate nach seinem Mordbefehl, berichtete Turner seinen Vorgesetzten mit einem geradezu mörderischen Stolz, dass »Serbien (das) einzige Land (sei), in dem Judenfrage und Zigeunerfrage gelöst« worden seien.[9] Damit bestätigte er, dass Roma wie Juden behandelt und ermordet wurden, sagte aber nicht, wie, mit welchen Methoden und nach welchen Kriterien die Juden und Roma erfasst worden waren.

Antworten auf diese Fragen findet man in den Berichten, die Turners Schergen über die Ermordung der polnischen und sowjetischen Juden und Roma verfasst haben. In diesen haben sie freimütig zugegeben, dass sie alle Personen umgebracht haben, die sie für Juden und »Zigeuner« gehalten haben. Bei den Juden genügte der äußere Anschein. Nicht alle, aber viele der osteuropäischen Juden waren aufgrund ihrer Haar- und Barttracht und Kleidung als gläubige Juden erkennbar.

Sie entsprachen tatsächlich dem Bild, das sich die Antisemiten von »den Juden« gemacht hatten. Außerdem lebten die meisten Juden, anders als in westlichen Ländern, in Dörfern, Kleinstädten und bestimmten Vierteln der größeren Städte in Gemeinschaften.

Bei den Roma bot sich ein anderes Bild. Auch im Osten Europas entsprachen nicht alle dem Roma-Bild, das sich die Antiziganisten von den »Zigeunern« gemacht hatten, weil sie eben nicht »wie die Zigeuner« herumzogen, sondern sesshaft geworden waren und sich auch in ihren sonstigen sozialen Verhaltensweisen an die ihrer Mitbürger angepasst hatten. Das traf auf nicht wenige der sowjetischen Roma zu, die von den örtlichen Behörden nicht nur dazu angehalten, sondern auch dazu gezwungen worden waren, sesshaft zu werden und sich generell an die sowjetische Gesellschaftsordnung anzupassen.

Da sie nicht sofort als »Zigeuner« identifiziert werden konnten, sind sie nicht sofort ermordet worden. Die Verbrechen der Einsatzgruppen, Polizeibataillone und spezieller Einheiten der Wehrmacht haben sich zunächst auf die Ermordung der Juden sowie der Roma konzentriert, die, wie »die Zigeuner« es angeblich ständig täten, noch im Lande herumzogen und wegen ihrer Lebensweise und Kleidung als »Zigeuner« identifiziert oder stigmatisiert wurden.

Dass diese herumziehenden Roma zuerst und vor allem ermordet wurden, missfiel aber einigen »Zigeunerforschern« im Reich. Meinten sie doch, dass es sich hier um »rassereine Zigeuner« handele, die nicht so gefährlich und »rassisch minderwertig« seien wie die »Mischlinge«. Dieser Auffassung hat sich ausgerechnet Himmler angeschlossen. Er hat noch 1942, als die Vernichtung der sowjetischen Roma begonnen und die der serbischen Roma bereits abgeschlossen war, allen Ernstes geplant, die deutschen und österreichischen »reinrassigen Zigeuner« von der Vernichtung auszunehmen, weil sie sich »im allgemeinen nicht asozial verhalten hätten und in ihrem Kult wertvolles germanisches Brauchtum überliefert sei, das erforscht werden müsste«.[10] Zu diesem Ziel und Zweck sollten die Roma in eine Art »Zigeuner-Reservat« verbracht und dort speziellen Untersuchungen unterzogen werden. Dazu ist es nicht gekommen, weil Hitler diesen wahnsinnigen Plan Himmlers stoppen ließ.

Dennoch scheinen die für die Ermordung der sowjetischen Roma zuständigen deutschen Stellen von den Reservatsplänen Himmlers gewusst zu haben. Für diese Vermutung spricht die nachweisbare Tatsache, dass die Einsatzgruppen von ihren Vorgesetzten angewiesen worden sind, die »reinrassigen Zigeuner« nicht zu ermorden, wenn ihre Reinrassigkeit festgestellt worden war. Daher wurden die von verschiedenen Personen und Institutionen bereits ausgegebenen Befehle, die Roma »wie die Juden« zu behandeln, d.h., sie zu ermorden, wieder rückgängig gemacht. Das führte zu chaotischen Verhältnissen. Sie wurden aber überwunden, weil es zu dem kam, was der NS-Historiker Hans Mommsen als »kumulative Radikalisierung« bezeichnet hat. Die radikalste Form und Variante der Endlösung setzte sich durch. Alle Juden und Roma, die erfasst werden konnten, wurden ermordet.[11]

Dabei haben sich die Deutschen auch der Hilfe von Angehörigen einiger sowjetischer Völker bedient. Auf der Krim waren das die Tataren, deren Repräsentanten von Otto Ohlendorfs Einsatzgruppe D danach befragt wurden, welche von den Roma, die unter den Tataren lebten, ihre Sprache beherrschten und wie die Tataren selber Muslime waren, »Zigeuner« sei. Ohne dies vielleicht zu wollen, haben diese Tataren damit Beihilfe zum Völkermord geleistet. Balten und Ukrainer haben sich ebenfalls freiwillig und unter Zwang an der Ermordung von Juden und Roma beteiligt. Wegen ihrer Kollaboration am Völkermord sind nach 1945 nicht wenige Tataren, Balten und Ukrainer von den sowjetischen Behörden dafür streng bestraft, einige zum Tode verurteilt und hingerichtet worden. Die Krimtataren sind kollektiv und ohne Überprüfung ihrer individuellen Schuld in die asiatischen Teile der Sowjetunion deportiert worden, weil sie nach Ansicht der sowjetischen Machthaber alle mit den Deutschen bzw. den Faschisten kollaboriert hätten. Da dies aber keineswegs auf alle Tataren zutraf, wurde damit altes (deutsches) Unrecht mit neuem (sowjetischen) Unrecht vergolten. Dies ist natürlich zu kritisieren, darf aber nicht dazu führen, alle Straf- und Vergeltungsmaßnahmen, die sowjetische Behörden an tatsächlichen Kollaborateuren ergriffen haben, generell für unbegründet und ungerecht zu halten.

Unbegründet und ungerecht war die viel zu milde Behandlung der westeuropäischen Kollaborateure am Völkermord an den Juden und Roma. Sind doch nur ganz wenige holländische, belgische und französische Polizisten, welche Juden und Roma verhaftet und an die deutschen Mörder übergeben haben, für ihr Handeln bestraft worden. Dass das in Vichy residierende französische Kollaborationsregime neben ausländischen Juden auch viele französische Roma verhaftet und in einigen südfranzösischen Lager interniert hat, in denen viele von ihnen umgekommen sind, ist bis heute kaum bemerkt und noch weniger kritisiert worden.[12] Immerhin sind die Juden, die in dem berüchtigten Lager Gurs inhaftiert worden waren, nach der Befreiung Frankreichs entlassen worden. Doch dies galt nicht für die Roma, die in den sogenannten »camps aux nomades«, Nomaden-Lagern, vegetieren mussten. Diese »Zigeunerlager«, die sich übrigens in der unmittelbaren Nachbarschaft des Lagers Gurs befanden, sind erst 1946 und damit zwei Jahre nach der Befreiung Frankreichs aufgelöst worden.

Am Völkermord an den Roma haben sich wie an jenem an den Juden auch einige der mit Deutschland verbündeten Länder beteiligt. Dies gilt zum Beispiel für das faschistische Italien.[13] Italien hat die erst 1937 erlassenen und zunächst auch nur gegen die Afrikaner in den italienischen Kolonien gerichteten Rassengesetze auch auf die italienischen Juden und Roma angewandt. Sie wurden aus rassistischen Gründen diskriminiert und während des Krieges in Lagern inhaftiert, von denen einige »campi di concentramento«, Konzentrationslager, genannt wurden. Sie befanden sich in allen Teilen Italiens und in den von italienischen Truppen eroberten kroatischen und slowenischen Gebieten Jugoslawiens. Gegen Ende des Krieges haben die Behörden der Republik von Salò, wie sich das faschistische Italien in seiner Endphase nannte, eine nicht unbeträchtliche Zahl von Juden und Roma an die Deutschen übergeben, die sie dann in die deutschen Konzentrations- und Vernichtungslager deportierten.

Das trifft auch auf das klerikalfaschistische Tiso-Regime in der Slowakei zu, das es zugelassen hat, dass neben den 7000 slowakischen Juden auch Roma, deren Gesamtzahl aber nicht bekannt ist, in die deutschen Vernichtungslager deportiert worden sind.[14] Im benachbarten Ungarn haben die »Pfeilkreuzler« Ferenc Szálasis 500 000 ungarische Juden und eine bis heute nicht genau bekannte Zahl von Roma an den extra nach Budapest gereisten Adolf Eichmann ausgeliefert, der die Juden und Roma in die deutschen Vernichtungslager deportieren ließ. Weitere 50 000 Juden und eine wiederum nicht bekannte Zahl von Roma sind von den ungarischen Faschisten an Ort und Stelle ermordet worden.[15]

Die Verbrechen der ungarischen Faschisten sind jedoch von jenen der kroatischen Faschisten begangenen Verbrechen in den Schatten gestellt worden. Das von Ante Pavelic angeführte Ustascha-Regime hat Hunderttausende von Juden, Roma und Serben ermordet. Dies geschah in dem berüchtigten Konzentrationslager Jasenovac, in dem die Roma die bei weitem größte Häftlingsgruppe stellten, und in allen Teilen des formal unabhängigen Kroatien. Dies übrigens mit Wissen, ja sogar mit Zustimmung von Angehörigen der katholischen Kirche.[16]

Der Vernichtungsfeldzug, den die »Eiserne Garde« genannte faschistische Partei Rumäniens schon vor Ausbruch des Zweiten Weltkriegs gegen die Juden im Land geführt hat, ist von der rumänischen orthodoxen Kirche zumindest stillschweigend gebilligt worden.[17] Sie hat auch während des Krieges nichts unternommen, um die Deportation der rumänischen Roma in die sowjetischen Gebiete zu verhindern, die von der rumänischen Armee erobert bzw. zurückerobert wurden, weil sie vorher zu Rumänien gehört hatten.[18] Wie viele Roma dabei umgekommen sind, weiß man bis heute nicht. Rumänische Historiker wollen das auch gar nicht so genau wissen. Einige bestreiten sogar bis heute die Tatsache, dass sich auch Rumänien am Völkermord an den Roma und Juden beteiligt hat.

Damit stehen sie nicht allein. Viele, wenn nicht die meisten ost- und westeuropäischen Historiker und Politiker wollen nicht zur Kenntnis nehmen, dass sich ihre Länder in der einen oder anderen Form am Völkermord an den Juden und Roma beteiligt haben. Vermutlich auch deshalb, weil sie, wenn sie es getan hätten, die Ansprüche der überlebenden Roma auf »Wiedergutmachung« hätten unterstützen müssen. Bei den deutschen Historikern kommt noch die Scheu hinzu, auf die Verbrechen der anderen hinzuweisen, weil dies dazu führen könnte, dass man die Verbrechen der Deutschen in irgendeiner Weise relativiert oder gar leugnet. Dennoch trifft auch hier die Mahnung Leopold von Rankes zu, Geschichte zu schreiben, indem man darstellt, »wie es eigentlich gewesen ist«. Die Kollaboration der anderen europäischen Völker am Völkermord an den Juden und Roma gehört zu den historischen Fakten, die man nicht leugnen oder relativieren kann.

Dennoch sollte man dabei immer bedenken, dass die Initiative zum Völkermord an den Juden und Roma von den Deutschen ausgegangen ist, die auch die Verantwortung und Schuld für den Völkermord tragen. Zu den Lehren, die wir daraus für unser heutiges politisches Handeln ziehen können, gehört aber auch, Verbrechen und Völkermorde überall in der Welt nicht zu verschweigen, sondern zu kritisieren und den betroffenen Menschen zu helfen. Unter den europäischen Ländern gibt es nur wenige Ausnahmen, die sich den Deutschen in dieser Hinsicht widersetzt haben. Sofern sie sich nicht selber am Völkermord beteiligt haben, haben sie den Juden kaum und den Roma so gut wie gar nicht geholfen. Die im Zweiten Weltkrieg neutral gebliebenen Länder Schweden und die Schweiz haben nur ganz wenige der verfolgten Juden aufgenommen.[19] Meines Wissens ist keinem einzigen Rom in keinem einzigen Land Asyl gewährt worden. Eine Roma-Emigration hat es in der gesamten NS-Zeit nicht gegeben.[20]

Diese Vergangenheit ist nicht zu bewältigen, sie sollte uns aber lehren, die Fehler der Vergangenheit nicht zu wiederholen.

6. »Wie mit den Juden«

Die verweigerte Wiedergutmachung

»Es war ebenso wie mit den Juden. Es bestand kein Unterschied zwischen den Zigeunern und den Juden«[1], lautete die Antwort des Leiters der Einsatzgruppe D, Otto Ohlendorf, während des Nürnberger Kriegsverbrecherprozesses auf die Frage der alliierten Ankläger, ob und warum er und seine Untergebenen neben Juden auch Roma ermordet haben. Ohlendorfs Schuldbekenntnis ist von seinen Anklägern entweder für nicht richtig oder für nicht wichtig genug gehalten worden, um ihn und seine Helfershelfer des Völkermordes an den Roma anzuklagen. Der Völkermord an den Roma war kein Thema des Nürnberger Kriegsverbrecherprozesses. Dabei waren zu seiner Vorbereitung zahlreiche Dokumente gesammelt worden, mit denen man die rassistische Intention und Motivation dieses Völkermordes hätte beweisen können.

Vermutlich haben die alliierten Ankläger dies unterlassen, weil sie sonst hätten eingestehen müssen, dass sie nichts unternommen haben, um den Völkermord zu verhindern. Außerdem – und diese Annahme ist wahrscheinlicher – hätten die Alliierten den überlebenden Roma zu ihrem Recht verhelfen müssen, für ihre Leiden in irgendeiner Weise entschädigt zu werden. Doch das wollten die Alliierten unbedingt vermeiden. Die Roma sollten keine Reparationen erhalten. Anspruch auf Reparationen hätten nur die Staaten, die sich am Krieg gegen Deutschland beteiligt und es besiegt hätten. Daher, weil sie noch über keinen Staat verfügten, ist auch den Juden der Anspruch auf Reparation bzw. auf, wie es dann genannt wurde, »Wiedergutmachung« zunächst verweigert worden. Das haben sich die Juden nicht gefallen lassen. Da sie über einflussreiche internationale Organisationen und seit 1948 auch über einen Staat verfügten, haben sie ihre Reparationsansprüche gegenüber Deutschland gegen den erklärten Willen der Alliierten durchgesetzt. Dies geschah 1952, als Repräsentanten der jüdischen Organisationen und des israelischen Staates mit dem Kanzler der Bundesrepublik Deutschland in Luxemburg ein Abkommen aushandelten, in dem sich die Bundesrepublik verpflichtete, »Wiedergutmachung« an die überlebenden Juden und an den Staat Israel zu leisten.

Den Roma ist all das bis heute nicht gelungen.[2] Mit ihren Repräsentanten ist bis heute kein Abkommen geschlossen worden, das mit dem Luxemburger Abkommen von 1952 vergleichbar wäre. Das muss man nicht gut finden, kann es aber verstehen, weil die Roma über keinen Staat und über keine international anerkannten Repräsentanten verfügen, die berechtigt sind, ein Äquivalent zum Luxemburger Abkommen abzuschließen. Vollkommen unverständlich ist jedoch, dass den Roma die »Wiedergutmachung« mit der Begründung verweigert wurde, dass sie in der NS-Zeit eben nicht »wie die Juden« aus rassistischen Gründen verfolgt und ermordet worden sind. Sie seien wegen ihrer »asozialen Eigenschaften« verfolgt bzw. »besonderen Beschränkungen« unterworfen worden, hieß es am 7. Januar 1956 in einem Urteilsspruch des Bundesgerichtshofs.[3] Mit dieser Begründung hat das Gericht die von Sinti und Roma gestellten Anträge auf »Wiedergutmachung« verworfen. Nur die Deportation der Sinti und Roma in das Vernichtungslager Auschwitz im Frühjahr 1943 sei nicht rechtens gewesen.

Damit hatte das höchste deutsche Gericht ein Urteil gefällt, in dem die rassistisch motivierte Verfolgung der Sinti und Roma geleugnet wurde. Ein unfassbarer Skandal, der in der damaligen deutschen Öffentlichkeit kaum kritisiert wurde. Eine Ausnahme war ein Aufsatz des Frankfurter Senatspräsidenten Franz Calvelli-Adorno, der darauf hinwies, dass die »rassische Verfolgung der Zigeuner vor dem 1. März 1943«, d. h. vor ihrer Deportation nach Auschwitz, begonnen habe.[4] Heftige Kritik kam auch von der »United Restitution Organization« (URO), die unter der deutschen Leitung von Kurt May Quellen und Materialien sammelte, um nachzuweisen, dass die Sinti und Roma tatsächlich aus »rassischen Gründen« verfolgt worden waren.[5]

Doch von diesen Argumenten der »Anwälte der Verfolgten« ließen sich einige westdeutsche Oberlandesgerichte nicht beeindrucken, die weiterhin Anträge auf »Wiedergutmachung« von Sinti und Roma rigoros ablehnten. Eine besonders scharfe Haltung nahm das Oberlandesgericht München ein, das sich weiterhin auf die Voten und Gutachten der ehemaligen »Zigeunerpolizisten« in der Münchener »Landfahrerzentrale« stützte und in einem Urteil vom 1. März 1961 selbst bestritt, dass die Verfolgung der Sinti und Roma nach dem Auschwitz-Erlass Himmlers »rassisch« motiviert gewesen sei. Wenn »Zigeuner auch von Polizei, SS- oder Wehrmachtdienststellen festgenommen und für kürzere oder längere Zeit in Gefängnissen oder geschlossenen Lagern festgehalten« worden seien, so sei dies nicht geschehen, »um sie aus Gründen der Rasse zu verfolgen, sondern weil sie ziel- und planlos umherzogen, sich über ihre Person nicht ausweisen konnten oder für Spione gehalten wurden«.[6]

Da jedoch andere Gerichte, allen voran das Oberlandesgericht Frankfurt am Main, zu anderen Urteilen gelangten, sah sich schließlich der Bundesgerichtshof am 18. Dezember 1963 genötigt, seine Entscheidung von 1956 wenigstens teilweise zu revidieren.[7] Die Richter räumten ein, dass rassenpolitische Motive für Maßnahmen, die seit dem Himmler-Erlass vom 8. Dezember 1938 getroffen wurden, »mit ursächlich« gewesen sein könnten. Daher wurde den Sinti und Roma jetzt gestattet, Entschädigungsanträge für Verfolgungsmaßnahmen zu stellen, die nach dem 8. Dezember 1938 stattgefunden hatten.

Einen derartigen Stichtag zu verkünden macht vielleicht im Bereich des bürgerlichen Rechts, etwa bei Räumungsklagen, Sinn, bei der rechtlichen Würdigung der Verfolgung der Sinti und Roma war dies schlichter Unsinn. Schließlich ist ja auch niemand auf die Idee gekommen, alle antijüdischen Maßnahmen, welche die Nationalsozialisten z.B. bis zu den Novemberpogromen von 1938 getroffen haben, für rechtens zu erklären.

Bewusst übersehen wurde, dass die Nürnberger Rassen-

gesetze vom September 1935 auch auf Sinti und Roma übertragen worden sind. Außerdem ist noch einmal darauf hinzuweisen, dass die Sinti und Roma schon vor der NS-Zeit
diskriminiert worden sind. Die von den Ländern erlassenen
»Zigeunergesetze« verstießen gegen Geist und Buchstaben
der Reichsverfassung, in welcher der Gleichheitsgrundsatz
für alle deutschen Staatsbürger festgeschrieben worden war.
Die Ungleichbehandlung der deutschen Sinti und Roma war
somit verfassungswidrig. Sie hätten dagegen klagen können;
spätestens im nationalsozialistischen Unrechtsstaat war dies
jedoch nicht mehr möglich. Im westdeutschen Rechtsstaat
hätte man aber den Sinti und Roma zu ihrem Recht verhelfen
können, ja müssen. Stattdessen ist ihnen ihr Rechtsanspruch
auf »Wiedergutmachung« verweigert worden.

Aufgrund eines Beschlusses des Bundestages vom 14. Dezember 1979 konnten die in der NS-Zeit verfolgten Sinti und
Roma eine »Beihilfe« von maximal 5000 DM beantragen.[8] Die
Antragsfrist lief jedoch am 31. Dezember 1982 aus. Zu diesem
Zeitpunkt waren aber verschiedene Sinti und Roma, denen
man in den 1950er-Jahren ihr Recht versagt hatte, bereits ge-
storben. Daher mutet es geradezu zynisch an, wenn die Bundesregierung am 31. Oktober 1986 in einem abschließenden
Bericht »über Wiedergutmachung und Entschädigung für
nationalsozialistisches Unrecht sowie über die Lage der Sinti,
Roma und verwandter Gruppen« behauptete, dass das Fehlurteil von 1956 »verhältnismäßig geringe praktische Auswirkungen« gehabt habe.[9] Insgesamt kann man sich Arnold Spittas
Urteil nur anschließen, wonach man im Fall der Sinti und
Roma »wider die Gutmachung« und nicht für eine wirkliche

»Wiedergutmachung« entschieden hat.[10] Da sich die Diskriminierung nach Kriegsende fortsetzte, könnten sie auch »Wiedergutmachung für die Zeit nach 1945« fordern, wie dies der Liedermacher Wolf Biermann schon 1979 vorgeschlagen hat.[11]

Dass die Nachkriegsdeutschen Biermanns Vorschlag jemals folgen werden, ist zu bezweifeln. Dennoch sollten sie sich wenigstens dazu bekennen, dass den deutschen Sinti und Roma auch nach 1945 Unrecht angetan worden ist. »Wiedergutmachung« für ihr während der NS-Zeit erlittenes Leid haben nur wenige deutsche Sinti und Roma erhalten. Ausländische Roma sind dagegen so gut wie gar nicht in den durchaus zweifelhaften Genuss einer »Wiedergutmachung« gelangt. Das unterscheidet die Roma wiederum von den Juden, hat die Bundesregierung doch auch »Wiedergutmachung« an jene Juden geleistet, die keine deutschen Staatsbürger waren. Dies geschah mit der etwas seltsamen Begründung, dass die osteuropäischen Juden zum »deutschen Kulturkreis« gehört hätten, weil ihre jiddische Sprache eng mit der deutschen verwandt sei. Sprachgeschichtlich ist das richtig. Die Juden, die im Mittelalter ihre deutsche Heimat verlassen und nach Polen fliehen mussten, sprachen wirklich einen mittelhochdeutschen Dialekt, der aber mit verschiedenen hebräischen und im Laufe der Jahrhunderte auch polnischen Begriffen und Wörtern durchsetzt war. Die jiddischsprechenden osteuropäischen Juden nach den an ihnen von den Deutschen verübten Verbrechen zum »deutschen Kulturkreis« zu zählen ist allerdings mehr als grotesk. Immerhin hatte es zur Folge, ihre Anträge auf »Wiedergutmachung« durch den deutschen Staat genehmigen zu können.

Doch warum hat man dies nicht mit den Anträgen der ost- und westeuropäischen Roma getan? Weil, wiederum von wenigen Ausnahmen abgesehen, die ost- und westeuropäischen Roma derartige Anträge gar nicht gestellt haben. Nicht weil sie es nicht wollten, sondern weil sie es nicht durften. Dies ist ihnen nämlich von den Regierungen ihrer Heimatländer faktisch untersagt worden. Denn wenn die es zugelassen hätten, dass ihre Roma-Staatsbürger Anträge an die deutsche Regierung stellten, hätten sie es zulassen müssen, dass die Roma »Wiedergutmachung« auch von ihren eigenen Regierungen hätten fordern können, deren Bürger sich an dem Völkermord an den Roma beteiligt hatten. Wie bereits erwähnt, ist die europäische Kollaboration am europäischen Völkermord an den Roma bis in die unmittelbare Gegenwart hinein geleugnet worden. Bis weit in die 1980er-Jahre hinein ist sogar die Tatsache, dass an den Roma ein intendierter und rassistisch motivierter Völkermord begangen worden ist, bestritten worden. Der Porrajmos wurde zu einem, wie es der französische Historiker Christian Bernadec treffend ausgedrückt hat, »holocauste oublié«, einem vergessenen Holocaust.[12] Dass es dazu kommen konnte, war aber nicht die Schuld der europäischen Politiker, sondern der europäischen Historiker, allen voran der deutschen. Denn diese haben sich lange Zeit geweigert, den Völkermord an den Roma überhaupt zur Kenntnis zu nehmen. In allen Handbüchern und Überblicksdarstellungen der Geschichte des »Dritten Reiches«, die in den 1950er-, 1960er- und selbst noch 1970er-Jahren veröffentlicht wurden, ist der Völkermord an den Roma nur ganz am Rande erwähnt worden. In den für die Schulen bestimmten Geschichtsbüchern findet man meist die mehr als lakonische Bemerkung, dass »auch Zigeuner verfolgt« worden seien. Von Völkermord war nicht die Rede. Das geschah nicht ohne Grund. Wollten die deutschen NS-Historiker doch nicht erkennen, dass es sich beim Porrajmos um einen intendierten und rassistisch motivierten Völkermord gehandelt hat. Das haben seit den 1980er-Jahren einige ausländische Historiker nachgewiesen. Zu nennen sind Jerzy Ficowsky aus Polen, Selma Steinmetz und Erika Thurner aus Österreich, Bernard Sijes aus Holland und Christian Bernadec aus Frankreich, dessen Buch über den »vergessenen Holocaust« bereits erwähnt worden ist.[13] Das größte Verdienst, dass der Völkermord an den Roma der Vergessenheit entrissen wurde, kommt aber den Engländern Donald Kenrick und Grattan Puxon zu, deren Buch über, wie der Titel der deutschen Übersetzung lautet, »Die Vernichtung eines Volkes im NS-Staat«[14] zu einem Standardwerk wurde, das in verschiedene europäische Sprachen übersetzt und re-zipiert wurde; auch in Deutschland und von einigen jünge-ren deutschen Historikern, die in der Folgezeit verschiedene Lokalstudien und Überblicksdarstellungen der Verfolgung, vornehmlich der deutschen Sinti und Roma, vorlegten. Im Wesentlichen angeregt wurden sie hierzu aber von den De-monstrationen und geschichtspolitischen Aktivitäten des von Romani Rose geleiteten »Zentralrates Deutscher Sinti und Roma«.

Hier könnte man ein positives Fazit ziehen, wenn es nicht seit den 1990er-Jahren zu einer Art Gegenbewegung gekom-men wäre. Meinen doch einige in- und ausländische Histori-ker festgestellt zu haben, dass der Völkermord an den Roma nicht so intendiert, rassistisch motiviert und total gewesen sei wie der Völkermord an den Juden, weshalb beide Völkermorde nicht oder kaum miteinander zu vergleichen seien. Dies geschah in einer Zeit, in der die europäischen Roma erneut diskriminiert und verfolgt wurden. Das haben die Historiker, welche die vergangene Verfolgung der Roma relativierten, sicherlich nicht gewollt. Sie hätten es aber wissen und bei ihren Forschungen berücksichtigen müssen.

7. »Interdit aux nomades«
Diskriminierung in Westeuropa

»Interdit aux nomades« – für Nomaden verboten – war auf einem Schild zu lesen, das ich Anfang der 1980er-Jahre auf einem Parkplatz an der Loire entdeckte. Ich fühlte mich nicht angesprochen, weil ich mich nicht zu diesen ominösen Nomaden zählte, denen das wilde Campen auf dem Parkplatz verboten wurde. Daher stellte ich meinen Campingbus zu den anderen großen Caravans und Wohnmobilen. Sie gehörten einigen Roma, die mich zwar freundlich begrüßten, aber etwas abschätzig auf meinen alten und schon etwas schäbig gewordenen Campingbus herabblickten. Doch dies störte mich nicht. Was mich gewaltig störte war, dass wir, d. h. die Roma und ich, in der Nacht von einigen französischen Polizisten gezwungen wurden, mit unseren Campingbussen und Caravans den Parkplatz zu verlassen. Und dies nur deshalb, weil wir, die freundlichen Roma und ich, von den gar nicht freundlichen französischen Polizisten zu den »Nomaden« gezählt wurden, denen das Parken auf diesem Parkplatz verboten wurde. Ich wurde zum ersten und bisher auch einzigen Mal in meinem Leben »wie ein Zigeuner« behandelt.

Erst durch diese selbst gemachte Erfahrung ist mir bewusst geworden, dass die Roma auch noch nach dem an ihrem Volk begangenen Völkermord diskriminiert wurden.[1] Das war mir in Deutschland so nicht aufgefallen.[2] Denn hier gab es Anfang der 1980er-Jahre keine Schilder mehr, auf denen irgendwelchen »Nomaden« und »Zigeunern« verboten wurde, Camping- und andere Parkplätze zu benutzen. Was es immer noch gab (und bis heute gibt), waren Speisekarten, auf denen »Zigeunerschnitzel« angeboten wurden, Reklametafeln, mit denen für irgendwelche »Zigeunersaucen« geworben wurde, und reißerische Zeitungsberichte über stehlende »Zigeuner«.

Nicht erwähnt wurde (und wird bis heute!), dass sich die weitaus meisten der deutschen Sinti und Roma in die deutsche Mehrheitsgesellschaft integriert hatten. Sie verfügten über einen festen Wohnsitz und gingen einer geregelten Arbeit nach. Damit unterschieden sie sich in keiner Weise von ihren sonstigen deutschen Mitbürgern. Doch dies wollten (und wollen bis heute!) viele gadsche nicht erkennen und anerkennen. Für sie waren (und sind) die deutschen Sinti und Roma immer noch fremde und unheimliche Wesen. Dies ist ebenso erstaunlich wie befremdlich. Schließlich sind die Vorfahren der heutigen Sinti und Roma schon im 15. Jahrhundert nach Deutschland eingewandert. Hier sind sie zu dem geworden, was sie heute nach ihrem Selbstverständnis sind – Angehörige einer ethnischen Minderheit, die in der NS-Zeit aus rassistischen Gründen verfolgt und ermordet worden ist.

Es ist der Bürgerrechtsbewegung der deutschen Sinti und Roma zu verdanken, dass der Völkermord an den Roma in der deutschen Öffentlichkeit bekannt und gewissermaßen anerkannt wurde.[3]

Auf die Anerkennung des an den Roma begangenen Völkermordes folgte jene, dass die Überlebenden zu einer ethnischen Minderheit gehören. 1997 fand sich die Regierung der Bundesrepublik Deutschland bereit, den deutschen Sinti und Roma, den Dänen und Friesen in Schleswig-Holstein und den Sorben in der Ober- und Niederlausitz den rechtlichen Status einer ethnischen Minderheit zu verleihen. Das damit verbundene Recht auf den Gebrauch ihrer Muttersprache in öffentlichen Behörden haben die deutschen Sinti und Roma aber im Unterschied zu den Dänen, Friesen und Sorben bisher nicht durchsetzen können. In Deutschland gibt es nur ganz wenige Schulen, in denen die Kinder der Sinti und Roma in ihrer Muttersprache unterrichtet werden oder überhaupt Romanes lernen können.

Verbessert werden müssen aber auch die den Sinti und Roma bisher gewährten Bildungsmöglichkeiten. Verfügen doch längst nicht alle deutschen Sinti und Roma über einen Hauptschulabschluss.[4] Noch immer machen viel zu wenig Sinti und Roma das Abitur, um danach ein Studium erfolgreich abzuschließen. Dennoch kann nicht eindringlich genug darauf hingewiesen werden, dass es inzwischen Roma-Studenten und Roma-Akademiker gibt. Doch sie werden genau wie die vielen tüchtigen und erfolgreichen Roma-Arbeiter, Roma-Angestellten, Roma-Beamten, Roma-Unternehmer etc. in der deutschen Öffentlichkeit kaum wahrgenommen.

Insgesamt ist folgendes (vorläufiges) Fazit zu ziehen: Die deutschen Sinti und Roma haben sich in die Mehrheitsgesellschaft integriert. Sie können nicht zu einer »sozialen Rand-gruppe« gezählt oder als »Ausländer« bezeichnet werden. Die weitaus meisten von ihnen besitzen die deutsche Staatsbür-gerschaft und unterscheiden sich von ihren deutschen Mit-bürgern nur durch ihre Zugehörigkeit zu einer ethnischen Minderheit.

All das trifft nicht nur auf die Sinti zu, deren Vorfahren schon im 15. Jahrhundert in das Gebiet des damaligen Hei-ligen Römischen Reiches Deutscher Nation eingewandert sind, sondern auch auf die Nachkommen der Roma, die im 19. Jahrhundert aus Südosteuropa in das Territorium des Deutschen Reiches eingewandert sind. Ähnliches gilt für die italienischen, griechischen und jugoslawischen Roma, die in den 1960er-Jahren als Gastarbeiter in die Bundesrepublik ge-kommen und hier geblieben sind. Sie alle sind zu Deutschen geworden, worauf einige von ihnen stolz sind.

Doch all das trifft noch nicht auf alle Roma zu, die seit dem Untergang der kommunistischen Staaten in Osteuropa nach Deutschland eingewandert sind. Sie sind noch nicht so integriert wie die deutschen Sinti und Roma und werden auch noch heftiger angefeindet. Darauf wird noch einzuge-hen sein. Hier muss aber noch einmal betont werden, dass die wie gesagt assimilierten und in die Mehrheitsgesellschaft integrierten deutschen Sinti und Roma bessergestellt und bes-ser behandelt werden als die Roma in den westeuropäischen Nachbarländern Deutschlands.

Dies muss schon deshalb näher ausgeführt und begründet werden, weil es der selbstkritischen Wahrnehmung vieler deutscher gadsche (mich wiederum eingeschlossen) in eklatanter Weise widerspricht. Werfen wir zunächst einen vergleichenden Blick auf Frankreich. Die Tatsache, dass sich das in Vichy residierende Kollaborationsregime an dem Völkermord an den Roma beteiligt hat, wird bis heute geleugnet. Daher weigern sich die französischen Behörden bis heute, Entschädigungszahlungen an die Roma zu leisten. Im Unterschied zu den deutschen ist den französischen Roma auch der Status einer ethnischen Minderheit verwehrt geblieben. Die französischen Roma, deren Gesamtzahl auf etwa 300 000 geschätzt wird, werden wie die Aquitanier, Bretonen, Elsässer und Korsen nicht als ethnische Minderheit angesehen und verfügen über keinerlei Minderheitenrechte. Nach dem französischen Nationsverständnis gibt es und kann es in Frankreich nur Franzosen geben.

Das muss man nicht billigen, kann es aber verstehen. Nicht zu verstehen ist die gegenüber den Roma betriebene Sozialpolitik. Den französischen Roma, die am Ende des letzten Jahrhunderts noch herumzogen, um ihre Berufe als Händler und Hausierer ausüben zu können, ist dieses Herumziehen und das Lagern auf öffentlichen Plätzen untersagt worden. Die mit dieser Aufgabe beauftragten französischen Polizisten haben sich dabei äußerst rüder Methoden bedient. Bei meinen Reisen durch Frankreich habe ich gesehen, dass viele sesshaft gewordene französische Roma in Häusern (eigentlich waren es Hütten) leben mussten, die über keinen Stromanschluss und keinen Anschluss an die kommunale Kanalisation verfügten. Derartiges kannte ich aus Deutschland nicht. Bis heute unternimmt der französische Staat nichts, um die wirklich desolate Lage der französischen Roma zu verbessern. Doch das hat auch etwas mit dem französischen Staatsverständnis zu tun, das sich erst nach dem Zweiten Weltkrieg der Idee des Sozialstaates annahm.

Aber auch der Umkehrschluss ist falsch, von Sozialstaaten eine romafreundliche Politik zu erwarten. Die Roma-Politik des schwedischen Sozialstaates z. B. war sogar ausgesprochen antiziganistisch. Wie bereits erwähnt, hat der schwedische Staat es bis in die 1990er-Jahre zugelassen, dass verschiedenen schwedischen Roma die Kinder weggenommen worden sind. Etwas Derartiges hat es in Deutschland nach 1945 nicht gegeben.

Die deutsche Roma-Politik unterscheidet sich auch im positiven Sinne von der britischen und irischen.[5] In England, wo etwa 100 000 Roma leben, haben sie sich in den Elends- und Slumgebieten der Großstädte niederlassen müssen; die nicht sesshaften mussten weitere Diskriminierungen erleiden. Doch das hatten die »gypsies« genannten Roma mit den sonstigen Fahrenden bzw. »travellers« gemein.

Dass sich die Lage der 700 000 spanischen »gitanos« und der 130 000 italienischen »cianer« ebenfalls in negativer Hinsicht von der der deutschen Sinti und Roma unterschied, verwundert an dieser Stelle nicht mehr. Diese Staaten haben sogar weitgehend auf eine wie auch immer gestaltete Roma-Politik verzichtet, was die ohnehin schon wenig gute Lage der Roma weiter verschlechterte.

Dass sich, wie dieser kurze Vergleich zeigt, die deutschen Sinti und Roma, deren Gesamtzahl auf 100 000 geschätzt wird, am weitesten und am besten in die Mehrheitsgesellschaft integriert haben, ist vor allem das Verdienst der Roma selber. Dennoch unterscheiden »wir« uns in dieser Hinsicht von »unseren« westeuropäischen Nachbarn. Mit »wir« und »uns« sind sowohl die deutschen Sinti und Roma wie die deutschen gadsche gemeint. Darauf könnten »wir« stolz sein, wenn sich nicht alles oder fast alles nach dem Fall der kommunistischen Regime in Osteuropa vom (relativ!) Positiven zum Negativen gewandelt hätte. Der vor 1990 zwar nicht überwundene, aber doch etwas zurückgegangene Antiziganismus hat sich durch den Zerfall der Blöcke in Europa verstärkt und radikalisiert.

Alles begann im August 1992 in Rostock-Lichtenhagen. In dieser Großwohnsiedlung in Plattenbauweise der im Krieg stark zerstörten Hansestadt waren u. a. Roma-Flüchtlinge aus Osteuropa in einem der weitgehend leerstehenden Hochhäuser untergebracht worden. Die bloße Anwesenheit der Roma erregte den maßlosen Zorn einiger Rostocker. Sie rotteten sich vor dem Plattenbau zusammen und forderten die umgehende Entfernung seiner ungebetenen und geradezu gehassten Insassen. Tatsächlich gaben die kommunalen und Landesbehörden nach und verfrachteten die Roma in Busse, die sie in andere abgelegene Asylantenheime brachten. Die Entfernung der Roma-Asylanten war einigen Rostocker Bürgern nicht genug. Sie setzten ihre Proteste vor dem Plattenbau fort, in dem nur noch einige vietnamesische Gastarbeiter wohnten, woran sie von der Polizei nicht gehindert wurden. Schließlich stürmten sie das Gebäude und setzten es in Brand. Wie durch ein Wunder ist dabei keiner der vietnamesischen Bewohner ums Leben gekommen. Sie wurden durch das beherzte Eingreifen eines Kamerateams vor dem Tod durch Verbrennen bewahrt und in Sicherheit gebracht.

Die Bilder von Rostock-Lichtenhagen gingen um die Welt und riefen überall fassungsloses Entsetzen hervor. Selbstverständlich auch bei mir und bei einigen meiner Historiker-Kollegen, die mit der Revolution in der DDR ein Ereignis von welthistorischer Bedeutung hatten miterleben dürfen. Neugierig geworden, machte ich mich auf den Weg nach Rostock. Das Bild, das sich mir dort bot, war deprimierend. Von den von Bundeskanzler Helmut Kohl versprochenen »blühenden Landschaften« war zwei Jahre nach der Wiedervereinigung nichts zu sehen; verschiedene Werften mussten ihre Tore schließen; und in den Rostocker Häfen legten kaum noch Schiffe an. Für mich, der ich mein Studium weitgehend als Hafenarbeiter finanziert hatte, war der Anblick des fast leeren Rostocker Hafens besonders betrüblich. Was mich aber am meisten erschreckte, war die depressiv-aggressive Stimmung, die in ganz Rostock auch noch Tage nach den Krawallen herrschte.

Ich versuchte, Verständnis für den Zorn der Rostocker aufzubringen, die sich in ihren Hoffnungen und Erwartungen getäuscht sahen, die sie nach und wegen der Revolution in der DDR gehegt hatten. Nicht verstehen konnte und wollte ich aber, dass sich der Zorn der von ihren Politikern maßlos enttäuschten Rostocker Bürger ausgerechnet gegen die Menschen in dem Asylantenheim gerichtet hatte. Dass die Angriffe auf die Roma und die Vietnamesen noch Tage später von vielen Rostocker Bürgern, mit denen ich gesprochen habe, verteidigt und gerechtfertigt wurden, hat mich geradezu schockiert. Dabei hätte ich aus meinen eigenen Forschungen wissen müssen, dass der Antiziganismus keineswegs bewältigte Vergangenheit, sondern bedrückende Gegenwart war.

Jedenfalls meinte ich, dies in meinen bisherigen Forschungen über den Antiziganismus in der Bundesrepublik herausgefunden zu haben.

Dass dies auch in der DDR der Fall gewesen ist, hatte ich nicht gewusst. Schließlich waren die relativ wenigen Sinti und Roma in der DDR vollkommen assimiliert und in die Mehrheitsgesellschaft integriert. Von den Behörden sind sie als normale Staatsbürger der DDR angesehen und auch so behandelt worden. Von einer Diskriminierung der Sinti und Roma in der DDR konnte keine Rede sein. Die Überlebenden des Völkermordes sind sogar wie die Juden als »Opfer des Faschismus« anerkannt und mit den entsprechenden Renten versorgt worden.[6] Dass diese Zahlungen niedriger waren als die für die »Kämpfer gegen den Faschismus« und auch nur an diejenigen Juden und Sinti und Roma ausgezahlt wurden, die Staatsbürger der DDR waren, darf aber auch nicht verschwiegen werden.

Besonders hervorzuheben ist, dass kein Historiker und Politiker der DDR die Tatsache geleugnet hat, dass die Roma in der NS-Zeit aus rassistischen Motiven verfolgt worden sind. Allerdings hat sich auch kaum ein Historiker der DDR näher mit der Verfolgungsgeschichte der Sinti und Roma beschäftigt. In den Geschichtsbüchern der DDR ist dies nur am Rande erwähnt worden. Über die Geschichte und Gegenwart der Sinti und Roma wussten die DDR-Bürger so gut wie nichts. Und das, was sie wussten oder zu wissen meinten, war falsch und vorurteilshaft. Darin unterschieden sich die Bürger der DDR kaum von ihren Brüdern und Schwestern in Westdeutschland. Im Hinblick auf den Antiziganismus war das geteilte Deutschland wirklich ein »einig Vaterland«.

Doch dies trifft keineswegs nur auf Deutschland zu. Ganz Europa ist sich, was die Ablehnung der Roma angeht, weitgehend einig. Das sollen einige antiziganistische Vorfälle belegen, die sich in verschiedenen unserer westeuropäischen Nachbarländer ereignet haben.[7] Auslöser für diese war erneut die Zuwanderung von osteuropäischen Roma, die ihre Heimat nach dem Fall der kommunistischen Regime hatten verlassen können. In einigen südeuropäischen Ländern, wie z. B. in Italien, ist die Zuwanderung der osteuropäischen Roma sogar bewusst gefördert worden. In dieser Folge entstand jedoch so etwas wie ein moderner Menschenhandel. Skrupellose Schlepperbanden brachten Roma nach Italien, Frankreich und Spanien, wo sie dann von verantwortungslosen Unternehmern als billige Land- und Hilfsarbeiter eingesetzt und ausgebeutet wurden. Dies erregte den verständlichen Zorn der einheimischen Arbeiter, deren tariflich ausgehandelte Löhne durch den Einsatz der billigeren Roma-Arbeiter noch weiter gedrückt wurden.

Scharf zu kritisieren war jedoch, dass sich der Zorn einiger einheimischer Arbeiter nicht gegen ihre Arbeitgeber, sondern gegen ihre ungebetenen Roma-Kollegen richtete.

Ihnen wurde vorgeworfen, den einheimischen Arbeitern die gut bezahlten Arbeitsplätze wegzunehmen. Davon konnte jedoch keine Rede sein. Die Roma-Arbeiter wurden mit Hungerlöhnen abgespeist und sofort entlassen, wenn man ihre Arbeitskraft nicht mehr brauchte. Da ihnen der Anspruch auf Arbeitslosenunterstützung und andere Sozialleistungen verweigert wurde, verarmten sie und verloren ihre Wohnungen. Unterkunft fanden sie nur noch in den armseligen Roma-Siedlungen am Rande der großen Städte. Dadurch verschlechterten sich die ohnehin schon miserablen Verhältnisse in diesen Elendsquartieren weiter. Viele Roma erkrankten, und einige verübten kriminelle Delikte. Dadurch wurden die einheimischen gadsche in ihren traditionellen Vorurteilen über die asozialen und kriminellen »Zigeuner« bestärkt.

Bewusst übersehen wurde dabei zum einen, dass keineswegs alle Roma arm, asozial und kriminell waren, zum anderen, dass keineswegs alle Armen, Asozialen und Kriminellen Roma waren. Während allgemeine soziale Verhaltensweisen ethnisiert bzw. »romaisiert« wurden, wurden alle Angehörigen der Roma-Ethnie kriminalisiert und »asozialisiert«. Ein wahrhafter Teufelskreis, den niemand durchbrach. Die staatlichen Behörden unternahmen nichts, um dieses neu geschaffene Roma-Problem zu lösen. Die sozialen Verhältnisse, die zu diesen Problemen geführt hatten, wurden nicht verbessert, und die Roma selber, die darunter litten, wurden nicht vor den neuen antiziganistischen Angriffen seitens der Mehrheitsgesellschaften geschützt.

Dies war vor allem in Italien der Fall.[8] Hier ist es in den letzten Jahren zu mehreren Anschlägen auf Roma-Siedlungen gekommen, die in Italien als »campi nomadi«, Nomaden-Lager, bezeichnet werden.[9] Im Dezember 2006 wurde ein derartiges Roma-Lager in Mailand von Anwohnern angezündet. Ein weiterer Brandanschlag auf ein Roma-Camp bei Rom fand im September 2007 statt. Nach Angaben der italienischen Polizei sollen vermummte Männer Molotow-Cocktails auf das Lager geschleudert haben. Bei einem ähnlichen Brandanschlag auf ein Roma-Lager in Livorno sollen vier Roma-Kinder ums Leben gekommen sein. Dieses Schicksal soll ebenfalls im Jahr 2007 einigen Roma in Pavia angedroht worden sein. Eine aufgebrachte Menge soll hier »Zigeuner, wir werden euch alle verbrennen« gerufen haben. Im Oktober 2007 löste der vermutlich von einem rumänischen Rom begangene Mord an einer Römerin antiziganistische Unruhen aus. Im Mai des folgenden Jahres kam es in Neapel zu pogromartigen Ausschreitungen gegen Roma. Anlass war das Gerücht, dass eine Romni ein kleines italienisches Kind gestohlen habe. Dieses natürlich unbewiesene Gerücht haben einige gadsche, die man mit Fug und Recht zum Mob zählen kann, zum Anlass genommen, um insgesamt 50 Roma-Familien aus ihren Holzhütten und Wellblechverschlägen zu vertreiben. Sie wurden von der römischen Polizei in ein anderes und nicht weniger schlechtes Roma-Lager verbracht.[10]

Ich verzichte schon deshalb auf weitere Beispiele, weil ich den Wahrheitsgehalt der Berichte über diese antiziganistischen Übergriffe nicht überprüfen kann. Daher kann ich auch die Frage nicht beantworten, ob es sich hier nur um Einzelfälle oder um die Spitze eines (antiziganistischen) Eisbergs gehandelt hat. Doch eins kann definitiv festgestellt werden: Jeder dieser antiziganistischen Vorfälle in Italien war mindestens genauso schlimm und moralisch verwerflich wie die oben geschilderten und heftig kritisierten Unruhen in Rostock-Lichtenhagen 1992. Dennoch sind sie in der italienischen und internationalen Öffentlichkeit längst nicht so scharf kritisiert worden wie die Rostocker.

Hinzu kommt, dass einige italienische Politiker auf die antiziganistischen Vorfälle mit antiziganistischen politischen

Maßnahmen reagiert haben. Angekündigt wurden sie von dem damaligen italienischen Regierungschef Silvio Berlusconi, der 2008 seinen Wahlkampf mit der Parole führte »Keine Toleranz für Roma, Illegale und Kriminelle«. Berlusconis Forderung ist von einigen Lokalpolitikern erfüllt worden. In Latium, Kampanien, Piemont, Venetien und der Lombardei wurden in den Jahren 2008 und 2009 spezielle und auch sogenannte »Notstandsgesetze« gegen das »Nomaden-Problem« erlassen.[11] Unnötig zu erwähnen, dass mit diesen ominösen »Nomaden« die italienischen Roma gemeint waren, die keineswegs unstet im Lande herumzogen, sondern in den erwähnten Roma-Siedlungen leben bzw. vegetieren mussten.

In der Folgezeit sind weitere admininistrative Maßnahmen gegen die italienischen Roma durchgeführt worden. Nach einem Bericht der *taz*[12] soll der Bürgermeister von Borgaro Torinese vorgeschlagen haben, die Buslinie, die seine Stadt mit Turin verbindet, durch eine zweite zu ergänzen, die dann nicht mehr am lokalen Roma-Camp halten sollte. Als Grund wurde angegeben, dass sich Fahrgäste über Belästigungen von Roma beschwert hatten. Wenn der Vorschlag des Bürgermeisters verwirklicht worden wäre, hätte es in Borgaro Torinese eine Trennung in sogenannte »Roma- und gadsche-Busse« gegeben. Ein skandalöser Vorfall. Noch skandalöser ist, dass dieser, wie die *taz* ihn bezeichnete, »Apartheidvorstoß« von kaum jemand kritisiert worden ist. Dennoch geht die Zeitung meiner Meinung nach zu weit, wenn sie behauptet, dass »Roma-Bashing (...) in keinem westeuropäischen Land so gesellschaftsfähig (ist) wie in Italien«.

»Roma-Bashing« bzw. antiziganistisch motivierte Übergriffe

auf und administrative Maßnahmen gegen Roma hat es nämlich auch in einigen anderen westeuropäischen Ländern gegeben und gibt es immer noch. Zum Beispiel in Frankreich.[13] Hier ist es 2010 zu einer antiziganistischen Kampagne gekommen. Verantwortlich dafür war der damalige Präsident Nicolas Sarkozy. Denn der hatte Nachrichten über Zusammenstöße zwischen französischen Polizisten und einigen als »Landfahrer« bezeichneten französischen Roma zum Anlass genommen, um im Juli 2010 zu einem »nationalen Krieg gegen die Kriminalität« aufzurufen. Obwohl nicht deutlich gesagt, aber von den Franzosen so verstanden, war mit diesem »nationalen Krieg gegen die Kriminalität« die Bekämpfung der aus der französischen Nation ausgegrenzten Roma gemeint, die pauschal zu den Kriminellen des Landes gerechnet wurden. Dies war eine schwere und auch nicht beweisbare Beschuldigung. Zunächst einmal konnte natürlich keine Rede davon sein, dass sich alle Roma krimineller Handlungen schuldig gemacht hatten. Das war, wie sich später herausstellte, selbst bei denjenigen nicht der Fall, die wegen ihrer angeblichen kriminellen Verhaltensweisen ausgewiesen wurden. Hinzu kommt, dass die weitaus meisten der französischen Roma französische Staatsbürger waren, deren Vorfahren schon seit Jahrhunderten in Frankreich gelebt hatten. Zu diesen alteingesessenen französischen Roma waren nach dem Fall der kommunistischen Regime einige tausend osteuropäische Roma nach Frankreich gekommen. 85 Prozent von ihnen kamen aber aus Staaten wie Bulgarien und Rumänien, die 2007 in die EU aufgenommen worden waren. Die bulgarischen und rumänischen Roma waren unter vielleicht missbräuchlicher Nutzung der ihnen als EU-Bürgern eingeräumten Freizügigkeitsrechte nach Frankreich gekommen und hätten hier auch genauso geduldet werden können wie die weitaus zahlreicheren Einwanderer aus Afrika, die sich in Frankreich ohne formale Bescheinigung aufhielten.

Dennoch sind im August 2010 800 Roma nach Bulgarien und Rumänien ausgewiesen worden. Darunter befanden sich aber auch einige Nicht-Roma und solche Roma, die bereits über eine Aufenthaltsberechtigung verfügten. Hinzu kam, dass kein einziger der Ausgewiesenen straffällig geworden war. Weder in Frankreich noch in seinem Heimatland. All dies wurde von einigen linken und liberalen Zeitungen aufgedeckt und führte dazu, dass nicht nur die Ausweisungen der Roma, sondern auch die Behandlung der im Lande verbliebenen Roma in der Öffentlichkeit heftig kritisiert wurde. Dies kam reichlich spät. Dass viele französischen Roma als »Nomaden« oder als »nicht sesshafte ethnische Minderheiten« (MENS) bezeichnet bzw. diskriminiert wurden und unter menschenunwürdigen Bedingungen in den Roma-Siedlungen am Rande der großen Städte leben bzw. vegetieren mussten, hätte man nämlich schon viel früher bemerken und kritisieren können.

Umso mehr ist das jetzt einsetzende Engagement der französischen Zivilgesellschaft für die Roma zu loben. Im September 2010 haben über 150 000 Franzosen unter dem Motto »Gegen eine Politik des Prangers« gegen die »staatliche Xenophobie« in 150 französischen Städten protestiert. Dies fand den Beifall von einigen Repräsentanten der katholischen Kirche, die ebenfalls die Roma-Politik Sarkozys kritisierten. Dabei hat der Erzbischof von Toulouse in einer Rede vor Pilgern zum Wallfahrtsort Lourdes Parallelen zwischen der Behandlung der heutigen Roma und der Verfolgung der französischen Juden in der NS-Zeit gezogen. Dies ging sicherlich zu weit. Zu weit ging aber auch die Äußerung des greisen kubanischen Revolutionsführers Fidel Castro, wonach es sich bei der Diskriminierung der französischen Roma um einen »neuen rassischen Holocaust« handeln würde.

Diese unberechtigten Vergleiche zwischen der vergangenen faschistischen und der gegenwärtigen französischen Roma-Politik mussten Sarkozy nicht beeindrucken. Anders war es mit der Ankündigung der europäischen Kommissarin für Justizwesen und Bürgerrechte, Viviane Reding, Frankreich wegen Verletzung der EU-Verträge vor dem Europäischen Gerichtshof anzuklagen. Dazu ist es aber nicht gekommen. Jedoch nicht deshalb, weil Sarkozy die antiziganistische Kampagne einstellte, sondern weil er die Präsidentschaftswahlen verlor, die er offensichtlich mit der propagandistischen Nutzung der antiziganistischen Kampagne hatte gewinnen wollen.

Sie ist auch von Sarkozys Nachfolger Hollande nicht fortgesetzt worden. Dennoch ist es auch in der aktuellen Regierungszeit Präsident Hollandes zu weiteren antiziganistischen Vorfällen gekommen. So wurden weitere Roma-Lager gegen den Willen ihrer Bewohner von der Polizei geräumt, obwohl dies von der EU-Kommission scharf kritisiert worden war.[14] Dies veranlasste den Bürgermeister von Nizza, einen »Leitfaden« zu verfassen, in dem er seinen Amtskollegen Ratschläge erteilte, wie man die unerwünschten Roma davon abhalten könne, sich in den alten und neuen Roma-Siedlungen niederzulassen. Der Bürgermeister von Cholet, Gilles Bourdouleix, hat 2012 sogar versucht, Roma an der Benutzung der Campingplätze zu hindern. Dabei soll er Folgendes gesagt haben: »Vielleicht hat Hitler nicht genug (von euch) umgebracht.«[15] Im Unterschied zu Deutschland, wo Roma und Juden derartige Verwünschungen häufiger haben hören müssen, stellt diese, wie die *taz* meinte, »Hitler-Referenz« in Frankreich einen schweren Tabubruch dar, der daher auch ziemlich einhellig von den französischen Medien kritisiert und verurteilt wurde. Fassungsloses Entsetzen hat in Frankreich und weiteren europäischen Ländern die Meldung vom Januar 2015 hervorgerufen, wonach der Bürgermeister von Champlan die Beisetzung der Leiche eines am 26. Dezember 2014 verstorbenen Roma-Babys auf dem kommunalen Friedhof verweigert haben soll.[16]

Diese Beispiele machen die Diskriminierung der französischen Roma deutlich, allerdings sind sie keinen oder so gut wie keinen gewaltsamen Übergriffen ausgesetzt. Anders ist es bei den französischen Juden und Muslimen. In den letzten Jahren ist es in Frankreich zu zahlreichen und in der Regel besonders brutalen Angriffen auf Juden und Muslime sowie jüdische und muslimische Geschäfte und Gotteshäuser gekommen. Viele der antisemitisch motivierten Anschläge sind von Angehörigen der muslimischen Minderheit verübt worden. Dies sollte uns zu denken geben und uns zwingen, unsere Strategien gegen Antisemitismus, Antiislamismus und Antiziganismus zu überdenken. Wir müssen berücksichtigen, dass diese Ideologien keineswegs nur in den Mehrheitsgesellschaften, sondern auch innerhalb der Minderheiten anzutreffen sind. Ferner ist zu fragen, ob es Verbindungen und Zusammenhänge zwischen diesen Ideologien gibt. Schaukeln sie sich gegenseitig hoch? Führt Antiziganismus zu Antisemitismus und Antiislamismus? Werden die als Islamisten bezeichneten oder beschuldigten Muslime deshalb zu Antisemiten (und Antiziganisten), weil sie selber als Islamisten diffamiert und bekämpft werden? Wie immer man diese Fragen beantworten wird, eins steht jetzt schon fest: Die Konzentration auf und die Bekämpfung einer Ideologie ist problematisch. Antisemitismus, Antiziganismus und Antiislamismus sind nicht einzeln und isoliert voneinander, sondern im Zusammenhang zu sehen und zu bekämpfen.

8. »Apartheid«
Verfolgung in Osteuropa

In Tschechien gebe es »Apartheid«, meinte der Roma-Aktivist Václav Miko 2009.[1] Die Roma würden wie die Schwarzafrikaner im südafrikanischen Apartheid-Regime diskriminiert und von der Mehrheitsgesellschaft getrennt. Sie seien in gettoartigen Sondersiedlungen untergebracht, würden bewusst vom allgemeinen Arbeitsmarkt ferngehalten, dürften öffentliche Räume nicht betreten und müssten ihre Kinder in schlecht ausgestattete Spezialschulen schicken. Für all dies sei die rassistische, genauer rassenantiziganistische Einstellung der Mehrheitsbevölkerung verantwortlich.

Einigen in- und ausländischen Beobachtern zufolge werden die Roma in den anderen postkommunistischen Staaten Osteuropas keineswegs besser, sondern teilweise noch schlechter behandelt als in Tschechien. In allen werden die Roma diskriminiert, und in einigen sind sie offenen und von den staatlichen Behörden geduldeten Verfolgungen ausgesetzt.[2] Die heutigen demokratischen Politiker machen dafür meist die Roma-Politik der früheren kommunistischen Diktaturen verantwortlich. Sie habe zu einer Verelendung der Roma-Minderheiten geführt und die Verbreitung von antiziganistischen Vorurteilen innerhalb der Mehrheitsgesellschaften gefördert, was wiederum zu antiziganistischen Übergriffen auf Angehörige der Roma-Minderheiten geführt habe. Beides ist nicht ganz richtig und nachweisbar.

Nicht nachweisbar ist, dass es bereits in der kommunistischen Zeit zu antiziganistischen Übergriffen auf die Roma-Minderheiten gekommen ist. Sie wären von den in den kommunistischen Staaten allgegenwärtigen und allmächtigen staatlichen Exekutivorganen vermutlich sofort unterbunden worden. Denn darüber haben weder die damaligen ausländischen Korrespondenten noch die staatlich kontrollierten inländischen Medien berichtet.

Nicht richtig ist, dass die soziale Lage der osteuropäischen Roma schon in der kommunistischen Zeit äußerst schlecht war. Verfügten doch nahezu alle über einen Arbeitsplatz und über eine Wohnung. Außerdem konnten sie die Dienste der staatlichen Gesundheitssysteme in Anspruch nehmen und ihre Kinder zumindest in die Elementarschulen schicken. In Ländern wie Rumänien und Jugoslawien haben einige Roma ein Universitätsstudium absolvieren können, was sie befähigte, auch besser bezahlte akademische Berufe zu ergreifen.

Dennoch besteht kein Anlass, die kommunistische Roma-Politik so zu loben, wie das die kommunistischen Propagandisten getan haben. Übersehen und bewusst verschwiegen wurde, dass die Roma-Arbeiter niedrigere Löhne als ihre gadsche-Kollegen erhielten, dass die Wohnungen der Roma schlechter ausgestattet waren als die ihrer Mitbürger und dass die Bildungsmöglichkeiten der Kinder geringer waren als die der Angehörigen der Mehrheitsgesellschaften. Insgesamt unterschied sich die soziale Lage der osteuropäischen Roma aber nur graduell von der ihrer sonstigen Landsleute.

Dies hat sich nach dem Sturz der kommunistischen Regime und der Transformation der Wirtschaftssysteme fundamental geändert. In allen postkommunistischen Gesellschaften Osteuropas haben weit mehr Roma als gadsche ihren Arbeitsplatz verloren und auch nach Abschluss des wirtschaftlichen Transformationsprozesses keinen mehr gefunden. Die Arbeitslosenrate der Roma ist weit höher, und die Beschäftigungsquote der Roma ist weit niedriger. Über 80 Prozent der osteuropäischen Roma sollen arbeitslos sein. Nur jeder zehnte der bulgarischen Roma verfügt über einen Arbeitsplatz. In Rumänien sollen gar nur 5 Prozent der Roma in einem festen Beschäftigungsverhältnis stehen.

Die auf diese sozialen Missstände angesprochenen Sozialpolitiker erklären und entschuldigen sie zwar mit dem Hinweis darauf, dass es sich bei den Roma in der Regel um unqualifizierte Hilfsarbeiter handele, die deshalb und keineswegs wegen ihrer ethnischen Herkunft ihren Arbeitsplatz verloren haben. Doch dieses Argument ist erstens nicht ganz richtig, weil es auch hochqualifizierte Roma-Arbeiter gegeben hat und immer noch gibt, und ist zweitens keine Entschuldigung dafür, dass für die angeblich unqualifizierten Roma-Arbeiter so gut wie keine vom Staat geförderten Weiterbildungsmaßnahmen eingesetzt wurden.

Den Sozialpolitikern der demokratisierten osteuropäischen Staaten ist ferner vorzuwerfen, dass sie so gut wie nichts getan haben, um die desolat gewordenen Wohnverhältnisse der

Roma zu verbessern. Viele der arbeitslos gewordenen Roma haben die Mieten für ihre ohnehin schon miserablen Wohnungen nicht mehr aufbringen können und mussten in meist von ihnen selber mit Holz, Lehm und Wellblech errichtete Hütten ziehen. Sie befanden und befinden sich heute immer noch in sogenannten »Zigeunersiedlungen« in und am Rande der Städte, die einen gettoartigen Charakter erhielten und an die »townships« genannten Slums in Südafrika erinnern. Nur die wenigsten dieser »Zigeuner«-Gettos verfügen über einen Anschluss an die Kanalisation und werden kaum mit Elektrizität und teilweise nicht einmal mit Trinkwasser versorgt.

Allein wegen der völlig unzureichenden sanitären Verhältnisse in diesen Elendssiedlungen ist es zur Ausbreitung von Krankheiten gekommen. Betroffen waren vor allem Kinder und alte Menschen. Da die Roma die nun kostenpflichtig gewordenen Dienste der privaten und staatlichen Gesundheitseinrichtungen nicht oder kaum in Anspruch nehmen können, ist ihre Krankheitsrate gestiegen und ihre Lebenserwartung gesunken. In einigen osteuropäischen Ländern soll die Kindersterblichkeit bei Roma-Kindern genauso hoch sein wie in einigen Ländern der sogenannten Dritten Welt.

All diese Angaben und Anklagen über die desolaten Verhältnisse in den osteuropäischen Roma-Siedlungen beruhen zwar auf den möglicherweise subjektiv gefärbten Berichten von sensationslüsternen Journalisten und Touristen, die sich durch den Anblick dieser Slums allzu gern und leicht in ihren vorgefassten antiziganistischen Vorurteilen über die bzw. alle »armen«, »asozialen« und notorisch »kriminellen« Roma bestätigt fühlen, sind aber im Kern als wahr und zutreffend anzusehen.

Jedenfalls von mir, der in den letzten Jahren die Gelegenheit hatte, einen wenn auch flüchtigen Blick auf einige Roma-Siedlungen in Rumänien zu werfen. Was ich hier sah, hat mich entsetzt. Dennoch bin ich mir der Gefahr bewusst, das persönlich Gesehene gewissermaßen zu generalisieren und allgemeine Feststellungen über die soziale Lage der bzw. aller osteuropäischen Roma zu treffen und Urteile über die antiziganistische Roma-Politik der bzw. aller postkommunistischen Staaten zu fällen. Außerdem habe ich gelernt, dass die Berichte und Darstellungen zumindest einiger Journalisten und auch Roma-Aktivisten kritisch zu bewerten sind. Historiker und Sozialwissenschaftler müssen diese im Hinblick auf ihren Wahrheitsgehalt überprüfen. Dies möchte ich im Folgenden versuchen. Dabei beschränke ich mich aber auf nur einige der erwähnten osteuropäischen Länder und beginne mit Tschechien.

Die soziale Lage der tschechischen Roma ist wirklich so schlecht, wie von dem eingangs erwähnten tschechischen Roma-Aktivisten Václav Miko angegeben wird.[3] Um dies zu verstehen, aber natürlich nicht billigen zu können, muss man aber wissen, dass die Roma-Minderheit in Tschechien relativ groß ist. Heute leben in diesem kleinen Land dreimal mehr Roma als in Deutschland. Wenn man den entsprechenden statistischen Angaben glauben darf, sollen es fast 300 000 Menschen sein. Nahezu alle von ihnen sind nicht die Nachkommen der Sinti, die zu Beginn des 15. Jahrhunderts nach Böhmen eingewandert sind, das damals zum Heiligen Römischen Reich Deutscher Nation gehörte.[4] Fast alle der alteingesessenen böhmischen bzw. tschechischen Roma, deren Gesamtzahl auf

8000 geschätzt wird, sind dem Völkermord zum Opfer gefallen. Überlebt haben ihn nur 600. Diese nüchternen Zahlen zeigen, dass die von den deutschen Mördern so genannte »Zigeunerfrage« in Tschechien genauso total und brutal »gelöst« worden ist wie in Serbien und einigen weiteren von deutschen Truppen besetzten südosteuropäischen Ländern.

In das Gebiet des von den Deutschen »zigeunerfrei« gemachten Tschechien sind nach 1945 slowakische Roma verbracht worden, die den Völkermord überlebt haben, für den vornehmlich die slowakischen Faschisten verantwortlich waren. Angesiedelt wurden sie im Sudetenland, deren deutschsprachige Bewohner von den Tschechen vertrieben worden waren. Zu den slowakischen kamen Roma aus Ungarn und Rumänien, die ebenfalls in geschlossenen Gruppen und getrennt von den einheimischen Tschechen in eigenen Dörfern und Stadtvierteln untergebracht wurden.

Die zugewanderten Roma fanden zwar Arbeit in den Fabriken, die in den neu erschlossenen Industriegebieten im ehemaligen Sudetenland errichtet worden waren, wurden aber mit geringen Löhnen abgespeist. Daher waren sie nicht in der Lage (und vielleicht auch nicht willens), die Qualität der ihnen zugewiesenen Wohnungen zu bewahren und zu verbessern. Die schon von Anfang an nicht guten Wohnverhältnisse der nach Tschechien oftmals gegen ihren Willen verbrachten Roma verschlechterte sich schon in der kommunistischen Zeit immer mehr.

Der Anblick der wirklich trostlosen Roma-Viertel rief bei deutschen Vertriebenen, die ihre alte Heimat besuchten, Entsetzen hervor. So etwas hatten sie zumindest in Deutschland nicht gesehen. Doch anstatt Empathie mit dem Schicksal der Roma zu zeigen, fühlten sie sich in ihren Vorurteilen über die »asozialen und schmutzigen Zigeuner« bestärkt. Die heimatvertriebenen Sudetendeutschen warfen den kommunistischen Machthabern sogar vor, das einstmals schöne und wohlhabende Sudetenland durch die Ansiedlung der »Zigeuner« bewusst heruntergewirtschaftet und verschandelt zu haben. Das war ein infamer Vorwurf.

Zu einer wirklichen und nachweisbaren Verelendung des ehemaligen Sudetenlandes ist es nämlich erst nach dem Sturz des kommunistischen Regimes in der Tschechoslowakei gekommen. Verantwortlich war der wirtschaftliche Transformationsprozess, der unmittelbar nach der politischen Revolution begann und dazu führte, dass viele unrentabel gewordene Fabriken im früheren Sudetenland sowie in ganz Böhmen und Mähren geschlossen werden mussten. Dadurch verloren viele der in diesen Fabriken beschäftigten Arbeiter ihren Arbeitsplatz. Sie wurden, wie es euphemistisch heißt, »freigesetzt«.

Von diesem Schicksal betroffen waren überproportional mehr Roma als gadsche. Die Roma-Arbeiter waren meist die Ersten, die entlassen, und die Letzten, die wieder eingestellt wurden. Die arbeitslos gewordenen Roma erhielten zudem wesentlich geringere Arbeitslosengelder als ihre tschechischen Kollegen. Benachteiligt wurden die Roma auch bei den sonstigen staatlichen Sozialleistungen wie Kranken- und Wohnungsgeld. Die ohnehin geringen und kostenpflichtig gewordenen Leistungen des staatlichen Gesundheitssystems konnten sie ebenfalls nur in weit geringerem Maße in Anspruch nehmen als ihre tschechischen Mitbürger. In einigen

Städten wurden die Kinder der Roma sogar daran gehindert, die normalen und eigentlich allen offen stehenden Schulen zu besuchen. Stattdessen wurden sie an Sonderschulen verwiesen. 2005 sollen 56 % der Roma-Kinder in diesen Sonderschulen unterrichtet worden sein. Das war durch nichts und schon gar nicht durch den Hinweis auf die angeblich mangelhaften intellektuellen Fähigkeiten der Kinder der Roma zu rechtfertigen und führte dazu, dass die Tschechische Republik im Jahr 2005 wegen Verletzung der Europäischen Menschenrechtscharta (EMRK) vor dem Europäischen Gerichtshof für Menschenrechte (EGMR) angeklagt wurde. Eine förmliche Verurteilung erfolgte aber nicht.

Ebenfalls nur kritisiert und nicht verurteilt wurden weitere antiziganistische Diskriminierungen und Verfolgungen. In einigen Städten wurden die Roma-Viertel durch Mauern von den übrigen Stadtgebieten abgegrenzt. Dies hat die regelrecht eingemauerten Roma aber nicht vor antiziganistisch motivierten Angriffen ihrer tschechischen Mitbürger geschützt. Darüber liegen verschiedene Berichte nicht nur von Roma-Aktivisten, sondern auch von in- und ausländischen Journalisten vor, die insgesamt für die eingangs erwähnte These Václav Mikos sprechen, wonach die Lage der tschechischen Roma große Ähnlichkeit mit der der schwarzen Bevölkerung im südafrikanischen Apartheid-Staat habe.

Dennoch ist Václav Miko zu widersprechen, wenn er suggeriert, dass die tschechischen Roma wie die schwarzen Südafrikaner aus rassistischen Motiven diskriminiert und verfolgt wurden. Wichtiger und auch nachweisbar waren sozialantiziganistische Vorurteile über die angeblich notorisch faulen, schmutzigen und asozialen »Zigeuner«. Hinzu kam jedoch auch ein nationalistisches Moment. Für viele nationalbewusste Tschechen waren und konnten die Angehörigen der Roma-Minderheit schon deshalb keine »richtigen« Tschechen sein und werden, weil sie aus der Slowakei sowie aus Ungarn und Rumänien in das Gebiet des heutigen Tschechien eingewandert waren. Hier sollen sie sich geweigert haben, die Kultur und Sprache ihrer Mitbürger zu lernen und zu übernehmen. Deshalb habe man sie nicht in die tschechische Nation aufnehmen können. Aus der tschechischen Mehrheitsgesellschaft wurden die tschechischen Roma wegen ihres devianten, d. h. abweichenden sozialen Verhaltens ausgeschlossen.

Ähnliche Erscheinungen kann man heute in den Nationalstaaten beobachten, die auf dem Territorium des jugoslawischen Vielvölkerstaates entstanden sind. In einigen werden die Roma nicht nur wegen ihres sozialen Verhaltens, sondern auch wegen ihrer Zugehörigkeit zu einer ethnischen Minderheit diskriminiert und verfolgt. Die Roma würden nicht nur den sozialen Frieden, sondern auch die nationale Homogenität dieser neuen Nationalstaaten gefährden. Außerdem wird ihnen vorgeworfen, Anhänger und Profiteure des vergangenen kommunistischen Regimes in Jugoslawien gewesen zu sein.

Tatsächlich ging es den Roma-Arbeitern in der kommunistischen Zeit relativ gut. Auf jeden Fall nicht schlechter als ihren gadsche-Kollegen. Viele sind als »Gastarbeiter« nach Deutschland und in andere westeuropäische Länder gekommen, wo sie sich genau wie ihre sonstigen jugoslawischen Landsleute in die jeweiligen Mehrheitsgesellschaften integrierten. Keinen Grund zur Klage hatten auch diejenigen jugoslawischen Roma, welche die ihnen angebotenen Bildungsmöglichkeiten genutzt hatten, um nach dem Besuch der Grund- und höheren Schulen ein Universitätsstudium erfolgreich zu absolvieren. Im kommunistischen Jugoslawien entstand eine zwar schmale, aber bemerkenswert erfolgreiche Intellektuellenschicht. Gebildet wurde sie von Roma-Anwälten, Roma-Ärzten und Roma-Professoren.

Im In- und Ausland besonders bekannt war der 1947 geborene und promovierte Philosoph und Literaturwissenschaftler Rajko Djuric, der mehrere literarische und wissenschaftliche Werke über die Roma verfasst[5] und verschiedene hohe Ämter in der nationalen und internationalen Roma-Bewegung ausgeübt hat. Wie die anderen Roma-Intellektuellen auch hat sich Djuric geweigert, Partei für die eine oder andere Seite in den Nationalitätenkonflikten zu ergreifen, die schon in der Spätphase der Geschichte Jugoslawiens ausbrachen. Auch die Mehrheit der jugoslawischen Roma wollte das bleiben, was sie nach ihrem Selbstverständnis waren – Jugoslawen, das heißt Bürger eines Staates, der kein Nationalstaat war und sein konnte. Doch das wurde ihnen von vielen ihrer Mitbürger verübelt. Die übrigen Völker im jugoslawischen Vielvölkerstaat wollten anders als die ethnische Minderheit der Roma keine Jugoslawen mehr sein. Stattdessen strebten sie nach der Errichtung von eigenen möglichst reinen und homogenen Nationalstaaten. Die Folgen sind bekannt.

Im zerfallenen Jugoslawien kam es zu verschiedenen Kriegen zwischen den einzelnen Nationen und Religionen. Von ihnen besonders betroffen waren die Roma-Minderheiten. Sie gerieten zwischen die Fronten der jugoslawischen Kriege. Bekämpft und ermordet wurden sie von allen Konfliktparteien, sowohl von den Kroaten und Serben im ersten Jugoslawienkrieg wie von den Albanern und Serben im Kosovo-Konflikt. Wie viele Roma in diesen Kriegen umgekommen sind, weiß man bis heute nicht. Im Kosovo wäre es 1999 fast zu einem Völkermord an den Roma gekommen.[6] Verhindert wurde er geradezu in letzter Minute durch die internationale Staatengemeinschaft, die Truppen in das umkämpfte Kosovo geschickt hat. Darunter befanden sich auch Soldaten der Bundeswehr. Sie vor allem haben tatsächlich viele Roma gerettet. Doch das ist ihnen, wie ich aus Gesprächen mit ihnen weiß, nicht gedankt worden.

Von all dem wollen auch die heutigen deutschen Politiker nichts mehr wissen, die den aus dem Kosovo sowie aus Bosnien-Herzegowina, Mazedonien, Montenegro und Serbien nach Deutschland geflohenen Roma das Recht auf Asyl mit der Begründung verweigern, dass die Roma in ihren Heimatländern nicht oder zumindest nicht mehr politischen Verfolgungen ausgesetzt sind. Ich kann das nicht verstehen und frage mich, wie man Menschen, die gerade mit Mühe und Not einem Völkermord entgangen sind, das Asylrecht verweigern kann. Schließlich leiden diese Roma immer noch unter den vergangenen Verfolgungen und fürchten, neue erleiden zu müssen. Diese Befürchtungen sind keineswegs grundlos. Werden die Roma doch in allen Nachfolgestaaten Jugoslawiens diskriminiert und nicht selten auch verfolgt. Dies keineswegs nur in den Ländern, die noch nicht in die EU aufgenommen worden sind, sondern auch in denen, die wie Kroatien und

Slowenien stolze Mitglieder der europäischen Staatengemeinschaft sind.

Doch dies wird von den meisten unserer Politiker und
den meisten unserer Medien nicht thematisiert. Und dieses
Schweigen macht mich misstrauisch. Andererseits will und
kann ich auch nicht alles glauben, was mir von Roma-Aktivisten und einigen linken Journalisten berichtet wird. Den
Wahrheitsgehalt dieser Berichte kann ich nicht überprüfen.
Was ich aber sehr wohl überprüfen und zurückweisen kann,
ist das Argument, wonach man jetzt eher den Flüchtlingen
aus Syrien Asyl gewähren soll als den Roma-Flüchtlingen aus
dem ehemaligen Jugoslawien, weil die Roma nicht oder wenigstens nicht so brutal verfolgt werden wie die Syrer. Ich
empfinde diese Aufrechnungen des Leides dieser Flüchtlinge
und Verfolgten als zynisch.

Rumänien verfügt heute über die zahlenmäßig größte Roma-Minderheit in Europa.[7] Nach offiziellen Angaben sollen
über 600 000 der insgesamt 20 Millionen Rumänen Roma
sein. Das wären etwa 3 Prozent der Gesamtbevölkerung. Nach
Schätzungen von in- und ausländischen Roma sollen es sogar
weit mehr sein. Sehr wahrscheinlich liegt die Zahl bei 2 Millionen. Das wären nicht 3, sondern 10 Prozent der Gesamtbevölkerung.

Problematisch ist das nicht. Bei den Angehörigen der ethnischen Minderheit der Roma handelt es sich um loyale rumänische Staatsbürger. Problematisch ist eine andere Zahl.
Heute verfügen nur noch 5 Prozent der rumänischen Roma
über einen Arbeitsplatz. Dass die übrigen 95 Prozent arbeitslos sind, dafür trägt der heutige demokratisierte rumänische

Staat die Verantwortung und damit auch für die allgemeine soziale Verelendung der rumänischen Roma. Der heutige demokratisierte rumänische Staat betreibt wie seine autoritären und diktatorischen Vorgänger eine antiziganistische Politik.

Mit ihr begonnen haben bereits die damaligen Fürstentümer Moldau und Walachei, welche den Roma die elementarsten Freiheitsrechte vorenthielten und es zugelassen haben, dass sie bis 1856 faktisch versklavt waren. Auch nach der von den europäischen Großmächten erzwungenen Aufhebung der Roma-Sklaverei sind sie im Königreich Rumänien weiterhin diskriminiert worden. In der Zwischenkriegszeit waren sie Angriffen seitens der faschistischen Partei der Eisernen Garde ausgesetzt, und während des Zweiten Weltkriegs sind Tausende Roma nach Osten deportiert und dort ermordet worden. Die Roma, die überlebt hatten, sind von den nun in Rumänien herrschenden Kommunisten zwar vor weiteren Verfolgungen geschützt, aber gezwungen worden, ihre traditionellen Berufe als Handwerker und Händler aufzugeben, um sich als ungelernte Arbeiter in den neu geschaffenen Industriebetrieben zu verdingen. Verbunden war diese berufliche Umschichtung mit einem Wechsel ihrer Wohnorte. Viele Roma-Arbeiter mussten ihre Häuser in den bisherigen Dörfern verlassen und in die Hütten und Behelfswohnungen in den Roma-Siedlungen am Rande der Städte und Industrieanlagen ziehen.

Obwohl die Wohnverhältnisse in diesen Siedlungen noch nicht so schlecht waren wie heute und obwohl die Roma-Arbeiter immerhin über einen wenn auch schlecht bezahlten Arbeitsplatz verfügten, ist der gesamte soziale Transformationsprozess von den Roma selber schon deshalb nicht als positiv empfunden worden, weil er vom Staat erzwungen worden ist. Außerdem hat er ganz offensichtlich nicht zu einem Rückgang der antiziganistischen Ressentiments innerhalb der rumänischen Mehrheitsgesellschaft beigetragen.

Deutlich sichtbar wurden sie während und nach der keineswegs friedfertigen, sondern äußerst blutigen rumänischen Revolution 1990. Roma wurden von beiden Seiten angegriffen, sowohl von den Revolutionären wie von den Konterrevolutionären. Die von der konterrevolutionären Iliescu-Regierung zu Hilfe gerufenen Bergarbeiter haben im Juni 1990 auf ihrem Marsch nach und durch Bukarest verschiedene Roma tätlich angegriffen. Zu weiteren antiziganistischen Ausschreitungen aufgerufen haben verschiedene nationalistisch gesinnte Revolutionäre.

Für die bis heute anhaltenden Angriffe auf einzelne Roma werden von offizieller Seite zwar meist nur irgendwelche Privatpersonen verantwortlich gemacht, dennoch scheint es sich hier nicht nur um eine, wie einige Beobachter meinen, »privatisierte Gewalt« zu handeln. Dafür spricht, dass viele der antiziganistischen Angriffe auf einzelne Roma von den staatlichen Behörden nicht nur geduldet, sondern ganz offensichtlich gebilligt werden. Hinzu kommt, dass die bereits erwähnte Diskriminierung der Roma im sozialen und wirtschaftlichen Bereich durch die staatlichen Behörden antiziganistisch motiviert und geprägt ist. Wenn die Politiker eines Staates eine antiziganistisch motivierte Politik betreiben, muss man sich nicht wundern, dass auch viele seiner Staatsbürger aus ihrer antiziganistischen Einstellung kein Hehl machen und ihre Roma-Mitbürger beschimpfen, verachten und nicht selten auch verfolgen.

Dies alles trifft auch, ja noch weit mehr, auf die ungarischen Politiker zu.[8] Sie haben es nicht nur zugelassen, dass die ungarischen Roma in sozialer und wirtschaftlicher Hinsicht weit schlechter behandelt werden als ihre sonstigen ungarischen Landsleute, sie haben selber eine antiziganistisch motivierte Politik betrieben – und tun es immer noch. Dies ist durch nichts und niemanden zu rechtfertigen. Am allerwenigsten durch den an die Adresse der Roma gerichteten Vorwurf, dass sie selber für ihre schlechte soziale und wirtschaftliche Lage verantwortlich sind, weil sie sich nicht in die ungarische Mehrheitsgesellschaft integriert hätten. Doch davon kann nicht die Rede sein.

Die ungarischen Roma sind bereits im 18. Jahrhundert durch die absolutistischen Herrscher in die Mehrheitsgesellschaft integriert worden. Sie durften nicht nur, sie mussten sich überall im Lande niederlassen und konnten ihre Berufe als Händler, Handwerker und Musiker ausüben. Von ihren sonstigen Landsleuten besonders geschätzt und teilweise geradezu gefeiert wurden die Musiker. Die »Zigeunermusik« wurde zu einem Markenzeichen der ungarischen Roma. Diese Wertschätzung der »Zigeunermusiker«, vor allem der Geiger unter ihnen, ist zwar von Momenten des romantischen Antiziganismus nicht ganz frei und kein Anlass, die angeblich freie und ungebundene Lebensweise der ungarischen und sonstigen notorisch »lustigen Zigeuner« in der Weise zu loben, wie das damals und selbst heute noch bei einigen gadsche zu beobachten ist, dennoch war die soziale und wirtschaftliche

Lage der ungarischen Roma im 19. und beginnenden 20. Jahrhundert nicht so schlecht wie heute.

Verschlechtert wurde sie von den ungarischen Faschisten, die während des Zweiten Weltkriegs viele ungarische Roma aus ihren Häusern vertrieben, ihres Eigentums beraubt und ermordet haben. Die an den Roma begangenen Verbrechen sind nach 1945 nicht gesühnt worden. Die Täter wurden nicht bestraft, und die Opfer wurden nicht für ihr Leid entschädigt. Vielen Roma ist noch nicht einmal das ihnen während des Krieges geraubte Eigentum zurückgegeben worden. Das war vor allem in Ungarn der Fall. Für die Roma bedeutete das Ende der kommunistischen Herrschaft nicht das Ende ihrer Diskriminierung. Auch durch die Demokraten wurde ihnen neues Unrecht angetan. Kommunisten wie Demokraten haben den nach 1945 einsetzenden Verelendungsprozess der ungarischen Roma keineswegs aufgehalten, sondern bewusst gefördert, indem sie ihnen zuerst schlecht bezahlte und dann so gut wie keine Arbeitsplätze mehr zuwiesen und nichts taten, um die Wohnverhältnisse der Roma zu verbessern. Die ethnische Minderheit der ungarischen Roma, der geschätzte 600 000 Personen angehören, wurde so zu einer »ethnisierten Unterschicht« gemacht. Das bestärkte Angehörige der Mehrheitsgesellschaft in ihren traditionellen Vorurteilen über die »faulen Zigeuner«, die deshalb so arm seien, weil sie nicht arbeiten wollten. Außerdem wurde den bzw. allen ungarischen Roma vorgeworfen, kriminell zu sein, was eine Ethnisierung nicht nur der Armut, sondern auch der Kriminalität zur Folge hatte.

Die von einigen ungarischen Medien geschürten Ängste

vor den nicht nur armen, sondern auch noch kriminellen Roma wurden besonders von einer Partei für ihre politischen Ziele instrumentalisiert. Sie nennt sich »Jobbik«, was so viel heißt wie »die Besseren«. Die keineswegs als gut, sondern als faschistisch einzuschätzende Jobbik-Partei hat die Nachfolge der faschistischen Pfeilkreuzler-Partei angetreten und ist wie ihre Vorgängerin antisemitisch und antiziganistisch eingestellt.[9] 2006 nahm Jobbik den Mord eines gadsche durch einen Rom zum Anlass, eine Kampagne gegen die gesamte »Zigeunerkriminalität« zu starten. Die antiziganistische Hetze der Jobbik-Partei war erfolgreich. Bei den Parlamentswahlen im Jahr 2010 erhielt sie 17 Prozent und 2014 sogar 20 Prozent der abgegebenen Stimmen. Durch diesen parlamentarischen Erfolg fühlte sich die Jobbik-Partei in ihrem Kampf gegen die Roma bestätigt. Einige ihrer führenden Politiker riefen offen dazu auf, die häufig als »Tiere« bezeichneten Roma zu töten.

Dieser Aufruf wurde von Angehörigen der »Ungarischen Garde« befolgt, die nachweislich einige Roma ermordet haben. Die uniformierte, bewaffnete und von dem Chef der Jobbik-Partei Gabor Vona angeführte »Ungarische Garde« war (sie ist 2009 verboten worden) so etwas wie die ungarische SA. Vor ihrem Verbot ist es ihr gelungen, die Straßen und Plätze in einigen ungarischen Städten zu besetzen und das staatliche Gewaltmonopol außer Kraft zu setzen, wie dies der deutschen SA in der Endphase der Weimarer Republik gelungen ist. Dennoch unterscheidet sich das heutige Ungarn vom damaligen Deutschland in einem Punkt: Während die damaligen deutschen Faschisten vornehmlich Kommunisten und Juden verfolgt haben, haben die heutigen ungarischen Faschisten ausschließlich Roma verfolgt.[10]

Doch dies ist kein Grund, die heutige Verfolgung der ungarischen Roma so zu relativieren und zu leugnen, wie dies von den aktuellen ungarischen Politikern gemacht wird. Verantwortlich dafür ist die (gelinde gesagt) rechtskonservative »Fidesz«-Partei Viktor Orbáns, die bei den Parlamentswahlen 2010 die absolute Mehrheit gewonnen hat und (zunächst im Bündnis mit der faschistischen Jobbik-Partei) das Land regiert. Die ihm von seinen Wählern zuerkannte Macht hat Orbán genutzt, um jegliche Kritik an der von ihm und seinen Untergebenen betriebenen antiziganistischen Politik schon im Keim zu ersticken. Dennoch haben einige unbeugsame ungarische Journalisten und ausländische Beobachter immer wieder auf die Diskriminierung und Verfolgung der ungarischen Roma verwiesen. Großes Aufsehen erregte in den Jahren 2008 und 2009 die Ermordung von mehreren Roma, darunter auch einige Kinder, durch Angehörige der Ungarischen Garde.[11] Die Täter wurden zwar von der Polizei ermittelt, aber zunächst nicht von den Gerichten für ihre schändlichen Taten zur Verantwortung gezogen. Der lange verschleppte Prozess gegen sie ist erst auf Druck der internationalen Öffentlichkeit eröffnet worden. Er endete mit der Verurteilung einiger, aber keineswegs aller Täter zu langjährigen Freiheitsstrafen.

Dies hat in- und ausländische Roma-Aktivisten und Bürgerrechtler in ihrem Bestreben bestärkt, auch die anderen antiziganistischen Untaten aufzudecken und anzuklagen. Ungarn wurde beschuldigt, die universalen und überall gültigen Menschenrechte der Roma verletzt zu haben. Um sich gegen diesen Vorwurf zu verteidigen, startete die Regierung Orbán eine geschickte Informations- oder besser gesagt Desinformationskampagne. Dabei wurde darauf hingewiesen, dass die ungarischen Roma als ethnische Minderheit anerkannt worden seien. Für die Einhaltung der ihnen zuerkannten Minderheitenschutzrechte sei ein vom Staat eingesetzter »Roma-Beauftragter« zuständig. Er heißt Flórián Farkas und ist ein treuer Gefolgsmann Viktor Orbáns.[12] Schon deshalb ist er bestrebt, die Roma-Politik des Ministerpräsidenten umzusetzen und zu verteidigen. Dies mit nicht geringem Erfolg.

Ungarn gelang es während seiner Präsidentschaft im Europarat, umfangreiche EU-Gelder einzuwerben, mit denen verschiedene Projekte finanziert werden, welche der Integration der Roma in die einzelnen europäischen Mehrheitsgesellschaften dienen sollten. Das hat Ungarn und der Orbán-Regierung die Anerkennung vieler nationaler und internationaler Roma-Verbände eingebracht. Dass Ungarn die meisten EU-Gelder für die Förderung von ungarischen Roma-Projekten (und für die Alimentierung von ungarischen Politikern) verwandte, wurde dabei aber geflissentlich übersehen. Verkannt wurde auch, dass die ungarischen Roma-Projekte keineswegs so erfolgreich waren, wie dies von den ungarischen Roma-Politikern dargestellt wurde. Dabei hat sich vor allem der Minister im Orbán-Kabinett Zoltán Balog ausgezeichnet.[13] Er vor allem hat die ungarische Roma-Politik im In- und Ausland sehr öffentlichkeitswirksam verkauft.[14]

Dies kann ich aus eigener Anschauung als Teilnehmer an einer Informationsveranstaltung im ungarischen Kulturinstitut in Berlin bestätigen. Der äußerst smarte und polyglotte

Balog wies in einem blendenden und akzentfreien Deutsch jede auch von mir geäußerte Kritik an der antiziganistischen Roma-Politik Ungarns zurück. Stattdessen pries er sie in den höchsten Tönen. Habe der ungarische Staat doch viel für die Verbesserung der sozialen Lage und Bildung der ungarischen Roma getan. Auf meinen Einwand, dass die meisten ungarischen Kinder auf schlecht ausgestattete Sonderschulen angewiesen seien, meinte er, dass dies doch zu ihrem eigenen Nutzen geschehe. So könnten die Roma gewissermaßen unter sich bleiben. Als Balog auch noch die Roma für ihre eigene schlechte soziale Lage verantwortlich machte und die vielen antiziganistischen Übergriffe auf sie verharmloste, war es mit meiner Geduld zu Ende. Erregt rief ich dazu auf, Ungarn wegen der Verletzung der Menschenrechte der ungarischen Roma anzuklagen und wenn möglich aus der EU auszuschließen. Das empörte die ungarischen wie deutschen Teilnehmer gleichermaßen. Ich wurde zwar höflich, aber sehr bestimmt des Saales verwiesen, was ich natürlich akzeptierte. Dennoch hat mich dieser Vorfall veranlasst, der Frage nachzugehen, was denn Europa gegen den europäischen Antiziganismus getan hat und tun könnte.

9. »Sozialtourismus«

Europa und der Antiziganismus

»Sozialtourismus« ist von der Gesellschaft für deutsche Sprache zum Unwort des Jahres 2013 gewählt worden. Die Jury begründete ihre Wahl damit, dass mit diesem Begriff »gezielt Stimmung gegen unerwünschte Zuwanderer, insbesondere aus Osteuropa« gemacht werde. Ihnen werde unterstellt, nach Deutschland gekommen zu sein, um in den Genuss von Sozialleistungen zu gelangen, die ihnen nicht zustünden. Die CSU wollte diesen Sozialbetrug verhindern und rief 2013 dazu auf, alle Sozialbetrüger sofort aus Deutschland auszuweisen. Dazu erfand sie den passenden Wahlslogan »Wer betrügt, der fliegt«.

Wer war damit gemeint? Vordergründig Arbeitsmigranten, die aus armen südosteuropäischen Ländern wie Bulgarien und Rumänien stammten, die vor kurzem in die Europäische Union aufgenommen worden waren. Im Subtext war aber deutlich zu lesen, dass sich die Kampagne vornehmlich gegen die bulgarischen und rumänischen Roma richtete. Sie würden nicht mehr »wie die Zigeuner« Wäsche und kleine Kinder klauen, sondern Sozialleistungen ergaunern. Die NPD brachte dieses antiziganistische Vorurteil auf den Punkt. Auf einem ihrer Wahlplakate zur Bundestagswahl 2013 war der folgende niederträchtige Spruch zu lesen: »Geld für die Oma statt für Sinti und Roma«.

Beim Schlagwort »Sozialtourismus« handelt es sich um eine modernisierte Variante des Begriffs »Zigeuner«, des Unworts nicht nur dieses, sondern der letzten 600 Jahre. Der deutschen Öffentlichkeit blieb das weitestgehend unbekannt. Warum? Weil die Kampagne gegen die »Sozialtouristen« in einer Zeit stattfand, in der es zu einer Radikalisierung des Antiziganismus gekommen war. Eine große Verantwortung dafür tragen die Medien. Mit reißerischen Berichten über bulgarische und rumänische Roma, die sich ausschließlich von Betteleien und Betrügereien ernähren würden, fachten sie die alten Vorurteile erneut an. Dies war alles andere als neu. Derartige sozial-antiziganistische Berichte über diebische und herumziehende »Zigeuner« hat es schon immer gegeben.

Neu ist, dass die Roma nicht mehr als »Zigeuner« bezeichnet werden. Es genügt, auf ihre bulgarische oder rumänische Herkunft hinzuweisen. Für die Leser und Rezipienten der Berichte über »rumänische Diebesbanden« ist aber klar, dass es sich hierbei um »Zigeunerbanden« handelt. Die sprachliche Mimikry geht so weit, dass Rumänen mit Roma und umgekehrt verwechselt werden. Hinzu kommt, dass das soziale Problem der Armut ethnisiert bzw. »romaisiert« wird. Sichtbar arme und schlecht gekleidete Menschen werden von Angehörigen der Mehrheitsgesellschaft automatisch als Roma wahrgenommen. Fast jeder gadsche, der irgendwann einmal angebettelt oder gar beklaut worden ist, meint, dass es sich dabei um einen Rom oder eine Romni gehandelt habe.

Durch den Zuzug von vor allem armen Roma wird bei sehr vielen das sozialantiziganistische Vorurteil bestärkt. Im Unterschied zu den völlig akkulturierten und als solche nicht mehr zu erkennenden deutschen Sinti und Roma entsprechen viele im Äußeren und Verhalten dem typischen und weitverbreiteten Klischee »der Zigeuner«. Natürlich ist dies eine doppelt falsche Wahrnehmung. Nicht jede Bettlerin, der wir auf der Straße begegnen und die wir für eine »Zigeunerin« halten, muss eine Romni sein. Wir meinen nur, dies an ihrem Äußeren erkannt zu haben, und fühlen uns in unserem Vorurteil bestätigt. Dieses antiziganistische Vorurteil, wonach alle Roma in ihrem äußerlichen Erscheinungsbild und in ihren sozialen Verhaltensweisen als »Zigeuner« erkennbar sind, hat nun ein neues Gesicht erhalten.

In der Debatte über den »Sozialtourismus« ist aber auch deutlich geworden, dass Antiziganismus eine neue Funktion und Zielsetzung erhalten hat. Die sozialantiziganistische Kampagne der CSU richtete sich nämlich nicht nur gegen die konkurrierenden deutschen Parteien, sondern gegen die Politik der ungeliebten EU. Dem bürokratischen Europa wurde vorgeworfen, für die – angebliche – Masseneinwanderung von »Armutsflüchtlingen« im Allgemeinen, von Roma-Flüchtlingen im Besonderen verantwortlich zu sein. Da ist was dran.

Europa hat es tatsächlich zugelassen, dass mit Bulgarien und Rumänien Länder in die Europäische Union aufgenommen worden sind, die einen geringeren sozioökonomischen Entwicklungsstand aufweisen. Dadurch ist die schon zuvor bestehende Spaltung Europas in einen hochentwickelten Norden und einen unterentwickelten Süden verstärkt worden, was Europäer aus dem Süden in den Norden des Kontinents zieht. Diese Arbeitsmigration kann nicht verhindert werden. Schließlich genießen alle EU-Bürger das Freizügigkeitsrecht. Sie können und dürfen grundsätzlich von einem Land in das andere ziehen und arbeiten, wo sie wollen.[1] Das haben auch einige getan. Aber längst nicht so viele, wie dies in Deutschland und in einigen anderen nord- und westeuropäischen Ländern angenommen worden ist. Die europäische Arbeitsmigration war und ist keine Massenerscheinung. Sie stellt weder in quantitativer noch in qualitativer Hinsicht ein Problem dar. Jedenfalls kein unlösbares.

Doch dies darf man nicht den einzelnen europäischen Staaten überlassen, dies muss auch durch die europäischen Institutionen wie die Europäische Kommission, den Europarat und nicht zuletzt das Europäische Parlament geschehen. Ihre Aufgabe ist es, dafür zu sorgen, dass sich die Spaltung in ein relativ reiches und ein armes Europa nicht noch weiter verschärft. Außerdem müssen sie verhindern, dass das europäische Freizügigkeitsrecht nicht durch einzelne Mitgliedstaaten der Europäischen Union verletzt wird.

Davon betroffen sind nicht nur, aber vor allem Roma, die von einem Land der Europäischen Union in ein anderes ziehen. Gerade ihnen darf man das Freizügigkeitsrecht nicht verwehren. Außerdem muss verhindert werden, dass sie sowohl in ihren Herkunfts- wie in ihren neuen Heimatländern diskriminiert werden. Beides könnten die genannten europäischen Institutionen nicht nur tun, beides müssten sie tun. Die Europäische Union versteht sich ja nicht nur als eine Wirtschaftsgemeinschaft, sie will auch eine Wertegemeinschaft sein.

Dies hat der Europäische Rat schon 1993 auf einem Gipfeltreffen in Kopenhagen beschlossen, auf dem die politischen und wirtschaftlichen Kriterien für die Aufnahme neuer Mitgliedstaaten der Europäischen Union festgelegt wurden. Die sogenannten Kopenhagener Kriterien sind 1999 im Amsterdamer Vertrag und schließlich in die Charta der Grundrechte der Europäischen Union aufgenommen worden, die im Dezember 2000 verkündet wurde und am 1. Dezember 2009 in Kraft getreten ist. Die »Werte, auf die sich die Union gründet, sind die Achtung der Menschenwürde, Freiheit, Demokratie, Gleichheit, Rechtsstaatlichkeit und die Wahrung der Menschenrechte einschließlich der Rechte der Personen, die Minderheiten angehören«.

Nicht alle, aber einige dieser Werte sind den Roma in einigen Staaten der Europäischen Union verwehrt worden. In einigen werden ihnen die Minderheitenschutzrechte verweigert[2], und in fast allen Staaten der Europäischen Union werden die Roma diskriminiert. Offenen Verfolgungen sind die Roma in Ungarn und Rumänien, Tschechien und der Slowakei ausgesetzt. Ihre »Menschenwürde« wird nicht geachtet. Von »Freiheit« und »Gleichheit« der Roma kann hier nicht die Rede sein. Die Diskriminierung und Verfolgung der Roma ist mit den Prinzipien der »Rechtsstaatlichkeit« nicht vereinbar.

Die Institutionen der Europäischen Union hätten das monieren müssen. Doch das ist bisher kaum geschehen. Die betreffenden Staaten sind nur sehr milde kritisiert worden. Bisher ist mit der Tschechischen Republik nur ein einziges Mitglied der EU wegen der Verletzung der Menschenrechte der Roma vor dem Europäischen Gerichtshof für Menschenrechte angeklagt worden. Frankreich ist dies von der europäischen Kommissarin für Justizwesen und Bürgerrechte, Viviane Reding, in der Endphase der Präsidentschaft Nicolas Sarkozys nur angedroht worden. Im Europäischen Parlament ist zwar viel und häufig über die Lage der europäischen Roma diskutiert worden, doch niemals über konkrete Maßnahmen gegen die europäischen Staaten, die wegen ihrer antiziganistischen Politik die Menschenrechte der Roma-Minderheiten verletzt haben. Europa hat damit seine eigenen Werte verraten. Für die Roma ist die Europäische Union keine Wertegemeinschaft.

Dies ist von einigen nationalen und internationalen Roma-Organisationen erkannt und zu Recht kritisiert worden. Ihre Beschwerden sind aber alle abgewiesen worden. Dennoch haben einzelne Roma-Organisationen immer wieder versucht, die ihnen zustehenden Rechte einzuklagen. Doch dies scheiterte in den meisten Fällen. So hat sich 2012 das »European Roma and Travellers Forum« (ERTF) mit der Bitte an das Europaparlament gewandt, den 2. August zu einem europaweiten Gedenktag zu erklären: zur Erinnerung an die Ermordung der letzten Insassen des »Zigeunerlagers« Auschwitz am 2. August 1944. Im Juli 2012 wurde über diese Bitte in einem Ausschuss des Europäischen Parlaments diskutiert. Angehört wurden der Präsident der ERTF, Rudko Kawczynski, und ich als sogenannter Experte. Es gelang uns beiden nicht, die Abgeordneten zu überzeugen. Die Vertreter einiger Mitgliedstaaten der Europäischen Union begründeten ihre Ablehnung mit dem Hinweis auf das Datum des möglichen Gedenktages. Der 2. August falle mitten in die Ferienzeit. Einige andere wiesen darauf hin, dass man mit dem 23. August bereits einen

Gedenktag habe, der an alle »Opfer totalitärer und autoritärer Regime« erinnere. Gemeint waren die Opfer Hitlers und Stalins. Um sie zu ehren, hatte das Europäische Parlament im April 2009 beschlossen, den 23. August zum Gedenktag zu erklären, weil Hitler und Stalin am 23. August 1939 den deutsch-sowjetischen Nichtangriffspakt geschlossen hatten.

Dieser Beschluss des Europäischen Parlaments erfolgte in erster Linie auf Initiative der vormals kommunistischen Staaten und hatte eine vornehmlich antikommunistische Zielrichtung. Deshalb ist er auch von vielen europäischen Antifaschisten heftig kritisiert worden. Faschismusforscher bemängelten, dass die fundamentalen Unterschiede zwischen faschistischen und kommunistischen Regimen verwischt würden. Jüdische Historiker und Politiker befürchteten, dass die Besonderheit, um nicht zu sagen Singularität der Schoah geleugnet werde. Repräsentanten der Roma wiesen auf die Gefahr hin, dass der Porrajmos wieder zu einem »vergessenen Holocaust« werden könnte. All das zu einer Zeit, in welcher der Antiziganismus in ganz Europa angestiegen ist und nicht nur die europäischen Roma, sondern die europäische Wertegemeinschaft bedroht.

Mit Verve haben Rudko Kawczynski und ich die Vertreter der europäischen Mitgliedsstaaten in der oben erwähnten Kommission des Europäischen Parlaments beschworen, sich für den 2. August als Gedenktag für den Porrajmos auszusprechen. Dies wurde mit dem unsinnigen Argument verworfen, wonach die gegenwärtigen Roma keinen antiziganistischen Feindseligkeiten ausgesetzt seien und es ihnen insgesamt doch gutgehen würde. Mit ungläubigem Erstaunen nahmen

Rudko Kawczynski und ich zur Kenntnis, dass gerade die Vertreter der Staaten, in denen die Roma besonders diskriminiert und gewaltsamen Verfolgungen ausgesetzt sind, dies nicht nur leugneten, sondern ihre Regierungen für ihre angeblich romafreundliche Politik in den höchsten Tönen lobten. Dies wurde von keinem der anwesenden Delegierten kritisiert und von einigen sogar mit Beifall bedacht. Da blieb mir, um es einmal berlinerisch auszudrücken, »die Spucke weg«.

Verstört fragte ich mich: Werden die Roma tatsächlich nicht diskriminiert und verfolgt, und geht es ihnen, wenn nicht gut, so doch nicht schlechter als ihren Mitbürgern? Zu diesem Schluss könnte man kommen, wenn man die Berichte und Verlautbarungen liest, die von den Regierungen der einzelnen europäischen Staaten und der Europäischen Union über die Lage der europäischen Roma verfasst worden sind. Hier fehlt es nicht an guten Worten und Absichtserklärungen, wie man die Lage der Roma verbessern und den Antiziganismus bekämpfen könne. Zu diesem Zweck und Ziel hat Brüssel auch viel Geld – in den letzten zehn Jahren über 400 Millionen Euro – ausgegeben, womit die Regierungen der einzelnen Staaten zahlreiche Projekte fördern sollten. Die entsprechenden Gelder wurden jedoch für andere Zwecke verwandt oder verschwanden in den Taschen leicht zu korrumpierender Politiker.

Auch ich konnte in gewisser Weise von diesen EU-Geldern profitieren. Konnte ich als Experte in Roma-Fragen doch quer durch Europa von einer Konferenz zur anderen fahren, um mit anderen Fachleuten die drängenden Fragen zu diskutieren. Erreicht haben wir Roma-Experten leider so gut wie nichts. Der europäische Antiziganismus geht nicht zurück, im Gegenteil, er greift immer stärker um sich.

Warum wollen die gadsche die tief verwurzelten antiziganistischen Vorurteile nicht überwinden? Weil die Europäer das Feindbild »Zigeuner« brauchen, um sich durch die Abgrenzung von den immer noch als fremd angesehenen Roma als Europäer definieren zu können. Der europäische Antiziganismus ist so etwas wie der kulturelle Code der Europäer. Auch deshalb, weil sie den Antiziganismus brauchen, wollen sich die Europäer nicht aus dem, um Fernand Braudels Ausspruch abzuwandeln, mentalen »Gefängnis« des Antiziganismus befreien.

10. »Lass maro tschatschepen«

Die Roma und der Antiziganismus

»Lass maro tschatschepen« – lasst uns unser Recht fordern –, heißt es in einem Lied des deutschen Sinto Häns'che Weiss aus dem Jahr 1977.[1] Für diese Forderung bestand damals wahrlich Anlass. Wurde den Sinti und Roma doch nicht nur die »Wiedergutmachung« für das vergangene Unrecht durch die NS-Diktatur versagt, ihnen wurde auch von der neuen deutschen Demokratie weiteres Unrecht angetan.

Verschiedene Kommunen, wie z.B. Freiburg und Straubing, haben nach 1945 sogar versucht, die Wiederansiedlung der Überlebenden des Porrajmos mit allen, auch eindeutig rechtswidrigen Mitteln zu verhindern.[2] Als dies nicht erfolgreich war, wiesen sie den Sinti und Roma Baracken und primitive Behelfswohnungen zu, welche diese an die »Zigeuner«- und Konzentrationslager erinnerten, in die sie die Nationalsozialisten gesperrt hatten.

Neuen und so nicht gekannten Behinderungen waren auch die Sinti und Roma ausgesetzt, die zur Sommerzeit noch mit ihren Wagen und Caravans herumreisten, um ihren Berufen als ambulante, d.h. fahrende Händler nachzugehen. Dabei stießen sie auf eine unerwartete Konkurrenz. Im Wirtschafts-wunder Deutschland hatten viele gadsche Geschmack an dem gefunden, was sie wenige Jahre zuvor als »zigeunerische Lebensweise« bezeichnet und verachtet hatten. Gemeint war das Reisen mit Auto, Zelt und Wohnwagen. Um diese neuen Bedürfnisse der immer reiselustiger werdenden Deutschen zu befriedigen, entstanden zahlreiche neue Campingplätze. Einige von ihnen wurden aber sofort für »Zigeuner« verboten. Selbstverständlich war diese auf den Campingplätzen prak-tizierte Apartheid rechtswidrig, worauf die Sinti und Roma selber auch mehr als einmal hinwiesen. Dennoch fanden sie bei den Behörden weder Recht noch Gehör.

In den neuen Behörden und Verwaltungen der jungen Bun-desrepublik wehte noch immer der nationalsozialistische Geist, nicht zuletzt deshalb, weil sich deren personelle Zusam-mensetzung nach 1945 nicht wesentlich geändert hatte. Wa-ren die früheren »Zigeunerpolizei-« doch nur in »Landfahrer-zentralen« umbenannt worden. In ihnen agierten meist noch die alten »Zigeunerpolizisten«, welche die Sinti und Roma in der NS-Zeit in die »Zigeuner-«, sowie Konzentrations- und Ver-nichtungslager deportiert hatten. Dennoch wurden sie häufig als Gutachter in »Wiedergutmachungsverfahren« gehört. Dass die ehemaligen Täter sich in der Regel gegen ihre ehemaligen Opfer aussprachen, versteht sich von selbst. Auch deshalb ist das alte Unrecht nicht gesühnt worden.

Die notorisch pflichtbewussten Beamten der »Landfahrer-zentralen« waren darüber hinaus bemüht, den Sinti und Roma neues Unrecht anzutun.[3] Unter Berufung auf die alten entweder von Anfang an beibehaltenen oder nach dem Zwischenspiel der alliierten Verwaltung wieder in Kraft gesetzten »Zigeunergesetze« wurden die Sinti und Roma erneut in ihrer Berufsausübung und Bewegungsfreiheit behindert.[4] Einigen ist sogar die deutsche Staatsbürgerschaft, die ihnen von den Nationalsozialisten vor der Deportation entzogen worden war, nicht wiedergegeben oder erneut entzogen worden.[5] Dies verstieß eindeutig gegen den Artikel 16 des Grundgesetzes.

Doch bei und mit wem konnten die Sinti und Roma ihr Recht einfordern? Von den Kirchen und den staatlichen Sozialeinrichtungen schon deshalb nicht, weil diese die Sinti und Roma nicht als ethnische Minderheit, sondern als eine soziale »Außenseiter«- oder »Randgruppe« wahrnahmen und sie aufforderten, sich endlich in die Mehrheitsgesellschaft zu integrieren. Übersehen wurde dabei, dass sich die Sinti und Roma durchaus hatten integrieren wollen, was jedoch von der Mehrheitsgesellschaft und ihren Behörden systematisch verhindert worden ist.

Um für ihr Recht zu kämpfen, haben die deutschen Sinti und Roma verschiedene Bürgerrechtsbewegungen ins Leben gerufen. Die ersten Initiativen sind schon in den 1950er-Jahren von den Gebrüdern Oskar und Vincenz Rose ergriffen worden.[6] Beide hatten im Unterschied zu großen Teilen ihrer Familien den Porrajmos mit List und viel Glück überlebt. Oskar Rose hatte sich als Italiener ausgegeben und Vincenz Rose sich einer Artistengruppe der NS-Organisation »Kraft durch Freude« angeschlossen, der seine Sinto-Identität nicht bekannt war.

Die Brüder Rose haben 1956 den »Verband rassisch Verfolgter nichtjüdischen Glaubens« ins Leben gerufen. Der merkwürdige Name deutet darauf hin, dass es sein vordringlichstes Anliegen war, »Wiedergutmachung« für Personen zu bekommen, die aus »rassischen« Gründen verfolgt worden waren, sich aber nicht als Juden im religiösen Sinne fühlten. Ob diesem Verband neben Sinti und Roma auch andere »Nicht-Arier« angehörten, ist nicht bekannt. Erfolg war ihm auf jeden Fall keiner beschieden.

Dies traf auch auf das 1971 von Vincenz Rose – Oskar Rose starb bereits 1968 – gegründete »Zentralkomitee der Sinti Westdeutschlands« zu, das kurz darauf in »Verband der Sinti Deutschlands« umbenannt wurde. Dieser Verband hat 1972 die erste Protestdemonstration der deutschen Sinti und Roma organisiert. Anlass war die Erschießung eines Sinto durch die deutsche Polizei. Zwei Jahre später wurde auf Initiative und mit privaten finanziellen Mitteln Vincenz Roses im ehemaligen »Zigeunerlager« in Auschwitz ein Mahnmal errichtet – das weltweit erste, das an den Porrajmos erinnerte.

Diese Aktionen fanden in der Öffentlichkeit jedoch kaum Beachtung. Auch die um Hilfe gebetenen politischen Parteien und Kirchen lehnten jegliche Unterstützung ab. Dies alles änderte sich fast schlagartig, als der 1946 geborene Sohn Oskar Roses, Romani, im Jahr 1978 Kontakt mit der »Gesellschaft für bedrohte Völker« aufnahm, die von dem sehr rührigen, bald aber etwas egomanisch gewordenen Tilman Zülch geleitet wurde. Im September 1979 gab Zülch im Auftrag seiner Gesellschaft im Rowohlt-Verlag einen Sammelband heraus, in dem sich mehrere Autoren sowohl mit der vergangenen NS-Verfolgung wie der gegenwärtigen Diskriminierung der Sinti und Roma auseinandersetzten.[7] Dem Buch war ein Vorwort des Philosophen Ernst Tugendhat vorangestellt, in dem dieser den Völkermord an den Sinti und Roma mit der Schoah verglich und darauf hinwies, dass »Juden und Zigeuner« generell »von ihrem Schicksal her (...) Geschwister« seien.[8] Der Sammelband, der unter dem Titel »In Auschwitz vergast, bis heute verfolgt« erschien, rief in der Öffentlichkeit ein großes Echo hervor.

Einen Monat später, im Oktober 1979, veranstaltete die »Gesellschaft für bedrohte Völker« in Zusammenarbeit mit dem »Verband Deutscher Sinti« und der (internationalen) »Romani-Union« eine große Kundgebung auf dem Gelände des ehemaligen Konzentrationslagers Bergen-Belsen, auf der auch die damalige Präsidentin des Europaparlaments, Simone Veil, eine Rede hielt, die schon deshalb viel beachtet wurde, weil sie wegen ihrer jüdischen Herkunft selbst in Bergen-Belsen inhaftiert gewesen war. Zum ersten Mal wurden die Forderungen der Sinti und Roma nach Anerkennung des Völkermordes, »Wiedergutmachung« und Einstellung der sie immer noch diskriminierenden Maßnahmen und Gesetze nicht nur der deutschen, sondern der Weltöffentlichkeit bekannt gemacht.

Eine vielleicht noch größere Beachtung fand dann der Hungerstreik, der von Angehörigen des »Verbandes Deutscher Sinti« Ostern 1980 in der KZ-Gedenkstätte Dachau durchgeführt wurde. Maßgebend dafür waren weniger die Forderungen der Hungerstreikenden, die von dem damaligen bayerischen CSU-Innenminister Gerold Tandler die Herausgabe von NS-Akten verlangten, sondern die Wahl des Ortes und die hier gemachten Bilder. KZ-Gedenkstätten wie Dachau existierten damals erst einige Jahre und waren zudem in der Öffentlichkeit bisher wenig zur Kenntnis genommen worden. Größere politische Veranstaltungen hatten hier, anders als in den in der damaligen DDR gelegenen Gedenkstätten Buchenwald, Ravensbrück und Sachsenhausen, bisher nicht stattgefunden. Die Sinti und Roma waren die Ersten, welche die Symbolträchtigkeit dieser Orte erkannten und für sich nutzten. Die Bilder von den in Dachau hungernden Sinti und Roma, von denen einige selber Überlebende des Holocaust waren, riefen eine bisher nie da gewesene Sympathie für die Sinti und Roma hervor.

Die Bundeskanzler Helmut Schmidt und Helmut Kohl erkannten 1982 und 1985 an, dass die Sinti und Roma zu den Opfern eines Völkermordes geworden seien, was die Bundesregierung verpflichte, sie für ihre Leiden zu entschädigen und ihre allgemeine Lage zu verbessern.[9] Im März 1997 hat sich auch Bundespräsident Roman Herzog der umstrittenen These von der Vergleichbarkeit von Schoah und Porrajmos angeschlossen und Folgendes erklärt: »Der Völkermord an den Sinti und Roma ist aus dem gleichen Motiv des Rassenwahns, mit dem gleichen Vorsatz, mit dem gleichen Willen zur planmäßigen und endgültigen Vernichtung durchgeführt worden wie der an den Juden.«[10]

Roman Herzogs Ansicht ist von den Planern und Machern des Berliner Holocaust-Mahnmals jedoch nicht geteilt worden. Sie haben nach heftigen und äußerst kontrovers geführten Diskussionen entschieden, dass dieses Holocaust-Mahnmal nur an die »ermordeten Juden Europas« erinnert. Den Sinti und Roma ist ein eigenes Mahnmal versprochen worden. Zu seiner Errichtung ist es erst 2012 gekommen. Seitdem erinnert es am Rande des Tiergartens zwischen Reichstag und Brandenburger Tor an die Verbrechen während der national-sozialistischen Diktatur.

Von Romani Rose, dem Vorsitzenden des seit 1982 so genannten »Zentralrats Deutscher Sinti und Roma«, ist dies als großer Erfolg angesehen und gefeiert worden. Dies ist berechtigt. Denn ohne Roses geschichtspolitische Aktivitäten wäre es nicht zu diesem Gedenken an den Porrajmos gekommen. Dass die deutschen Sinti und Roma 1997 den Status einer ethnischen Minderheit erhalten haben, ist ebenfalls seiner intensiven Lobbyarbeit zu verdanken. Der Zentralrat verfügt mit Romani Rose über einen allseits bekannten und überwiegend auch geachteten charismatischen Vorsitzenden. Deshalb ist er aber auch beneidet und angefeindet worden. Keineswegs nur von notorisch antiziganistisch eingestellten gadsche, sondern auch aus den eigenen Reihen. Ursache dieser Kritik waren neben persönlichen Animositäten traditionelle kulturelle Unterschiede zwischen den Sinti, die in Deutschland schon seit dem Beginn des 15. Jahrhunderts leben, und den Roma, die seit dem 19. Jahrhundert nach Deutschland eingewandert sind. Einige von ihnen kritisieren die Politik des Zentralrats und seiner Landesverbände und haben auch einige meist aber sehr kleine Konkurrenzorganisationen ins Leben gerufen.[11] Zu erwähnen sind die »Rom und Cinti Union« in Hamburg, die Frankfurter »Roma-Union«, der Kölner »Rom e.V.« und der Berliner Verband »Amaro Drom«. Wie bereits erwähnt kamen nach dem Untergang der kommunistischen Regime in Osteuropa weitere osteuropäische Roma nach Deutschland. Diese Zuwanderung, deren tatsächliches Ausmaß von der deutschen

Öffentlichkeit und Presse jedoch maßlos überbewertet wurde, hat dazu geführt, dass der bis dahin etwas zurückgegangene Antiziganismus erneut aufflammte und sich radikalisierte. Im Gegenzug forderten alsbald Stimmen aus dem liberalen und linksalternativen Parteienspektrum, möglichst allen Roma-Flüchtlingen Asyl in Deutschland zu gewähren.

Wie wir heute wissen, sind diese radikalen Forderungen nicht erfüllt worden. Nicht mehr, sondern immer weniger Roma wird Asyl gewährt. Viele werden in ihre Heimatländer zurückgeschickt oder gar nicht erst ins Land gelassen. Diese Politik wird nicht von allen, aber vielen Politikern der Grünen und Linken akzeptiert. Einige rufen sogar zu einer Verschärfung der deutschen Roma-Politik auf. Dabei üben sie scharfe Kritik an Romani Rose. Ihm wird vorgeworfen, sich nicht hinreichend und energisch genug für die Roma-Asylanten eingesetzt und kaum etwas gegen die Verfolgung der osteuropäischen Roma getan zu haben. Das ist falsch. Romani Rose und der Zentralrat deutscher Sinti und Roma haben den Roma-Flüchtlingen sehr wohl geholfen und die Verfolgung der Roma in Osteuropa scharf kritisiert. Richtig ist dagegen, dass der Zentralrat sich naturgemäß vordringlich um jene kümmert, die er vertritt. Das sind die deutschen Sinti und Roma. Sie wollen als Angehörige einer ethnischen Minderheit in Deutschland anerkannt werden. Viele Linke nehmen die Akkulturation der deutschen Sinti und Roma nicht als eine Realität wahr, sondern sehen in ihnen immer noch Fremde. Dabei ist ihnen nicht bewusst, dass ihr Roma-Bild nicht mehr der Realität entspricht und von Momenten des romantischen Antiziganismus geprägt ist.

Irgendwie fremd sind die deutschen Sinti und Roma aber auch einigen osteuropäischen Roma. Nicht wenige ihrer Repräsentanten machen sich über deren Deutschsein insgeheim und auch offen lustig. Dass die heute nach Deutschland kommenden Roma andere Romanes-Dialekte oder europäische Sprachen sprechen, macht die Verständigung und auch das Zusammengehörigkeitsgefühl mit den deutschen Sinti und Roma nicht leichter. Einige in- und ausländische Roma wollen sich auch mit dem Status einer ethnischen Minderheit nicht zufriedengeben. Dies begründen sie mit dem Hinweis, dass sie zu einem Volk mit einer eigenen Sprache und Kultur gehören.

Dies ist richtig. Die Zugehörigkeit zu einem Volk war aber vielen Roma lange Zeit nicht bewusst. Schließlich haben sie jahrhundertelang getrennt voneinander in verschiedenen europäischen Ländern gelebt, wo sie unerträglichen Verfolgungen ausgesetzt waren. Vor allem, um diesen zu entgehen, rückten sie näher zusammen und haben sich auf ihre Familien-, Clan- und Stammesverbände zurückgezogen. Dennoch gründeten einzelne Roma seit dem 19. Jahrhundert Roma-Organisationen auf nationaler und selbst internationaler Ebene.[12]

Ein erstes Treffen von Roma aus verschiedenen Ländern fand 1878 in Stuttgart-Bad Cannstadt statt. Organisiert wurde es von dem deutschen Sinto Josef Reinhardt. Die deutschen Behörden haben aber dem Versuch, eine Roma-Organisation auf deutschem Boden zu etablieren, ein schnelles Ende bereitet und die Organisation selbst sofort verboten. Weitere Versuche, wenigstens temporär auch relativ erfolgreiche Organisationen zu bilden, hat es dagegen in einigen west- und osteuropäischen Ländern gegeben. Am weitesten scheinen sie ausgerechnet im bolschewistischen Russland gegangen zu sein, wo es Nikolai Pankow 1925 gelang, die »Allrussische Zigeuner-Union ARU« zu gründen, die staatlich anerkannt, ja sogar unterstützt wurde. In den USA ist in den 1930er-Jahren ebenfalls eine Roma-Organisation ins Leben gerufen worden, deren Führer Steve Kaslow sich sogar der Unterstützung des damaligen New Yorker Gouverneurs und späteren Präsidenten Franklin D. Roosevelt versichern konnte. In Europa ist es dem Rumänen Grigoras Niculescu 1933 gelungen, einen internationalen Roma-Kongress in Bukarest zu veranstalten, an dem Delegierte aus neun Ländern teilgenommen haben sollen.

Der Porrajmos machte all diesen Bemühungen zunächst ein Ende. Andererseits scheint diese Katastrophe, die das Roma-Volk in fast ganz Europa getroffen hat, dazu geführt zu haben, dass sich, um den Roma-Aktivisten Grattan Puxon zu zitieren, »das Bewusstsein für die ethnische Identität (der Roma) in verschiedenen Teilen Europas« verstärkt hat.[13] In England, Spanien und Westdeutschland wurden nach dem Zweiten Weltkrieg neue Roma-Organisationen gebildet, aber auch in Osteuropa. Letztere fanden eine gewisse Unterstützung bei den kommunistischen Partei- und Staatsführungen, die den Beitrag, den viele Roma im Kampf gegen die faschistische Okkupation geleistet hatten, anerkannten. Dies war vor allem in Jugoslawien und der Tschechoslowakei der Fall.

1971 fand in London der erste (zählt man den Bukarester Kongress von 1933 mit, der zweite) Weltkongress der Roma statt. Auf ihm sowie auf einigen Nachfolgekonferenzen forderten die Delegierten aus insgesamt 14 Ländern, dass der an ihrem Volk begangene Völkermord als solcher international anerkannt werden sollte, weshalb die Staaten, die sich an ihm beteiligt hatten, verpflichtet seien, »Wiedergutmachung« zu leisten. Die Regierungen der europäischen Staaten wurden ferner dazu aufgerufen, die soziale Lage der Roma zu verbessern und sie vor allen Anfeindungen zu schützen. Um den Antiziganismus bekämpfen zu können, haben einige Delegierte vorgeschlagen, nach dem Vorbild der jüdischen eine eigene Roma-Nationalbewegung zu bilden. Zu diesem Zweck wurde eine Roma-Nationalfahne entworfen. Sie ist blau-grün und in der Mitte mit einem Hindu-Symbol versehen. Damit verwiesen die Roma auf ihre indische Urheimat, was selbst manchen Roma merkwürdig erscheint. Keiner von ihnen denkt nämlich ernsthaft daran, in diese indische Urheimat zurückzugehen, die sie vor über tausend Jahren verlassen und mit der sie seitdem keinerlei Kontakt unterhalten haben.

Dennoch haben einige Roma-Organisationen Kontakte zur damaligen indischen Ministerpräsidentin Indira Gandhi aufgenommen. Tatsächlich fand sie sich bereit, so etwas wie die Patenschaft der Roma-Nationalbewegung zu übernehmen. Diesen Worten sind auch einige Taten gefolgt. 1977 hat sich Indien vor der UN-Kommission für Menschenrechte für die Roma eingesetzt. Vertreter der Indischen Botschaft haben sich 1978 an einem weiteren Welttreffen der Roma in Genf beteiligt. Auf diesem ist übrigens der US-amerikanische Schauspieler Yul Brynner zum Ehrenpräsidenten der »International Roma Union« gewählt worden.

Seitdem ist es etwas still um die »International Roma Union« und den »Roma National Congress« geworden. Beide Organisationen haben aber noch einige weitere Roma-Kongresse veranstaltet, auf denen eine Nationalhymne kreiert und ein Namen für den zukünftigen Roma-Staat gefunden wurde: Romanestan. Doch niemand kann sagen, wo denn dieses Romanestan liegen soll. In Indien auf jeden Fall nicht. Denn dahin will kein Rom zurückkehren. Dies unterscheidet die Roma-Nationalbewegung von der von Theodor Herzl ins Leben gerufenen jüdischen Nationalbewegung, die nach einem Berg in Jerusalem als zionistisch bezeichnet wird. Ihr ist es bekanntlich gelungen, mit Israel den von Herzl ersehnten »Judenstaat« zu errichten. Dies geschah aber erst 1948 und damit drei Jahre nach dem Völkermord an den Juden. Israel sieht es daher als seine vordringlichste Aufgabe an, einen neuen Völkermord zu verhindern und die Juden generell vor den Antisemiten in aller Welt zu schützen. Etwas Vergleichbares könnte auch der geplante Roma-Staat tun. Romanestan könnte die Roma vor dem Antiziganismus schützen.[14]

Dazu sollte es aber schon deshalb nicht kommen, weil die Abwehr des europäischen Antiziganismus und der Schutz der europäischen Roma unsere Aufgabe ist. Doch wenn uns gadsche das nicht gelingt, könnten wir den europäischen Roma, deren Gesamtzahl auf weit über 10 Millionen geschätzt wird, die Gründung eines Roma-Staates nicht versagen. Schließlich ist dies ja auch den Juden und den meisten der europäischen Völker gestattet worden. Das nationale Selbstbestimmungsrecht muss für alle gelten. Für die meisten der heutigen Roma ist dies aber reine Zukunftsmusik. Die heutigen nationalen und internationalen Roma-Organisationen beschränken sich auf die Abwehr des Antiziganismus und die Einforderung ihrer Rechte im Hier und Jetzt und machen sich – noch – keine Gedanken über die Gestalt und geografische Lage des zukünftigen Roma-Staates. Romanestan ist nur ein Traum. Doch das war der »Judenstaat« zu Herzls Zeiten auch.

»Die Feindschaft gegenüber Sinti und Roma ist genauso zu ächten wie die gegen Juden«

Zusammenfassung

»Die Feindschaft gegenüber Sinti und Roma ist genauso zu ächten wie die gegen Juden« – konnte man in der Überschrift eines Leitartikels lesen, der am 8. Mai 2014 in der »Jüdischen Allgemeinen« erschien. »Das ist doch selbstverständlich! Mussten Sie betonen, dass Antiziganismus genauso zu ächten ist wie Antisemitismus?«, fragte ich die Redaktion der »Jüdischen Allgemeinen«, die den von mir verfassten Artikel mit dieser Überschrift versehen hatte. »Ja, das war notwendig!«, lautete die lakonische Antwort der Redaktion.

Sie hat mich überzeugt. Nach den letzten Umfragen soll jeder fünfte Deutsche starke Vorbehalte gegenüber den Juden haben. Die häufig immer noch als »Zigeuner« bezeichneten und beschimpften Sinti und Roma werden dagegen von fast der Hälfte der Deutschen abgelehnt.

Ich sehe im Antiziganismus eine Ideologie, die aus sozialen, religiösen, romantisierenden und rassistischen Elementen besteht und auf Vorurteilen gegen angeblich diebische, faule und unstet im Lande herumziehende sowie teuflische und »rassisch minderwertige« Roma beruht. Damit wurde die Diskriminierung, Verfolgung und Ermordung der Roma und anderer als »Zigeuner« bezeichneter Personen begründet. Das wurde von den Angehörigen der Mehrheitsgesellschaft nicht nur akzeptiert, sondern immer wieder auch gefordert, weil der Antiziganismus fest und tief in der Mentalität der Mehrheitsgesellschaft verwurzelt ist. Er ist als Ideologie, Mentalität und Politik zu begreifen und zu erforschen, jedoch nicht nur im nationalstaatlichen Rahmen, sondern europaweit. Antiziganismus ist, so meine generelle These, ein europäisches Vorurteil, bzw. eine europäische Ideologie, auf die sich ganz Europa geeinigt hat, um sich gleichzeitig von den als fremd und nicht zu Europa zugehörig angesehenen europäischen Roma abzugrenzen.

Dies geschah einmal durch die europäischen Fremdbezeichnungen der Roma, die alle falsch und antiziganistisch geprägt sind. Zu beginnen ist mit den griechischen Fremdbezeichnungen der schon im 10. Jahrhundert nach Europa eingewanderten Roma als »atsingganoi« und als »aigypsios«. Beide Begriffe hatten eine negative Bedeutung. Mit der Benennung der Roma als »atsingganoi« haben die Griechen suggeriert, dass die Roma der gnostischen Sekte der »athinganoi« (= die Unberührbaren) angehört hatten. Die Athinganen sind von der Amtskirche der Häresie beschuldigt worden, weil sie nicht nur Gott, sondern auch den Teufel angebetet hätten und deshalb wie die »Katharer« (= die Reinen) verketzert und verfolgt wurden. Dies schon im 9. Jahrhundert, danach verliert sich ihre Spur. Es ist mehr als zweifelhaft, ob die »atsingganoi«

wirklich jemals »athinganoi« waren. Dennoch ist den von den Griechen als »atsingganoi« bezeichneten Roma vorgeworfen worden, wie die »athinganoi« den Teufel angebetet zu haben.

Ähnliche Vorwürfe sind auch den damaligen Ägyptern gemacht worden. Auch ihnen wurde unterstellt, falsche Christen zu sein und über zauberische Fähigkeiten zu verfügen, die sie der Teufel gelehrt habe. Die Roma, die sich auf einem Teil der Peloponnes niedergelassen hatten, der von den Zeitgenossen als »Klein-Ägypten« bezeichnet wurde, bezeichneten die Griechen als »aigypsios« (= Ägypter). Damit wurden die gegenüber den »richtigen« Ägyptern im Land am Nil bestehenden Vorurteile auf die »falschen« Ägypter auf der griechischen Peloponnes übertragen.

Dass die beiden griechischen Fremdbezeichnungen negativ konnotiert waren, scheinen die Roma nicht gewusst zu haben, die zu Beginn des 15. Jahrhunderts Griechenland und die angrenzenden Balkanländer verlassen haben, um in das damalige Deutsche Reich und seine europäischen Nachbarländer zu ziehen, sonst hätten sie sich nicht mit Namen bezeichnen lassen, die alle aus den griechischen Fremdbezeichnungen »atsingganoi« und »aigypsios« stammen. Diese waren in verschiedene europäische Sprachen übertragen worden, wobei es zu Verballhornungen gekommen ist. Aus dem griechischen »atsingganoi« wurden die deutschen »Zigeuner«, französischen »tsiganes«, schwedischen »zigenare« etc. Die griechische Fremdbezeichnung »aigypsios« wurde von den Engländern und Spaniern mit »gypsies« und »gitanos« wiedergegeben. Diesen Fremdbezeichnungen der Roma wurden zudem negative Bedeutungen unterlegt.

Besonders deutlich ist dies an der deutschen Fremdbezeichnung »Zigeuner« erkennbar. Das griechische »atsingganoi« wurde etymologisch aus dem Deutschen abgeleitet, unter Verwendung des schon im Althochdeutschen nachweisbaren Verbs »ziehen« und des erst im 16. Jahrhundert in die neuhochdeutsche Sprache aufgenommenen Substantivs »Gauner« zu Zieh-Gauner. Dies ist sprachlich und inhaltlich falsch. Roma sind keine herumziehenden Gauner und wollen nicht als »Zigeuner« bezeichnet werden.

Die inhaltlich und sprachlich falsche Herleitung und Erklärung des Worts »Zigeuner« ist nur im Deutschen möglich, wird aber auch von unseren Nachbarvölkern so verstanden. Auch sie sind der Ansicht, dass es sich bei den »tsiganes«, »zigenare«, »cyganie« etc. um diebische, faule und ständig herumziehende Gauner und Nomaden handelt. Dieses Vorurteil wird auch mit der englischen Fremdbezeichnung »gypsies« zumindest angedeutet. Jemanden betrügen heißt im Englischen »to gyp somebody«.

Dass die französischen und schwedischen Fremdbezeichnungen der Roma als »bohémiens« und »tattare« ebenfalls falsch und negativ geprägt sind, muss hier nicht noch einmal betont werden. Die Roma waren und sind weder Böhmen noch Tataren, und die wirklichen Böhmen bzw. Tschechen und Tataren bzw. Mongolen waren und sind keineswegs so schlecht, wie die Franzosen und Schweden gemeint haben.

Mit dem Nachweis, dass alle europäischen Fremdbezeichnungen der Roma falsch und negativ sind, ist es aber nicht getan. Dies versetzt uns nicht in die Lage, das europäische Vorurteil den Roma gegenüber zu ächten und den Antiziganismus wirkungsvoll zu bekämpfen. Notwendig ist zu erklären, wie es dazu gekommen ist.

Dies war nicht von Anfang an der Fall. Die zu Beginn des 15. Jahrhunderts in das Kerngebiet Europas eingewanderten Roma sind nämlich keineswegs sofort und von allen mittel- und westeuropäischen Völkern abgelehnt und angefeindet worden. Dazu bestand auch kein Anlass. Die Roma waren ja nicht in feindlicher Absicht gekommen und hatten sich bereits weitgehend in die spätmittelalterliche Gesellschaftsordnung integriert. Sie waren genauso gute Christen wie ihre christlichen Brüder und Schwestern und verfügten über genauso viel Geld wie die meisten anderen Händler und Handwerker. Das Einzige, was sie von ihren Berufskollegen unterschied, war, dass sie ihre Berufe nicht an einem, sondern an mehreren Orten ausübten. Dieses Herumziehen von Ort zu Ort war ihnen von den geistlichen und weltlichen Gewalten ausdrücklich erlaubt worden.

Ihre nicht nur tolerierte, sondern geradezu privilegierte rechtliche und soziale Stellung innerhalb der feudalen Gesellschaftsordnung haben die Roma jedoch Ende des 15. Jahrhunderts schlagartig verloren. Sie wurden zu Feinden Europas und der gesamten »christen lant« erklärt und sollten aus allen europäischen Ländern vertrieben werden. Begründet wurde diese antiziganistische Politik mit dem antiziganistischen Vorurteil, wonach die »Zigeuner« Spione des europäischen Erzfeindes seien, des Osmanischen Reichs, das damals große Teile Südosteuropas erobert hatte und die mitteleuropäischen Kerngebiete des »christlichen Abendlandes« bedrohte.

Der an die Adresse der wohlgemerkt christlichen Roma gerichtete Spionagevorwurf war geradezu grotesk und natürlich falsch. Mit ihm wollten die christlichen Herrscher der mitteleuropäischen Länder nur von der Tatsache ablenken, dass sie so gut wie nichts gegen die türkische Invasion unternehmen konnten. Man schlug den »ziganistischen Sack«, um mit ihm den »türkischen Esel« zu treffen.

Nachdem es dem christlichen Abendland gelungen war, die türkische Gefahr von Europa abzuwehren und die Türken selber Schritt für Schritt aus Europa herauszudrängen, konnte man die Roma nicht mehr zu Sündenböcken machen. Man hätte die in die »Wüste getriebenen (zigeunerischen) Böcke« wieder aufnehmen und in die europäische Gesellschaftsordnung integrieren können. Doch dies geschah nicht. Die Roma wurden weiterhin, wenn auch nicht als antieuropäische Feinde, so doch als nicht europäische Fremde angesehen.

Daran hat sich bis heute wenig geändert. Die europäischen Roma werden immer noch als fremd wahrgenommen, obwohl sie schon im 10. Jahrhundert nach Europa eingewandert sind und seit dem 15. Jahrhundert in nahezu allen europäischen Ländern leben. Doch das ist weitgehend unbekannt. Über kein anderes europäisches Volk wissen die Europäer so wenig und zugleich so viel Falsches und Vorurteilhaftes wie über die europäischen Roma.

Dabei handelt es sich in erster Linie um das religiös geprägte Vorurteil, wonach es sich bei den Roma um unheimliche Fremde und teuflische Wesen handele, die sich mit dem Teufel verbündet hätten, um von ihm magische Fähigkeiten zu erlernen. Für uns aufgeklärte Menschen des 21. Jahrhunderts ist das nichts anderes als finsterer Aberglauben, den wir meinen überwunden zu haben. Umso überraschter reagieren wir auf Nachrichten, wonach »Zigeuner« angeblich immer noch kleine Kinder stehlen und über zauberische Fähigkeiten verfügen. Mit fassungslosem Erstaunen nehmen wir zur Kenntnis, dass Kaufleute im Emsland vor einigen Jahren versucht haben, mit teuflischen Besen-Symbolen die »Zigeuner« am Betreten ihrer Geschäfte zu hindern. Diese Geschichten und Gerüchte über die unheimlichen und teuflischen »Zigeuner«, die aus fast allen europäischen Ländern gemeldet werden, zeigen, dass der (von mir so genannte) religiöse Antiziganismus keineswegs Geschichte, sondern Gegenwart ist.

Ebenfalls aktuell ist der soziale Antiziganismus. Dass »Zigeuner« immer noch und überall unstet im Lande herumziehen und sich dabei von allerlei Gaunereien ernähren würden, ist zudem kein bloßes Gerücht, dies wird in unseren Medien als Tatsache dargestellt und von uns, die wir diese Meldungen immer wieder lesen und hören, ohne Weiteres geglaubt. Schließlich haben die meisten von uns das von unseren Eltern und Großeltern gehört und von Kind an in unseren Büchern sowie in den Werken unserer Dichter und Denker gelesen.

Dass die Verfasser dieser »Zigeuner«-Bücher es oft gar nicht böse gemeint haben, weil sie das angeblich »lustige Zigeunerleben« insgeheim und offen bewunderten und die »Zigeuner« ob ihres »primitiven« und »wilden« Lebens beneideten, ändert nichts an der Tatsache, dass auch das sogenannte romantische »Zigeuner«-Bild falsch und negativ geprägt war und ist.

Der soziale und romantisierende Antiziganismus ist in der Mentalität der europäischen Mehrheitsgesellschaften besonders tief verwurzelt. Er gehört wirklich zu den »Mentalitäten«, die nach den Worten Fernand Braudels »Gefängnisse von langer Dauer« sind. Bleibt die Frage, warum wir gadsche nicht wenigstens versucht haben, uns aus diesen Gefängnissen zu befreien und unsere antiziganistischen Vorurteile zu überwinden.

Dies kann mit dem Hinweis auf die Interessen unserer Herrscher und Politiker beantwortet werden. Denn ihnen diente die Ideologie des Antiziganismus dazu, ihre Politik zu rechtfertigen und von dabei gemachten Fehlern und Ungerechtigkeiten ablenken zu können. Für unsere missliche soziale Lage wurden die angeblich asozialen »Zigeuner« verantwortlich gemacht, und unsere Überwachung und Unterdrückung wurde mit jener der angeblich gefährlichen und die innere Sicherheit gefährdenden Roma begründet.

Der Ausbau des modernen Überwachungsstaates wurde mit dem Hinweis auf die angeblich ungeheuer gefährliche »Zigeunerplage« begründet. Die Roma selber wurden zu seinen ersten Opfern. Sie waren die Ersten, die namentlich erfasst und mit Ausweisen ausgestattet wurden, die schon im 19. Jahrhundert mit Lichtbildern, Fingerabdrücken und besonderen Zeichen versehen wurden. Bei den deutschen Sinti und Roma war dies ein »Z«. Und »Z« stand für »Zigeuner«. Wenige Jahre später sind die Pässe der deutschen Juden mit einem »J« gestempelt worden.

Ebenfalls nicht vergangen ist, dass die Roma für die unzureichende Versorgung und Unterstützung der heutigen Armen verantwortlich gemacht werden. Der Vorwurf lautet, die Roma hätten die Gelder, die man eigentlich den wirklich armen eigenen Staatsbürgern geben wollte, erschwindelt und ergaunert. Sie gehörten zu den »Sozialtouristen«, die in Scharen zu uns kämen, um in den Genuss von Sozialleistungen zu gelangen, die ihnen gar nicht zuständen.

Doch genug der Beispiele für die Gegenwart des religiösen, sozialen und romantisierenden Antiziganismus; wenden wir uns wieder seiner Wirkungsgeschichte zu. Während die Roma in der frühen Neuzeit von einem mitteleuropäischen Land in das nächste vertrieben wurden, sind sie in Spanien und in den südosteuropäischen Nachfolgestaaten des Osmanischen Reiches zwar geduldet, aber völlig entrechtet und faktisch versklavt worden. Sowohl die Vertreibung wie die Versklavung der Roma wurden mit Ideologien des sozialen und religiösen Antiziganismus begründet.

Die von einigen europäischen Aufklärern vorgeschlagene Assimilierung der Roma, die »bürgerliche Verbesserung« genannt wurde, ist dann jedoch mit Ausnahme von Österreich-Ungarn, wo viele sesshafte Roma lebten, von den anderen mittel- und westeuropäischen Staaten abgelehnt worden, weil die Roma wegen ihrer angeblich angeborenen negativen Eigenschaften als nicht erziehbar und verbesserungswürdig galten. Dies ist Beweis und Beispiel für die Rezeption der Ideologie des rassistischen Antiziganismus durch die europäischen Roma-Politiker.

Aus rassenantiziganistischen Motiven ist dann auch die Aufnahme und Assimilation der Roma abgelehnt worden, die nach der Aufhebung der Roma-Sklaverei in Rumänien und einigen anderen südosteuropäischen Ländern nach Deutschland und seine mitteleuropäischen Nachbarländer geflohen waren. In Deutschland sind die ausländischen Roma schon deshalb nicht eingebürgert worden, weil sie nicht »deutscher Abstammung« waren und nicht über »deutsches Blut« verfügten. Diese rassistische Argumentation wurde mit dem Hinweis auf das deutsche Staatsbürgerrecht begründet, das auf dem Prinzip des rassistischen *ius sanguinis* (= Blutrecht) basierte.

Das von den »Zigeunerforschern« gezeichnete Roma-Bild war ebenfalls von rassistischen Vorurteilen über die nicht nur fremden und kriminellen, sondern auch noch »rassisch minderwertigen« Roma geprägt. Dabei wurde zwischen den »reinrassigen« und den »Zigeunermischlingen« differenziert. Während die »reinrassigen Zigeuner« von den Ideologen des anthropologischen Rassismus zu den minderwertigen außereuropäischen »Rassen« gezählt wurden, ist den »Zigeunermischlingen« von den Kriminalbiologen und Sozialrassisten vorgeworfen worden, nicht nur über »minderwertiges zigeunerisches«, sondern auch noch über »kriminelles Blut« zu verfügen.

Diese rassenantiziganistischen Ideologien sind keineswegs nur von deutschen, sondern auch von einigen anderen europäischen »Zigeunerforschern« entwickelt worden. Angewandt haben sie aber zunächst und vor allem deutsche Roma-Politiker. Sie haben die Diskriminierung und Entrechtung der deutschen Sinti und Roma, die gegen Geist und Buchstaben der Verfassung verstießen, mit rassenantiziganistischen Ideologien begründet. Dies war schon vor der NS-Zeit der Fall.

Die rassistisch motivierte Verfolgung der deutschen Sinti und Roma in der NS-Zeit steht in der Kontinuität der rassistischen deutschen »Zigeuner«-Politik, die seit der Zeit des Kaiserreiches betrieben wurde. Verschärft und radikalisiert wurde sie durch die Übertragung der eigentlich und zunächst nur gegen die deutschen Juden gerichteten nationalsozialistischen Rassengesetze und Verordnungen auf die deutschen Sinti und Roma. Ebenfalls auf die deutschen Sinti und Roma angewandt wurden die »rassenhygienischen« und sozialrassistischen Gesetze und Verordnungen, die gegen die »Asozialen« und »Erbkranken« erlassen worden waren.

Die deutschen Sinti und Roma wurden genau wie die deutschen Juden entrechtet. Viele sind wie die »Erbkranken« zwangssterilisiert und zusammen mit den »Asozialen« in die Konzentrationslager deportiert worden. Zu der von den Nationalsozialisten offen und schon vor Ausbruch des Krieges propagierten »Reinigung des deutschen Volkskörpers« von allen »rassefremden«, »asozialen« und »erbkranken« Elementen gehörte auch die »Lösung der Zigeunerfrage.«

Am 8. Dezember 1938 hat Himmler schließlich die »endgültige Lösung der Zigeunerfrage (...) aus dem Wesen dieser Rasse heraus« angekündigt. Gemeint war der rassistisch motivierte und intendierte Völkermord an den Roma, der im Romanes als Porrajmos (= das Verschlungene) bezeichnet wird. Dieser Völkermord ist keineswegs allein von den Deutschen, sondern auch von den Angehörigen anderer europäischer Völker begangen worden. Aufgrund dieser europäischen Kollaboration ist der Porrajmos auch als *europäischer* Völkermord anzusehen und anzuklagen. Eine klare und eindeutige Verurteilung fehlt bis heute.

Die Nachkriegsdeutschen haben sich lange Zeit geweigert, sich zu ihrer Schuld zu bekennen und die Roma als Opfer des rassistisch motivierten Völkermordes anzuerkennen. Auch diese Weigerung wurde mit sozialantiziganistischen Motiven begründet. Die »Zigeuner« seien nicht »aus Gründen der Rasse«, sondern wegen ihrer »asozialen Eigenschaften« verfolgt bzw. »besonderen Beschränkungen« unterworfen worden, wie der Bundesgerichtshof in einem 1956 erlassenen Grundsatzurteil ausführte. 1963 hat der Bundesgerichtshof sein skandalöses Fehlurteil revidieren müssen und erkannte schließlich an, dass die Verfolgung und Ermordung der Roma doch rassistisch motiviert gewesen war.

Daher haben einige Sinti und Roma die als »Wiedergutmachung« durchaus fragwürdig bezeichneten Entschädigungsleistungen erhalten. Allerdings nur solche Sinti und Roma, welche die deutsche Staatsbürgerschaft, die ihnen in der NS-Zeit entzogen worden war, zurückerhalten hatten. Von ganz wenigen Ausnahmen abgesehen sind ausländische Roma nicht für ihr Leid entschädigt worden. Dies unterscheidet die Überlebenden des Porrajmos von den Überlebenden der Schoah. Aufgrund des schon 1952 mit den Repräsentanten der Juden und des Staates Israel abgeschlossenen Luxemburger Abkommens haben auch Juden, die keine deutschen Staatsbürger gewesen waren, Anträge auf »Wiedergutmachung« stellen können. Diese Ungleichbehandlung von Juden und Roma ist zu kritisieren. Die Bundesregierung hat sich bis heute geweigert, auch mit den Repräsentanten der Roma ein Abkommen über die »Wiedergutmachung« an allen und keineswegs nur den deutschen Überlebenden des Völkermordes an den Roma abzuschließen.

Dies sollte sie schon deshalb tun, weil inzwischen nachgewiesen ist, dass Porrajmos und Schoah vergleichbar sind, weil beide Völkermorde intendiert und rassistisch motiviert waren. Der letztlich erfolgreichen Geschichtspolitik der Repräsentanten der deutschen Sinti und Roma ist es zu verdanken, dass der Porrajmos kein »vergessener Holocaust« mehr ist. Zu loben ist aber auch die Lobby-Arbeit des Zentralrats Deutscher Sinti und Roma, dem es gelungen ist, dass die deutschen Sinti und Roma als ethnische Minderheit anerkannt worden sind.

Obwohl wirklich noch viel zu tun ist, weil die soziale Lage und die Bildung der deutschen Sinti und Roma verbessert und die antiziganistischen Vorurteile der deutschen Mehrheitsgesellschaft verringert werden müssen, ist das bisher Erreichte schon deshalb zu loben, weil »wir Deutsche« uns in dieser Hinsicht von unseren europäischen Nachbarvölkern unterscheiden. Dies anzuerkennen fällt mir und wohl auch vielen meiner Altersgenossen schwer. Sind wir doch gewohnt, vor allem die negativen Aspekte unserer Geschichte und Gegenwart zu betrachten und zu kritisieren. Haben wir die deutsche Roma-Politik zu scharf, die der europäischen Nachbarländer dagegen zu wenig kritisiert? Müssen wir unter Veränderung des Sprichworts statt des »Splitters« den »Balken in den Augen« der anderen europäischen Völker sehen?

Schon allein die Frage wird viele (mich eingeschlossen) verblüffen; die Antwort umso mehr. Einige unserer europäischen Nachbarvölker haben sich nicht zu ihrer Schuld bekannt, obwohl sie sich an dem Völkermord an den Roma in der einen oder anderen Form beteiligt haben. Deshalb haben sie sich auch geweigert, die überlebenden Roma für ihr Leid zu entschädigen. Außerdem bezweifeln sie immer noch, dass an den Roma ein rassenantiziganistisch motivierter Völkermord begangen worden ist. Schon deshalb, weil die Bedeutung und Gefährlichkeit des vergangenen Antiziganismus kaum erkannt und maßlos unterschätzt worden ist, scheint der gegenwärtige Antiziganismus in unseren ost- und westeuropäischen Nachbarländern weiter verbreitet, tiefer verwurzelt und weitaus aggressiver zu sein als in Deutschland. Diese Anklage stützt sich nicht auf Vermutungen. Tatsache ist, dass die Roma von unseren Nachbarvölkern noch stärker abgelehnt und verachtet werden als von uns. Zu diesem Ergebnis sind alle Umfragen gekommen, die hierzu in den europäischen Ländern durchgeführt worden sind.

Zu den antiziganistischen Vorurteilen kommen die antiziganistisch motivierten Übergriffe auf einzelne Roma. Dies ist nicht nur, aber vor allem in den osteuropäischen Ländern bis heute der Fall. Hier werden Roma keineswegs nur von einzelnen Bürgern, sondern auch von Mitgliedern von Parteien tätlich angegriffen, die als faschistisch einzuschätzen sind. Zu nennen ist hier vor allem die ungarische Jobbik-Partei, die in der Tradition der faschistischen Pfeilkreuzler zu einem Vernichtungsfeldzug gegen die ungarischen Roma (und Juden) aufgerufen hat, ohne dafür von der äußerst rechts stehenden Regierung Viktor Orbáns auch nur gerügt zu werden. Dies ist schon deshalb nicht verwunderlich, weil die gegenwärtige ungarische Regierung selbst eine antiziganistische Politik betreibt, indem sie die ungarischen Roma systematisch vom Arbeitsmarkt fernhält, ihre Bildungsmöglichkeiten beschränkt und sie in gettoartigen Roma-Siedlungen hausen lässt.

Das alles ist aber keine ungarische Besonderheit mehr. Auch die Roma-Politik Bulgariens, Rumäniens, Tschechiens und der Slowakei ist als antiziganistisch zu bezeichnen. Die rechtliche und soziale Diskriminierung der Roma wird inzwischen nicht mehr nur mit Ideologien des sozialen, sondern auch des rassistischen Antiziganismus begründet. Die Roma selber werden nicht nur zu »Asozialen« gestempelt, die nicht in die Mehrheitsgesellschaft integriert werden können, sie werden inzwischen zu Feinden der Nation erklärt, die aus der jeweiligen Volksgemeinschaft auszuschließen seien, weil sie die soziale und nationale Homogenität der postkommunistischen Nationalstaaten angeblich bedrohen.

Diese antiziganistische Politik einiger osteuropäischer Staaten ist auf das Schärfste zu kritisieren. Leider geschieht dies noch nicht im ausreichenden Maße. Den osteuropäischen Ländern, die eine antiziganistische Politik betreiben und die antiziganistischen Übergriffe auf Roma dulden, ist noch nicht einmal der Ausschluss aus der Europäischen Union angedroht worden, obwohl sie mit ihrer Diskriminierung, Entrechtung und Verfolgung der Roma gegen fundamentale Bestimmungen und Grundrechte der Europäischen Union verstoßen haben, die sich ja nicht mehr nur als eine Wirtschafts-, sondern auch als eine Wertegemeinschaft versteht.

Da sie in allen europäischen Staaten diskriminiert und in einigen sogar verfolgt werden, können die europäischen Roma Europa nicht als Wertegemeinschaft wahrnehmen. Europa hat in der Roma-Frage versagt. Im Straßburger Europaparlament ist zwar häufig (und weit mehr als über andere ethnische Minderheiten in Europa) über die Roma diskutiert worden, und die Europäische Kommission in Brüssel hat Millionen Euro für die Integration der Roma in die europäischen

Mehrheitsgesellschaften und zur Bekämpfung des Antiziganismus bereitgestellt, was aber angesichts des Ausmaßes des europäischen Antiziganismus viel zu wenig ist und vor allem ohne nennenswerte Wirkung blieb. Den Kampf gegen den Antiziganismus hat Europa den Roma überlassen.

Verschiedene nationale und internationale Roma-Organisationen haben sich im nationalen und internationalen Bereich gegen die Diskriminierung und Verfolgung der Roma gewandt. In diesem Zusammenhang haben sie die Gewährung und die Einhaltung von Minderheitenschutzrechten für die Roma gefordert. Einigen, aber bisher noch wenigen Repräsentanten der Roma-Nationalbewegung ist das nicht genug. Unter Hinweis auf ihr zionistisches Pendant fordern sie die Errichtung eines Roma-Staates, der die europäischen Roma vor dem europäischen Antiziganismus genauso schützen könnte, wie Israel die Juden vor dem Antisemitismus schützt. Doch dazu muss es, ja darf es nicht kommen. Wir Europäer sind aufgerufen, die geschätzten 10 Millionen europäischen Roma vor dem europäischen Antiziganismus zu schützen, indem wir ihn bekämpfen und alle antiziganistischen Vorurteile ächten. Niemand ist ein »Zigeuner«!

Die Bekämpfung des Antiziganismus wird aber nur dann erfolgreich sein, wenn man gleichzeitig auch den Antisemitismus und alle Varianten des Rassismus und der Xenophobie bekämpft. Die Vorurteile gegenüber Juden, Muslimen, Asylanten, Homosexuellen etc. sind genauso zu ächten wie die gegenüber den Roma. Diese schon immer gültige Mahnung hat eine unerwartete Aktualität erhalten. In ganz Europa ist es zu einem Ansteigen der Ideologien und Einstellungsweisen sowohl des Antiziganismus wie des Antisemitismus und weiterer Formen der Fremdenfeindlichkeit gekommen. Betroffen davon waren neben Roma auch Juden und Muslime, die kollektiv für Anschläge verantwortlich gemacht wurden, welche von einigen Islamisten auf Juden sowie Christen und Atheisten verübt worden sind. Offenbar schaukeln sich die antiziganistischen, antisemitischen, islamophoben etc. Vorurteile gegenseitig hoch, was ihre Bekämpfung noch schwieriger, ja vielleicht sogar unmöglich macht.

Das erinnert mich an den in der griechischen Mythologie erwähnten Sisyphos, der von den Göttern dazu gezwungen wurde, einen Felsblock auf den Gipfel eines Berges zu wälzen, um dann hilflos zusehen zu müssen, wie dieser Felsblock sofort wieder ins Tal zurückrollte. Dennoch darf die Bekämpfung der antiziganistischen, antisemitischen, islamophoben etc. Ideologien und Einstellungen nicht zu einer letztlich erfolglosen Sisyphosarbeit werden. Die antiziganistischen, antisemitischen, islamophoben etc. »Felsblöcke« müssen immer wieder und erneut auf den Berggipfel gewälzt werden.

»Wir klagen uns an«

Eine Kritik der »Zigeunerforschung«[1]

Anklage

»Wir klagen uns an, dass wir nicht mutiger bekannt, nicht treuer gebetet, nicht fröhlicher geglaubt und nicht brennender geliebt haben« – heißt es im sogenannten Stuttgarter Schuldbekenntnis des Rates der Evangelischen Kirche in Deutschland vom Oktober 1945. Ein ähnliches Schuldbekenntnis ist von den »Zigeunerforschern« nicht zu erwarten, die mit ihren Forschungen die ideologischen Grundlagen und Begründungen der Verfolgung und Vernichtung der Roma gelegt und geliefert haben.

Diese etwas pathetisch formulierte Anklage der gesamten vor und zum Teil auch noch nach 1945 betriebenen »Zigeunerforschung« muss näher begründet werden. Ich beschränke mich auf die Kritik der deutschen »Zigeunerforschung«[2], weil sie leider die wichtigste und folgenreichste war, und beginne mit einer Kritik an den deutschen Historikern.

Historiker

Die Ignoranz der deutschen Historiker bis in die Mitte des 20. Jahrhunderts ging so weit, dass sich keiner mit der Geschichte und Gegenwart der Roma beschäftigte. Die einzige Ausnahme ist der Göttinger Historiker Heinrich Moritz Grellmann, der in seinem 1783 veröffentlichten »historischen Versuch über die Lebensart und Verfassung, Sitten und Schicksale« der Roma zwar viel Negatives über sie zu berichten wusste, immerhin aber erkannte, dass die Roma zu einem »Volk in Europa« gehörten.[3] Da dieses Volk aber über keinen Staat verfügte, wurde es von Grellmanns Historikerkollegen zu den »geschichtslosen Völkern« gezählt, deren Geschichte man weder schreiben könne noch solle.

Diese Ansicht ist übrigens keineswegs nur von konservativen, sondern auch von den wenigen liberalen und linken Historikern geteilt worden. Sie alle haben die auf Hegel zurückgehende und leider auch von Engels vertretene Theorie von der Existenz der »geschichtslosen Völker« übernommen. Roma wurden in diesem Zusammenhang zwar nicht erwähnt, man hat sie aber ganz offensichtlich darunter subsumiert. Die damaligen Historiker weigerten sich auch deshalb, die Geschichte des angeblich »geschichtslosen« Roma-Volkes zu schreiben, weil dieses Volk keine schriftlichen Selbstzeugnisse hinterlassen hat.

Dies hat einige Lokalhistoriker, die den großen Theorien der universitären Fachhistoriker eher skeptisch gegenüberstanden, damals und heute jedoch nicht gehindert, in den lokalen und regionalen Archiven nach Quellen über die »Zigeuner« zu suchen. Dabei stießen sie zwar auf zahlreiche, aber in der Regel antiziganistisch gefärbte Dokumente, die sie völlig unkritisch aufschrieben und für die Anfertigung von antiziganistischen Darstellungen der Geschichte der »Zigeuner« im lokalen und regionalen Kontext verwandten.

Kriminalisten und Juristen

Alle Publikationen, die von Kriminalisten und Juristen verfasst worden sind, wiesen eine extrem antiziganistische Tendenz auf.[4] Dies geschah in der Absicht, ihre These zu belegen, dass alle Roma kriminelle »Zigeuner« seien. So forderte der »Fürstlich Reuß-Plauensche Criminalrath und Vorstand des Fürstlichen Criminalgerichts zu Lobenstein«, Richard Liebich, seine Richter-Kollegen dazu auf, auf einen individuellen Schuldnachweis der beschuldigten »Zigeuner« zu verzichten. Die Richter könnten getrost alle »Zigeuner« mit »gleichem Maße« bewerten und verurteilen. Schließlich sei »ein echter, wahrer Zigeuner (…) der Typus aller anderen«.[5]

Damit widersprach Richter Liebich nahezu allen europäischen Rechtsprinzipien, wonach man nur Menschen verurteilen darf, denen man ihre Schuld persönlich nachgewiesen hat. Doch für »Zigeuner« sollten diese Rechtsprinzipien nicht gelten, zumal die Roma zudem unter einem Sonderrecht standen. Dieses galt noch in der Zeit der Weimarer Republik und verstieß sowohl gegen das allgemeine »Reichsrecht« als auch gegen die »Reichsverfassung«.[6] Dieses traurige Kapitel der Geschichte ihrer Disziplin haben die Rechtshistoriker bis heute nicht aufgearbeitet. Festzustellen ist, dass die von Kriminalisten und Juristen über die Roma verfassten Arbeiten, die auch nach 1945 fortgesetzt wurden[7], nicht als Forschungen über die Roma, sondern als Quellen der Geschichte des Sozialantiziganismus anzusehen und zu interpretieren sind.

Ethnologen

In den meisten Werken, die von Ethnologen vor der NS-Zeit über die Roma verfasst worden sind, findet man eher Ausführungen, die als romantischer Antiziganismus zu bezeichnen und keineswegs positiv zu bewerten sind.[8] Von ganz wenigen Ausnahmen abgesehen[9] wurden die Roma dort als »Primitive« und »Wilde« dargestellt, die ob ihres primitiven und wilden Lebens entweder verachtet oder insgeheim und teilweise sogar offen bewundert wurden.[10] Eine besondere Ächtung und Verachtung genossen die Romnija. Mit ihren Forschungen bestätigten die Ethnologen damit die antiziganistischen Roma-Bilder, die in der Belletristik und der bildenden Kunst anzutreffen waren. Hatten die Ethnologen doch im Unterschied zu den Literaten tatsächlich mit den Roma gesprochen und Fotos von ihnen gemacht. Die neuen »Zigeuner«-Fotos waren besonders wirkungsvoll. Ging man damals doch noch davon aus, dass Fotos eine objektive Widerspiegelung der Realität seien. Auf den »Zigeuner«-Fotos waren in der Regel nur solche Roma zu sehen, die so aussahen, wie »Zigeuner« aussehen sollten – »primitiv«, »wild« und in äußerst elenden Verhältnissen lebend. Dieser Eindruck wird auch von vielen der heute von Roma gemachten Fotos vermittelt.[11]

Dass die europäischen Roma damit mit den außereuropäischen »primitiven« und »wilden« Völkern verglichen werden konnten, haben die Ethnologen nicht nur in Kauf genommen, dies war gewollt und wurde mit der Veröffentlichung der selektiven »Zigeuner«-Fotos auch angestrebt. Insgesamt haben die Ethnologen, die sich mit den Roma beschäftigt haben, zur Vertiefung und Verbreitung des romantischen und des sozialen Antiziganismus beigetragen. Eine selbstkritische Betrachtung und Beurteilung steht auch hier noch aus. Generell mangelt es bis heute an einer kritischen Aufarbeitung der Wissenschaftsgeschichte der Ethnologie.

Robert Ritter und Hermann Arnold

Dass die, wie sie sich selbst bezeichnet haben, »Rassenforscher« wie Robert Ritter die Ideologie des Rassenantiziganismus entwickelt haben, mit der die Diskriminierung, Verfolgung und Ermordung der Roma begründet wurde, ist bereits ausgeführt worden.[12] Die rassistische »Zigeunerforschung« in der NS-Zeit wurde zu einer »tödlichen Wissenschaft«.[13] Schon deshalb hätte man nach dem Völkermord an den Roma mit der kritischen und selbstkritischen Aufarbeitung der gesamten antiziganistischen »Zigeunerforschung« beginnen müssen. Dass diese rassistische »Zigeunerforschung« in den ersten Jahrzehnten der jungen Bundesrepublik bruchlos fortgesetzt worden ist, gehört zu den unrühmlichsten und beschämenden Kapiteln ihrer Geschichte.[14]

Als federführend gilt hier der 1912 geborene Hermann Arnold, der in den 1950er- und 1960er-Jahren verschiedene antiziganistische Werke veröffentlichte, die breit rezipiert wurden und das Roma-Bild der Nachkriegsdeutschen entscheidend geprägt haben. Arnold war nach dem Völkermord an den Roma das, was Grellmann für die Zeit davor gewesen war – *der* Experte in »Zigeuner«-Fragen.[15]

Verantwortlich für seine Forschungen waren die nationalsozialistischen »Zigeunerforscher« Robert Ritter und Eva Justin. Sie haben Arnold Anfang der 1950er-Jahre die Forschungen und Untersuchungen der »Rassenhygienischen und Erbbiologischen Forschungsstelle im Reichsgesundheitsamt« übergeben und ihm zugleich die Kontakte zu einigen weiteren einschlägigen Forschern vermittelt. Dazu gehörten Otmar Freiherr von Verschuer, Sophie Erhardt, Eugen Fischer, Hans W. Jürgens, Heinrich Schade und Ilse Schwidetsky. Mit ihrer Hilfe verfasste Arnold eine Habilitationsschrift über »Vaganten, Komödianten, Fieranten und Briganten«, die 1958 mit Unterstützung des Bundesinnenministeriums gedruckt wurde.[16]

Arnolds erstes Buch wurde sehr positiv aufgenommen und rezensiert, verschaffte ihm aber keinen Ruf auf eine ordentliche Professur. Daraufhin verfasste er weitere Studien über »Asoziale« und »Zigeuner«. Die Wahl seiner Titel spricht eine deutliche Sprache: »Räuberbande des Hannikel«, »Igelessen der Zigeuner«, »Soziale Isolaten im Mosel-Saar-Nahe-Raum« und »Wohnhöhlen in der Pfalz«.[17] In diesen Arbeiten hat Arnold die Roma als »Primitive« und »Wildbeuter« bezeichnet bzw. beschimpft und dazu aufgerufen, die Roma zu »arteigenen Beschäftigungen« anzuhalten. Dazu zählte er die »Schärfung von Rasenmähern« und die »Reinigung von Warmwasserkesseln häuslicher Zentralheizungen«. Für diese Beschäftigungen seien die Roma als ehemalige Scherenschleifer und Kesselflicker gerade noch geeignet.

Noch schlimmere antiziganistische Ausfälle findet man in seinem 1965 veröffentlichten Buch »Die Zigeuner – Herkunft und Leben im deutschen Sprachgebiet«: »Der Zigeuner ist ein Sammler im wahrsten Sinne des Wortes. Von anderen Jäger- und Sammlervölkern unterscheidet ihn, dass diese in der Natur, er aber auf dem bestellten Acker der menschlichen Zivilisation seine Lebensbedürfnisse gewinnt.«[18]

Mit solchen Aussagen versuchte er ganz bewusst, den rassistisch motivierten und intendierten Völkermord zu leugnen. Außerdem hat er energisch bestritten, dass die »Zigeunerforschung« diesen Völkermord ideologisch vorbereitet und begründet hat. Beides geschah nicht nur in seinem 1965 veröffentlichten Buch über »Die Zigeuner«, sondern auch noch in seinen 22 Jahre später publizierten »Anmerkungen zur Geschichtsschreibung der Zigeunerverfolgung«.[19]

Der Fall Arnold ist ein Skandal, der in der Wissenschaftsgeschichte seinesgleichen sucht. Aufgedeckt wurde er übrigens erst in den 1970er-Jahren durch Repräsentanten der Sinti und Roma, allen voran Romani Rose, und einige jüngere Historiker. Arnold hat zwar noch versucht, die gegen ihn und die übrigen »Zigeunerforscher« erhobenen Vorwürfe zu widerlegen, fand dabei in der westdeutschen Öffentlichkeit jedoch keine Unterstützung mehr. Dies hat Arnold nicht nur überrascht, sondern sogar verstört. War er doch bisher in der westdeutschen Öffentlichkeit und selbst in der Wissenschaft als *der* »Zigeuner«-Experte angesehen und gewürdigt worden.

Die von Arnold in den ersten Nachkriegsjahrzehnten geschürten und radikalisierten Vorurteile über die Roma findet man nicht nur in Lexikonartikeln über die »Zigeuner«[20], sondern auch in vielen populärwissenschaftlichen Büchern, die in den 1950er- und 1960er-Jahren über die Roma veröffentlicht wurden.[21]

Soziologen und Tsiganologen

In ihren traditionellen und tief verwurzelten Vorurteilen gegenüber den »asozialen« Roma, die sich angeblich nicht in die Mehrheitsgesellschaft integrieren wollten, sind die Nachkriegsdeutschen aber auch durch die Forschungen einiger Soziologen bestärkt worden, welche in den deutschen Sinti und Roma keine ethnische Minderheit, sondern eine »soziale Randgruppe« oder »Außenseitergruppe« sahen.[22]

Wie in Kapitel 3 bereits erwähnt, war schon die Fragestellung dieser Soziologen und Sozialwissenschaftler falsch und antiziganistisch geprägt. Die Roma (die hier konsequent immer noch als »Zigeuner« bezeichnet wurden) gehören zu keiner wie auch immer definierten »sozialen Randgruppe« oder »Außenseitergruppe« und hatten sich bereits weitgehend in die deutsche Mehrheitsgesellschaft integriert.

Einen gewissen romantischen Antiziganismus kann man dagegen einer Gruppe von Gießener Soziologen und Ethnologen attestieren, die an einem Forschungsprojekt arbeiteten, dem sie den sehr missverständlichen, weil an die alte »Zigeunerforschung« erinnernden Namen »Projekt Tsiganologie« gaben. Diese, wie sie sich selber nannten, Tsiganologen wollten wie die Soziologen in den Sinti und Roma zwar auch eine »soziale Randgruppe« sehen, die nicht in die Mehrheitsgesellschaft zu integrieren sei, doch dies wurde von ihnen nicht kritisiert, sondern überschwänglich begrüßt. Den assimilierten und weitgehend integrierten deutschen Sinti und Roma wurde ein »Eigensinn« unterstellt, weil sie sich angeblich in die »segmentäre« und »uniforme Industriegesellschaft« nicht integrieren lassen wollten, um in ihrer »peripheren Subkultur« zu verbleiben. Mit Letzterem war offensichtlich die »zigeunerische Lebensweise« gemeint, welche von den alten »Zigeunerforschern« scharf kritisiert, von den neuen »Tsiganologen« dagegen gefeiert wurde. Damit hatten die Letzteren das wertende Vorzeichen der antiziganistischen Vorurteile der alten »Zigeunerforscher« umgedreht. Was die »Zigeunerforscher« schlecht gefunden hatten, fanden die »Tsiganologen« nun gut.[23]

Um diese etwas verschrobenen Gedanken der Gießener Tsiganologen, die der 68er-Bewegung angehörten, verstehen, aber nicht unbedingt billigen zu können, ist ein Blick in die Ideologie- und Politikgeschichte notwendig. Das Ziel der 68er-Bewegung war bekanntlich die Weltrevolution und sollte vom Proletariat durchgeführt werden. Doch dieses weigerte sich, weil es, wie ihm die 68er attestierten, dem »Konsumterror« verfallen sei. Da dies nicht oder wenigstens nicht so bei den »sozialen Randgruppen« der Fall sei, richteten sich die revolutionssehnsüchtigen Blicke einiger 68er auf eben diese »sozialen Randgruppen« – und auf die »Zigeuner«. Roma und soziale Randgruppen sollten so etwas sein wie ein »Ersatzproletariat«. Diese Idee hätte bei Marx blankes Entsetzen ausgelöst, denn der hatte die heute so genannten »sozialen Randgruppen« zu dem von ihm verachteten und gehassten »Lumpenproletariat« gezählt.

Die deutschen Sinti und Roma lehnten es ebenfalls entschieden ab, die Rolle eines revolutionären Ersatzproletariats
zu übernehmen. Romani Rose kritisierte das gesamte »Projekt
Tsiganologie« scharf.[24] Dies verärgerte vor allem den Tsiganologen Bernhard Streck, der daraufhin einen Aufsatz verfasste,
in dem er die vorher auch von ihm selber vertretene These
revidierte, wonach der Völkermord an den Roma intendiert
und rassistisch motiviert gewesen sei. Die Nationalsozialisten
hätten keine rassenpolitische, sondern eine »sozialpolitische«
Lösung des »Zigeunerproblems« angestrebt.[25]

Nach diesem Fehltritt Bernhard Strecks schien das »Projekt Tsiganologie« von der wissenschaftlichen Bildfläche verschwunden zu sein, um jedoch 2005 plötzlich und unerwartet
wiederaufzutauchen. Allerdings hieß es nicht mehr »Projekt
Tsiganologie«, sondern »Forum für Tsiganologische Forschung
(FTF)«. Angesiedelt ist es an der Universität Leipzig, wo Bernhard Streck seit 1994 Professor für Ethnologie sowie Initiator
und Leiter des »Forums für Tsiganologische Forschung« ist. In
einem 2008 veröffentlichten Aufsatz hat er die »Grundfragen
der Tsiganologie« wie folgt beschrieben.[26] Er bezeichnet die
Roma konsequent und bewusst als »Zigeuner« und behauptet,
sie gehörten nicht zu einer Ethnie, sondern zu einer sozialen
Gruppe. Die »zigeunerischen Kleingruppen« verkehrten mit
sich selber und mit »anderen ähnlichen Kleingruppen innerhalb sozialer Makrosysteme«, wo sie »Widerstandsnester gegen Modernisierung« bilden würden. Hier tauchen sie wieder
auf, die ständig herumziehenden und nicht integrierbaren
»Zigeuner«. Die »Zigeunerforschung« ist nicht tot, sie scheint
in Gestalt der »Tsiganologie« zu neuem Leben erwacht zu sein.

Die NS-Historiker

Die deutschen NS-Historiker haben sich nicht aus eigenem Antrieb mit der Verfolgung der Sinti und Roma beschäftigt. Anlass war eine an das Institut für Zeitgeschichte gerichtete Anfrage des Bundesgerichtshofs von 1958, ob die Roma aus rassistischen Motiven verfolgt worden sind. Der Mitarbeiter des Instituts für Zeitgeschichte Hans Buchheim bejahte dies in seinem im selben Jahr veröffentlichten Gutachten, das nur auf wenigen Quellen beruhte und daher als unzureichend gilt.[27]

Hinzu kam, dass Buchheims durchaus richtige These in einem Aufsatz in Frage gestellt wurde, der ein Jahr später in den »Vierteljahrsheften für Zeitgeschichte« erschien, die ebenfalls vom Institut für Zeitgeschichte herausgegeben wurden.[28] Verfasst war dieser Aufsatz von einem Juristen, der sich der Auffassung der Richter des Bundesgerichtshofes in einem Urteil von 1956 anschloss, wonach die Verfolgung der Sinti und Roma überwiegend nicht rassistisch, sondern »kriminalprä-ventiv« motiviert gewesen sei.

Die deutschen NS-Historiker ließen es dabei bewenden. Sie haben weder aus eigenem Interesse die Verfolgungsgeschichte der Roma erforscht noch die das Urteil kritisierenden Sinti und Roma darin unterstützt, als Opfer des rassistisch motivierten Völkermordes anerkannt zu werden. Damit unterschieden sie sich von einigen ausländischen Historikern, die seit den 1960er-Jahren einige Studien vorlegten, in denen klar und eindeutig nachgewiesen wurde, dass die Verfolgung der Sinti und Roma sehr wohl rassistisch motiviert war.[29]

Diese Arbeiten wurden in Deutschland zunächst wenig rezipiert. Erst nachdem die Sinti und Roma selber in öffentlichkeitswirksamen Protestaktionen auf den an ihrem Volk verübten Mord hingewiesen hatten, erschienen auch in Deutschland neben einigen Gesamtdarstellungen der Geschichte der deutschen Sinti und Roma[30] einige knappe Überblicke[31] und Detailstudien zu ihrer Verfolgung im NS-Staat,[32] vornehmlich als Lokal- und Regionalgeschichte[33], sowie über die »Zigeunerlager«[34], die einen besonderen Platz im System der nationalsozialistischen Zwangslager einnahmen.[35]

Verfasst waren diese Studien von jüngeren Historikern, die von den etablierten NS-Historikern nicht anerkannt worden waren. Dies lag nicht an ihrer unbestreitbaren fachlichen Qualifikation, sondern an ihrem Forschungsfeld: die nationalsozialistische Verfolgung der Sinti und Roma. Es wurde von den etablierten NS-Historikern schon deshalb nicht bearbeitet, weil es nicht in das Paradigma der NS-Forschung passte.[36] Sie war damals in zwei Richtungen und Gruppen gespalten: in die der sogenannten Intentionalisten und die der sogenannten Funktionalisten. Beide führten in den 1980er-Jahren einen heftigen und bis heute andauernden Historikerstreit. Dabei ging es zum einen um die Frage, ob das »Dritte Reich« einen monokratischen oder polykratischen Charakter gehabt habe. Kontrovers diskutiert wurde zum anderen, ob die nationalsozialistische Außen- und Innenpolitik allein von Hitler nach seinem in »Mein Kampf« entworfenen Programm realisiert worden oder ob sie von anderen Personen und Institutionen durchgeführt worden sei, weshalb sie einen eher improvisierten als intendierten Charakter gehabt habe.

In der Kontroverse zwischen den Funktionalisten und Intentionalisten wurde die nationalsozialistische Roma-Politik mit keinem Wort erwähnt. Dies geschah nicht grundlos. Intentionalisten sind auf die »endgültige Lösung der Zigeunerfrage« schon deshalb nicht eingegangen, weil diese von Hitler in seinem in »Mein Kampf« entwickelten Programm nicht erwähnt worden war. In diesem ging es vornehmlich um die Gewinnung von »Lebensraum im Osten« und die »Endlösung der Judenfrage«.[37] Die Funktionalisten haben sich mit der nationalsozialistischen Roma-Politik nicht beschäftigt, weil sie ihrer Meinung nach nicht improvisiert war und deshalb bei den Kompetenzstreitigkeiten im polykratischen Dritten Reich keine Rolle spielen konnte.

Für den unvoreingenommenen und fachlich nicht vorbelasteten Beobachter dieser Historikerkontroverse sind dies aber keineswegs nachvollziehbare Begründungen für die Nichtbehandlung des Völkermordes an den Roma. Wenn sie wirklich, was der Historiker immer als Erstes tun soll, *ad fontes* – zu den Quellen – gegangen wären, hätten sie erkennen müssen, dass die, um noch einmal Himmler zu zitieren, »endgültige Lösung der Zigeunerfrage aus dem Wesen dieser Rasse heraus« intendiert und rassistisch motiviert war und auch stattgefunden hat.

Die Verfolgung und Ermordung der Sinti und Roma war ein zentrales Ziel des nationalsozialistischen »Rassenstaates«.[38] Zu der von den Nationalsozialisten offen angekündigten »Reinigung des deutschen Volkskörpers« von allen »asozialen«, »kranken« und »rassefremden Elementen« gehörte neben dem Massenmord an den »Erbkranken« und dem Genozid an den Juden auch der Völkermord an den Roma. »Euthanasie«, »Schoah« und »Porrajmos« sind in einem Zusammenhang zu sehen. Hier darf es keine wie auch immer geartete Hierarchie der Opfer geben.

Mit dieser von mir entwickelten Rassenstaatsthese habe ich mich gegen eine andere ausgesprochen, die während des sogenannten Historikerstreits entwickelt wurde, um Ernst Noltes These von der grundsätzlichen Vergleichbarkeit des nationalsozialistischen Rassenmordes mit dem stalinistischen Klassenmord zu widerlegen. Dabei handelt es sich um das Dogma von der absoluten Singularität der Schoah. Darauf muss hier nicht weiter eingegangen werden, weil der Völkermord an den Roma im Historikerstreit von keiner Seite, weder von Nolte noch von seinen Opponenten, erwähnt worden ist.

Dies war aber inzwischen von Repräsentanten der Roma immer dringlicher eingefordert worden. Neben Romani Rose setzte sich auch der Vorsitzende der amerikanischen Roma, Ian Hancock, dafür ein, dass das Gedächtnis an den Völkermord an den Roma, für den Ian Hancock die Bezeichnung »Porrajmos« fand, genauso wachzuhalten sei wie das an die Schoah. Doch dies wurde von Elie Wiesel, Yehuda Bauer und einigen anderen Repräsentanten der Juden mit der Begründung abgelehnt, dass die Schoah einen einzigartigen und unvergleichbaren Charakter gehabt habe. Dieser These widersprachen Ian Hancock[39] und Romani Rose.[40] Nun konnte die zwischen Juden und Roma geführte Debatte von den Historikern nicht mehr ignoriert werden. Schließlich ging es hier ja nicht mehr nur um Geschichtspolitik, sondern um Geschichte. Die meisten jüdischen und nichtjüdischen Historiker lehnten jedoch die Vergleichbarkeit von Schoah und Porrajmos weiterhin entschieden ab.

Michael Zimmermann begründete das mit dem Hinweis auf die unterschiedliche Intention, Motivation und Totalität der beiden Völkermorde.[41] Die Ermordung der Roma sei eher improvisiert als intendiert und keineswegs nur rassistisch, sondern auch sozialpolitisch motiviert gewesen. Außerdem seien dem Völkermord an den Roma weit weniger – Zimmermann meinte 96 000 – Menschen zum Opfer gefallen, weil, und hier wird es nun sehr problematisch, in Deutschland die »reinrassigen Zigeuner« und im Osten die sesshaften Roma verschont worden seien. Dies traf jedoch nicht zu.

Immerhin erkannte Zimmermann an, dass an den Roma ein Völkermord verübt worden war. Dies wurde wiederum von dem amerikanischen Politologen Guenter Lewy in einer Weise bestritten, die man als skandalös bezeichnen kann.[42] Daraufhin habe ich als Erster einen Vergleich zwischen Schoah und Porrajmos vorgenommen.[43]

Hinzuweisen bleibt auf die Tatsache, dass der Völkermord an den Roma durch die bisher erwähnten Arbeiten[44] noch keineswegs hinreichend genug erforscht worden ist. Vernachlässigt wurde der Mord an den osteuropäischen Roma und die Kollaboration der west- und osteuropäischen Staaten am Völkermord.[45] Schließlich muss noch näher geprüft werden, ob der Völkermord an den Roma wirklich mit den anderen Völkermorden in und außerhalb Europas zu vergleichen ist. Dies ist ohne eine intensivere Beschäftigung mit der allgemeinen Genozidforschung und ihren Methoden nicht möglich. Dazu hat sich bisher kein deutscher Historiker bereitgefunden. Fürchten sie doch, dass der besondere Charakter des von den Deutschen begangenen Völkermordes an den Juden und Roma durch seine Einordnung in die allgemeine Geschichte der Genozide verwischt wird.[46]

Sozialhistoriker

Haben sich die Sozialhistoriker, die über eine gewisse Dominanz zumindest innerhalb der westdeutschen Geschichtswissenschaft verfügten, in hinreichendem Maße mit der Geschichte des Roma-Volkes beschäftigt, das von den Historikern des 19. Jahrhunderts als »geschichtslos« gebrandmarkt worden war? Diese Frage ist nicht eindeutig zu beantworten. Ist doch hier wie bei den NS-Historikern zwischen den etablierten und den nicht etablierten und außerhalb der universitären Zunft stehenden Historikern zu unterscheiden.

Die Erstgenannten haben sich kaum mit den Roma beschäftigt, und wenn sie es taten, geschah dies unter einer falschen Perspektive und Fragestellung, weil sie die deutschen Sinti und Roma zu den unteren sozialen Schichten und eben nicht zu den ethnischen Minderheiten gezählt haben. Dies geschah zwar nicht in einer böswilligen Absicht, bekräftigte aber die schon mehrfach erwähnte sozialantiziganistische Fehlwahrnehmung der Sinti und Roma als arme, asoziale und ständig herumziehende Gauner, die wegen ihrer asozialen Eigenschaften und nicht wegen ihrer ethnischen Zugehörigkeit diskriminiert und verfolgt worden sind. Der niederländische Sozialhistoriker Leo Lucassen meinte 1996 sogar, dass die meisten der in den polizeilichen Akten erwähnten »Zigeuner«

gar keine Roma, sondern tatsächlich Gauner und Kleinkriminelle gewesen seien. »Zigeuner« sei keine Bezeichnung einer Ethnie, sondern ein »polizeilicher Ordnungsbegriff«.[47]

Diese Thesen der etablierten Sozialhistoriker sind durch einige jüngere Historiker widerlegt worden. An erster Stelle ist hier Ulrich Friedrich Opfermann zu nennen, der in mehreren quellengesättigten Lokal- und Regionalstudien nachwies, dass keineswegs alle deutschen Sinti und Roma arm und nicht sesshaft gewesen sind.[48] Einigen war es schon in der frühen Neuzeit gelungen, sich in die Mehrheitsgesellschaft zu integrieren, weil sie über einen festen Wohnsitz verfügten und anerkannte und gut bezahlte Berufe als Soldaten und Offiziere sowie Händler und Handwerker ausübten. Erst im 19. Jahrhundert ist es zu einer gewissen Verelendung der Sinti und Roma gekommen, die nach der Einführung der allgemeinen Wehrpflicht nicht mehr als Söldner gebraucht wurden und die im Zuge der Industrialisierung und Modernisierung ihre traditionellen Berufe als Handwerker und (Klein-)Händler verloren. Opfermann fand aber auch heraus, dass die deutschen Sinti sich sehr wohl als Angehörige einer Ethnie mit eigener Sprache und Kultur empfanden.

Dies war auch den Behörden der Länder und des Reiches sehr wohl bekannt.[49] Sie differenzierten sehr genau zwischen »Zigeunern« und solchen Personen, die nur »nach Zigeunerart« ständig herumzogen. Dass die zeitgenössischen »Zigeunerpolitiker« im Unterschied zu den »Zigeunerforschern« und den erwähnten Sozialhistorikern in den Sinti und Roma sehr wohl eine Ethnie sahen, geht auch aus der Tatsache hervor, dass die Einbürgerung der – übrigens wenigen – zugewanderten Roma mit der Begründung verweigert wurde, dass sie nicht deutschen Blutes und deutscher Abstammung seien, was nach dem damals geltenden Staatsbürgerrecht, das auf dem *ius sanguinis* basierte, erforderlich war.[50] Schließlich ist noch einmal darauf hinzuweisen, dass auch die nationalsozialistischen »Zigeunerforscher« und »Zigeunerpolitiker« die Roma nicht aus sozialen, sondern vornehmlich aus rassistischen Gründen verfolgt und ermordet haben.

Daher verwundert es sehr, dass die deutschen Sozialhistoriker die deutschen Sinti und Roma auch noch nach dem Völkermord an den Roma zu den unteren sozialen Schichten oder ausschließlich zu den »Migranten« gezählt haben, die angeblich in Scharen nach Deutschland eingewandert sind.[51] Dass die hier seit Jahrhunderten lebenden deutschen Sinti und Roma zu einer ethnischen Minderheit gehören, ist von den Sozialhistorikern erst dann akzeptiert worden, nachdem die Bundesregierung den Minderheitenstatus der Sinti und Roma anerkannt hat.[52]

Doch warum wurden die antiziganistischen Tendenzen der traditionellen »Zigeunerforschung« nicht eher erkannt und kritisiert? Darauf gibt es eine schon fast banale Antwort: Die Feindschaft gegenüber den Roma war überall und in allen Schichten der Bevölkerung ebenso weit verbreitet wie tief verwurzelt. Sie wurde als so selbstverständlich angesehen, dass man sogar darauf verzichtet hat, sie zu benennen und für sie einen Begriff zu finden.

Antiziganismus

Erst in den 1970er-Jahren haben einige französische Historiker einen neuen Begriff für die alte Feindschaft gegenüber
den Roma erfunden: »l'antitsiganisme«.[53] Die französische
Begriffsbildung erregte den Zorn des deutschen Tsiganologen Bernhard Streck. Mit »l'antitsiganisme« bzw., wie Streck
formulierte, mit »Antitsiganismus« werde eine gewisse Ähnlichkeit mit dem Terminus Antisemitismus suggeriert, der zu
dem Völkermord an den Juden geführt habe, der sich seiner
Meinung nach ganz wesentlich von dem Mord an den Roma
unterscheide.[54]

Diese Argumentation Strecks hat mich veranlasst, das zu
tun, was Streck so erzürnt hat, nämlich beide Ideologien
und beide Völkermorde miteinander zu vergleichen.[55] Dies
hat mir viel Kritik eingebracht. Kritisiert wurde schon meine Verwendung des Begriffs »Antiziganismus«, den ich zwar
nicht erfunden, wohl aber als Erster in den Titel eines Buches aufgenommen habe. Im Vorwort dieses Buches sowie in
weiteren Aufsätzen habe ich mich ausführlich mit der Kritik
des Begriffs Antiziganismus auseinandergesetzt. Hier möchte ich nur auf Folgendes hinweisen: Für die Verwendung des
Antiziganismus-Begriffs spricht der Umstand, dass, gerade
weil es bisher noch keinen Begriff für eine offensichtlich als
selbstverständlich angesehene Sache gegeben hat, man einen solchen benötigt, um das Phänomen zu benennen, aber
vor allem erforschen zu können. Gemeint ist die Feindschaft
gegenüber den »Zigeunern«, die als solche und unter diesem
Namen verfolgt worden sind. Daher ist es legitim, die Feindschaft gegenüber den als »Zigeuner« bezeichneten Personen

als Antiziganismus zu bezeichnen, obwohl es sich bei »Zigeuner« um eine pejorative Fremdbezeichnung handelt. Dieser Ansicht haben sich neben Romani Rose[56] auch einige andere Repräsentanten der Roma angeschlossen, die ebenfalls den Begriff »Antiziganismus« bzw. englisch »antigypsyism« und spanisch »antigitanismo« verwenden.[57]

Damit haben sie sich auch gegen die Verwendung des Alternativbegriffs »Antiromaismus« ausgesprochen, obwohl er sich an der Selbstbezeichnung der Roma orientiert. Könnte doch unter »Antiromaismus« auch die Feindschaft gegenüber der Stadt Rom, der Sprachgemeinschaft der Romanen und des Volkes der Rumänen verstanden werden. Letzteres empört vor allem die Rumänen, weil sie zumindest in der deutschen Öffentlichkeit häufig mit den Roma verwechselt werden.

Dass mit dem Terminus Antiziganismus eine Ähnlichkeit mit dem Begriff Antisemitismus suggeriert wird, finde ich allerdings deshalb richtig und berechtigt, weil man sich bei der Erforschung und Bekämpfung des Antiziganismus sehr wohl an der des Antisemitismus orientieren sollte.[58] Die meisten Antiziganismusforscher scheinen in ihrem Forschungsobjekt ein singuläres Phänomen zu sehen und haben es, anders als ich, nicht mit dem Antisemitismus verglichen.

Wichtig bleibt, dass die Forscher angeben, mit welchen Theorien und Methoden sie arbeiten. Einige Antiziganismusforscher haben die Theorien und Methoden der Rassismusforschung angewandt und im Antiziganismus eine weitere Variante des Rassismus gesehen.[59] Damit werden sie aber dem Phänomen nicht gerecht. Wie der Antisemitismus verfügt auch der Antiziganismus neben der rassenantiziganistischen

über eine sozial- sowie eine religiös-antiziganistische Variante. Hinzu kommt der äußerst ambivalente romantische Antiziganismus. Eine Anwendung der Theorien des Rassismus ist
auch deshalb schwer, weil »Zigeuner« in den Ideologien des
– anthropologischen und sozialen – Rassismus nur ganz am
Rande erwähnt werden.[60]

Der ehemalige Mitarbeiter des Dokumentations- und Kul-
turzentrums Deutscher Sinti und Roma Franz Maciejewski
hat dagegen seiner Ansicht nach eine völlig neue psycholo-
gisch orientierte Theorie des Antiziganismus entworfen, in
der man Folgendes lesen kann: »Die Zigeuner verkörpern gegen das herrschende Realitätsprinzip das Lustprinzip, gegen
die repressive Kultur insgesamt die Natur, gegen die Zwän-
ge des Patriarchats das Matriarchat, gegen den industriellen
Komplex das einfache Leben.«[61] Ich kann dazu nur sagen: Mit
derartigen schwer verständlichen Theorien werden doch nur
die skandalösen Thesen der Tsiganologen rehabilitiert.

Dies kann man dem Doktoranden am Zentrum für Antisemitismusforschung der Technischen Universität Berlin
Markus End nicht vorwerfen: End hat in mehreren und gut
platzierten Aufsätzen folgende Theorie entworfen. Unter »Antiziganismus« versteht er »sowohl die Bilder und Vorurteile,
die sich die Menschen von vermeintlichen ›Zigeunern‹ machen, als auch die Stigmatisierung von Menschen zu ›Zigeunern‹ und die darauf folgende Diskriminierung, Ausgrenzung
und Verfolgung«.[62]

Ich bin hier anderer Meinung.[63] End müsste verdeutlichen,
was »Bilder« und »Vorurteile« miteinander gemein haben.
Nicht alle »Bilder« verbreiten »Vorurteile«, und nicht alle »Vor-

urteile« werden durch »Bilder« verbreitet. Außerdem müsste End sagen, was die im Titel seines Aufsatzes erwähnten »Sinnstrukturen« sind und was sie von den »Bildern« und »Vorurteilen« unterscheidet.

Falsch ist seine Behauptung, dass viele »Menschen« zu »Zigeunern« stigmatisiert worden sind. Hier beruft sich End offensichtlich auf die These Leo Lucassens, wonach im 19. Jahrhundert viele Personen von der Polizei als »Zigeuner« etikettiert worden sind. Doch dies waren Einzelfälle. Die Polizei der Länder und des Reiches wusste, wer »Zigeuner« war und wer nur »nach Zigeunerart« im Lande herumzog. »Zigeuner« war kein »polizeilicher Ordnungsbegriff«.[64] Schließlich ist noch einmal darauf hinzuweisen, dass die »Diskriminierung, Ausgrenzung und Verfolgung« der Roma durch Ideologien des Antiziganismus begründet wurde.

Die antiziganistischen Bilder, Vorurteile und Ideologien sind mit unterschiedlichen Methoden der Bild-, Vorurteils- und Ideologieforschung zu analysieren. Das ist nicht leicht, denn in der empirischen Antiziganismusforschung (auch meiner eigenen) ist es immer wieder zu einer Vermischung der Begriffe und Methoden der Bild-, Vorurteils- und Ideologieforschung gekommen. Dies möchte ich abschließend etwas näher ausführen.

Die meisten und wichtigsten Beiträge zur Erforschung des Antiziganismus sind von Literaturwissenschaftlern verfasst worden. An erster Stelle sind die zahlreichen Studien des Marburger Literaturwissenschaftlers Wilhelm Solms über »Zigeunerbilder in der deutschsprachigen Literatur« zu erwähnen – und zu loben.[65] Zeichnen sie sich doch durch eine immense

Materialfülle und eine beeindruckende Empathie für die Roma aus, die in der deutschen Hoch- und Trivialliteratur in einer so negativen Weise dargestellt wurden, welche Solms geradezu entsetzt und ihn zu der selbstkritischen Frage veranlasst hat, warum er das als Kenner und Liebhaber der deutschen Dichtung nicht schon früher bemerkt und entsprechend kritisiert hat. Dafür spreche ich ihm meine Anerkennung aus. Geradezu gerührt hat mich Solms' Bekenntnis, dass er erst durch einen deutschen Sinto[66] darauf aufmerksam gemacht worden ist, dass fast die gesamte deutsche Literatur von antiziganistischen Bildern und Vorurteilen geprägt war.

Ein hohes theoretisches und methodologisches Reflexionsniveau, das bei Solms so nicht zu finden ist, zeichnet das Werk des Berliner Germanisten Hans-Richard Brittnacher über »Klischee und Faszination des Zigeunerbildes in Literatur und Kunst« aus.[67] Brittnacher ist sich zudem der Grenzen der literaturwissenschaftlichen Bildforschung bewusst. Literarische und künstlerische Bilder können zwar die Realität widerspiegeln, aber sie keineswegs vollständig erfassen. Dies scheint der Bielefelder Germanist Klaus-Michael Bogdal nicht so zu sehen. Hat er doch in seinem viel gelobten und preisgekrönten Buch »Europa erfindet die Zigeuner« den Versuch gemacht, mit Hilfe von vornehmlich literarischen »Zigeuner«-Bildern nicht nur die Geschichte des Antiziganismus, sondern auch die der Roma zu schreiben.[68] Dies ist ihm trotz, ja gerade wegen seiner wirklich immensen Materialbasis nicht gelungen. »Zigeuner«-Bilder und Geschichte des Antiziganismus und der Roma sind nun einmal nicht identisch.

Schließlich sind noch jene Antiziganismusforscher zu erwähnen, welche der von Wilhelm Solms geleiteten »Gesellschaft für Antiziganismusforschung« angehören, die bisher mehrere Einzelveröffentlichungen und Sammelbände über die Geschichte und Gegenwart des Antiziganismus herausgegeben hat.[69] Bei dieser »Gesellschaft« handelt es sich um einen privaten Verein, der sich weitgehend ohne staatliche Forschungsgelder finanziert.

Staatliche Förderung hat dagegen das von Franz Hamburger geleitete Forschungsprojekt über das Bild der Sinti und Roma in der gegenwärtigen Presse erhalten.[70] Diesem stehen die mit Methoden der empirischen Sozialforschung erstellten Untersuchungen über die Einstellung bzw. die Vorurteile der Bevölkerung über die Sinti und Roma gegenüber.[71] Beide sind zu sehr unterschiedlichen Ergebnissen gelangt. In einigen Umfragen wird ein Ansteigen des Antiziganismus, in anderen dagegen ein Rückgang gemeldet. Doch in zwei Aspekten kommen alle Umfragen zu dem gleichen Ergebnis: Sinti und Roma werden von der Mehrheitsgesellschaft mehr als alle anderen Gruppen und Minderheiten abgelehnt und gehasst. Dies ist überraschenderweise bei unseren europäischen Nachbarvölkern stärker als bei uns der Fall.

Desiderate

Die Reflexion über die alten und die Entwicklung von neuen Theorien und Methoden stellt das erste und wichtigste Desiderat der Antiziganismusforschung dar. Hier sollte man vor allem an die von Wolfgang Benz entwickelten und angewandten Methoden der Feindbild- und Vorurteilsforschung anknüpfen.[72] Zu beachten und ebenfalls auf die Erforschung des Antiziganismus anzuwenden sind aber auch die Fragestellungen und Methoden der Geschlechtergeschichte, weil sich die Bilder der und Vorurteile gegenüber den männlichen und weiblichen Roma voneinander unterscheiden.[73]

Die deutschen Antiziganismusforscher sollten aber auch den bisherigen nationalstaatlichen Rahmen überschreiten und Antiziganismus als eine europäische Ideologie begreifen, mit der sich Europa durch die Abgrenzung von den immer noch als fremd wahrgenommenen Roma definiert. Deutsche und europäische Antiziganismusforscher sollten stärker zusammenarbeiten, um den europaweiten Antiziganismus besser und intensiver bekämpfen zu können.

Gleichwohl ist es weiterhin wichtig und notwendig, die Sinti und Roma eben nicht nur als Objekte und Opfer des Antiziganismus der Mehrheitsgesellschaften wahrzunehmen. Sie sind stattdessen handelnde Subjekte der Geschichte und gegenwärtigen Politik und bei ihrem Streben nach einem gesicherten Status als Angehörige einer ethnischen Minderheit und/oder eines Volkes zu unterstützen. Doch um das tun zu können, benötigen wir noch immer mehr Wissen über die Geschichte und Gegenwart der Roma. Denn über kein anderes europäisches Volk wissen die übrigen europäischen Völker so wenig und zugleich so viel Falsches und Vorurteilhaftes.[74] Das muss sich ändern. Dazu sollten sowohl die Antiziganismus- wie die Roma-Forscher beitragen. Notwendig ist aber auch eine kritische Aufarbeitung der Geschichte der »Zigeunerforschung«.

Warum nicht »Zigeuner«?

Glossar

Antisemitismus: Mit dem wahrscheinlich von dem Hamburger Journalisten Wilhelm Marr 1879 erfundenen Begriff »Antisemitismus«[1] werden entweder alle – christlichen, sozialen und rassistischen – Formen der Judenfeindschaft oder nur der sozial und rassistisch begründete »moderne Antisemitismus« bezeichnet, der vom christlichen »Antijudaismus« abgegrenzt wird. Eigentlich ist der Begriff Antisemitismus für Judenfeindschaft falsch, richtet sich doch Antisemitismus gegen die »Semiten« bzw. die Angehörigen der semitischen Sprachfamilie. Zu dieser Sprachfamilie gehören neben dem Hebräischen auch das Arabische und einige andere Sprachen im vorderasiatischen Raum.

Antiziganismus: Mit dem in Deutschland erst seit den 1980er-Jahren verwandten Begriff des »Antiziganismus« werden die religiösen, sozialen, rassistischen (und romantisierenden) Formen der Feindschaft gegenüber den Roma und anderen als »Zigeuner« angesehenen Personen bezeichnet. Antiziganismus ist als eine Ideologie tief in der Mentalität der jeweiligen Mehrheitsgesellschaft verwurzelt und begründet und rechtfertigt die gegen die Roma gerichtete Politik. Obwohl der Begriff Antiziganismus nicht unproblematisch ist, weil er an die pejorative Fremdbezeichnung »Zigeuner« erinnert, hat er sich nicht nur in Deutschland, sondern auch in einigen anderen Ländern durchgesetzt, wo er ähnliche und ähnlich problematische Begriff wie im Englischen »antigypsyism« oder im Spanischen »antigitanismo« verdrängt hat. Dass »Antiziganismus« eine Ähnlichkeit mit »Antisemitismus« suggeriert, wird von einigen kritisiert, von anderen Forscher dagegen akzeptiert, da diese den Antiziganismus mit Methoden und Theorien der weiterentwickelten Antisemitismus-Forschung analysieren und bekämpfen wollen.

Bohémiens: »Bohémiens« (= Böhmen) ist eine französische Fremdbezeichnung für Roma. Obwohl damit nur auf die regionale Herkunft der Roma hingewiesen wurde, die zu Beginn des 16. Jahrhunderts aus dem damaligen Böhmen nach Frankreich eingewandert waren, hatte sie von Anfang an eine negative Bedeutung, denn die den Böhmen bzw. Tschechen nachgesagten schlechten Eigenschaften wurden auf die Roma übertragen. Seit dem beginnenden 19. Jahrhundert haben sich aber auch einige europäische Künstler und Literaten zur »bohème« gezählt, um sich dadurch von der bürgerlichen Welt abzugrenzen. Vermutlich geschah dies unter dem Einfluss des damals aufkommenden romantisierenden Roma-Bildes.

Ethnie: Unter »ethnos« verstanden die Griechen ein fremdes Volk. Als »Ethnien« werden Volksgruppen bezeichnet, die unter einem Staatsvolk leben, von dem sie sich im Hinblick auf ihre Sprache und Kultur unterscheiden, aber über die gleichen staatsbürgerlichen Rechte verfügen. Einige Ethnien begnügen sich mit diesem Status. Sie wollen nur als ethnische Minderheiten anerkannt werden. Dies trifft auch auf die deutschen Sinti und Roma zu.

Fahrende: Als »Fahrende« wurden und werden bis heute die Angehörigen einer sozialen Gruppe bezeichnet, die wie die »Jenischen« und die englischen »travellers« ihren Lebensunterhalt als ambulante Händler, Hausierer und Schausteller verdienten. Zu diesen »Fahrenden« wurden aber auch die Angehörigen der ethnischen Gruppe der Roma gerechnet, die alle als »Zigeuner« bezeichnet wurden.

Feindbild: Feindbilder sind negative Deutungsmuster anderer Menschengruppen, die damit aus der eigenen Menschengruppe ausgeschlossen werden. Dies kann durch Angehörige bestimmter Klassen und Nationen geschehen.

Gadsche: »Gadsche« (geschrieben auch »gadje« oder »gadzo«) heißt im Romanes »Bauer« und wird von den Roma als Fremdbezeichnung für alle Nicht-Roma benutzt.

Genozid: Der Begriff »Genozid« ist von dem polnischen Juristen Raphael Lemkin gebildet worden.[2] Dies geschah unter Verwendung des griechischen Substantivs »genos« (= Volk) und des lateinischen Verbs »caedere« (= morden). Eine genaue und überall anerkannte Genozid-Definition liegt bisher nicht vor. Die meisten Forscher verstehen unter Genoziden intendierte, rassistisch motivierte und auf eine völlige Auslöschung des jeweiligen Volkes abzielende Morde. Dies trifft sowohl auf die Schoah wie auf den Porrajmos zu.

Gitanos/Gypsies: Die spanischen und englischen Fremdbezeichnungen der Roma als »gitanos« und »gypsies« gehen auf die griechische Fremdbezeichnung der Roma als »Ägypter« zurück. Sowohl die griechische als auch die englischen und spanischen Fremdbezeichnungen waren und sind negativ konnotiert. Daher werden sie von den heutigen Roma abgelehnt.

Holocaust: »Holocaust« stammt aus dem griechischen »holókaustos« (= vollständig verbrannt) und war in der Antike die Bezeichnung für ein Brandopfer von Tieren. Im englischen Sprachraum wurde der Begriff seit dem beginnenden 20. Jahrhunderts zur Charakterisierung eines Massenverbrechens benutzt. Seit 1942 wird der Völkermord an den Juden im Englischen als »holocaust« bezeichnet. Diese Bezeichnung setzte sich nach der 1979 erstmals ausgestrahlten gleichnamigen US-amerikanischen Fernsehserie in aller Welt durch. Dies wurde von jüdischer Seite mit dem Hinweis auf die ursprüngliche religiöse Bedeutung des »holocaust« als Brandopfer kritisiert und als Alternativbegriff »Schoah« vorgeschlagen. Diesem Vorschlag ist auch deshalb zu folgen, weil »Holocaust« inzwischen in inflationärer Weise zur Bezeichnung von allen möglichen als verbrecherisch oder katastrophal angesehenen Taten und Ereignissen verwendet wird, wie z. B. »nuklearer Holocaust«.

Ideologie: Unter »Ideologien« werden Begriffe (»ideo«) und Wörter (»logien«) verstanden, welche die Wirklichkeit widerspiegeln und zugleich beeinflussen, indem sie etwas rechtfertigen, von etwas ablenken oder etwas einfordern.[3] Ideologie ist daher nicht nur »falsches Bewusstsein«, sondern kann auch politische Praxis sein.

Jenische: »Jenische« ist sowohl die Eigen- wie Fremdbezeichnung für Angehörige der Unterschichten, die als Händler, Handwerker und Hausierer umherziehen, weshalb sie häufig mit den Roma bzw. den als »Zigeuner« bezeichneten Personen verwechselt wurden. Dies ist vor allem in Süddeutschland und der Schweiz üblich. Einige Jenische beherrschen und benutzen die »Rotwelsch« genannte Sprache der Unterschichten, weshalb sie als eine ethnische Minderheit anerkannt werden wollen.

Mentalität: Als »Mentalitäten« werden bestimmte Denkmuster und Sichtweisen von einzelnen Menschen und Menschengruppen bezeichnet, die ihr Handeln prägen. Mentalität ist wie Bewusstsein nicht negativ konnotiert. Dies unterscheidet Mentalität von Vorurteil und Stereotyp.

Nation: »Nation« stammt aus dem lateinischen »natio« für Abstammung. Die studentischen Landsmannschaften, die sich im Mittelalter an den europäischen Universitäten gebildet hatten, wurden als »nationes« bezeichnet. In der frühen Neuzeit wurde der Begriff auf politische Organisationen angewandt, denen wie bei der polnischen Adelsnation überwiegend Adlige angehörten. Nach und unter dem Einfluss der Französischen Revolution verstanden sich einige der modernen Staaten wie Frankreich, England, Italien etc. als »Nationalstaaten«. Nationalstaaten wollten dann auch solche Völker bilden, die sich, wie der deutsche, nur durch den Hinweis auf ihre Kultur und Sprache definierten. Diese, wie sie von dem Historiker Friedrich Meinecke genannt wurden, »Kulturnationen« wollten »Staatsnationen« werden. In den meisten europäischen Staatsnationen lebten und leben aber auch Angehörige anderer Völker und Ethnien als ethnische oder nationale Minderheiten. Ihr Minderheitenstatus wird nicht immer anerkannt.

Porrajmos: »Porrajmos« (= das Verschlungene) ist die Romanes-Bezeichnung für den Völkermord an den Roma. Der von dem Amerikaner Ian Hancock geprägte Begriff ist nicht unumstritten, setzt sich aber im internationalen Kontext immer mehr durch.

Rassismus: Der Begriff »Rassismus« ist erst in den 1930er-Jahren geprägt worden,[4] um die nationalsozialistische Rassenpolitik kritisieren zu können. Als rassistisch werden seitdem alle Thesen und Ideologien bezeichnet, die von einer unterschiedlichen Wertigkeit der einzelnen (real nicht existierenden, sondern konstruierten) menschlichen »Rassen« ausgehen. Von diesem anthropologischen oder ethnischen Rassismus ist der Sozialrassismus zu unterscheiden, mit dem die unterschiedliche Wertigkeit der Angehörigen eines Volkes postuliert wird. Mit Ideologien sowohl des anthropologischen wie des sozialen Rassismus wurde im nationalsozialistischen »Rassenstaat« die sogenannte »Reinigung des deutschen Volkskörpers« von allen »rassefremden«, »kranken« und »asozialen Elementen« begründet. Nicht zuletzt wegen des nationalsozialistischen Rassenmordes an Juden, Roma und sogenannten »Erbkranken« ist der Rassismus nach 1945 weltweit geächtet worden. In der unmittelbaren Gegenwart ist es aber zu einer inflationären Verwendung des Begriffs Rassismus gekommen. Dies ist ebenso zu kritisieren wie die Charakterisierung aller Varianten des Antisemitismus und Antiziganismus als rassistisch. Diese enthalten neben den rassistischen auch religiöse und soziale Momente und Vorurteile. Andererseits ist darauf hinzuweisen, dass von der Ideologie des Rassismus keineswegs nur Juden und Roma betroffen waren und sind.

Roma: »Roma« (Singular: »rom« = verheirateter Mann, weiblich »romni«; Plural: »romnija«) ist der »Oberbegriff«[5] bzw. die Bezeichnung für das gesamte Volk der Roma, das aus verschiedenen Stämmen besteht. Dass die Roma sich selber Roma nennen, ist von dem Aufklärer Johann Erich Biester Ende des 18. Jahrhunderts entdeckt worden.[6]

Romanes: »Romanes« (oder: »Romani« bzw. »Romani chib« = Roma-Sprache) ist die Bezeichnung für die Volkssprache der Roma.[7] Sie hat, wie Johann Rüdiger schon 1782 herausgefunden hat[8], große Ähnlichkeit mit dem altindischen Sanskrit und dem neuindischen Hindi und wird daher zur indoeuropäischen Sprachfamilie gezählt. Obwohl Romanes noch nicht über eine normierte Schriftform verfügt und es verschiedene Romanes-Dialekte gibt, können sich die heutigen Roma in Romanes untereinander leicht verständigen.

Rotwelsch: »Rotwelsch« ist der heute nur noch von wenigen »Jenischen« beherrschte Soziodialekt von Angehörigen der Unterschichten, die von Staat und Gesellschaft marginalisiert und kriminalisiert worden sind. Er enthält viele Lehnwörter aus dem Hebräischen und dem Romanes, wie z. B. baldowern, kobern und Polente. Einige sind in die deutsche Hochsprache aufgenommen worden.

Schoah: »Schoah« (auch »Shoah« geschrieben) ist das hebräische Wort für »Unheil« und »Verderben«. Seit den 1940er-Jahren (z. B. in der Unabhängigkeitserklärung Israels aus dem Jahr 1948) wird der Begriff Schoah zur Bezeichnung des Völkermordes an den Juden verwandt. Heute hat er sich durchgesetzt und sollte immer dann verwendet werden, wenn der Völkermord an den Juden gemeint ist.

Sinti: »Sinti« (Einzahl: »sinto«, weiblich »sintiza«; Plural »sintize«) ist die Selbstbezeichnung der Roma und ihrer Nachfahren, die bereits zu Beginn des 15. Jahrhunderts nach Deutschland und in einige seiner mitteleuropäischen Nachbarländer eingewandert sind. Die Herkunft des Begriffs ist nicht eindeutig geklärt. Einige sind der Meinung, dass damit auf eine indische Region angespielt wird, die »Sindh« genannt wird.

Sinti und Roma: »Sinti und Roma« ist die Selbstbezeichnung der Roma, die dem »Zentralrat deutscher Sinti und Roma« angehören und von ihm vertreten werden. Auf Betreiben seines Vorsitzenden Romani Rose hat sich die Begriffsbildung »Sinti und Roma« in der deutschen Öffentlichkeit weitgehend durchgesetzt. Außerhalb Deutschlands ist aber der »Oberbegriff« (Romani Rose) »Roma« für das gesamte Volk gebräuchlicher.

Stereotyp: »Stereotyp« aus griechisch »stereós« (= fest) und »typos« (= Form) ist die Bezeichnung für ein festgefügtes »Vorurteil« gegenüber Personen und Personengruppen.

Tattare: »Tattare« war die niederdeutsche und skandinavische Fremdbezeichnung der Roma. Sie war negativ, weil damit eine Ähnlichkeit der Roma mit den Tataren bzw. Mongolen suggeriert wurde, die nicht existierte. Heute wird nur noch in Schweden eine Gruppe der Roma als »tattare« bezeichnet und zugleich von den »zigenare« abgegrenzt.

Travellers: »Travellers« (wörtlich: Reisende) ist die englische Bezeichnung einer sozialen Gruppe, die im Deutschen »Fahrende« oder »Jenische« genannt wird. Diese soziale Gruppe kann nicht immer scharf von der Ethnie der Roma abgegrenzt werden. »Travellers« bzw. »Fahrende« und »Jenische« wurden und werden Roma genannt und mit ihnen verwechselt, weil sie »wie die Zigeuner« angeblich im Land umherziehen, um sich ihren Lebensunterhalt als Händler, Handwerker, Hausierer, Schausteller etc. zu verdienen.

Volk: Das neuhochdeutsche Wort »Volk« stammt aus dem althochdeutschen »folc«, womit ein Volkshaufe oder der Pöbel gemeint war. Seit dem 18. Jahrhundert wird »Volk« als Alternativbegriff zu »Nation« verwandt. In der Nachfolge Johann Gottfried Herders wollten die deutschen Romantiker im »deutschen Volk« eine organische Größe sehen, die über einen »Volksgeist« verfüge. Die deutschen Rassenideologen haben im 20. Jahrhundert dann von einem »Volkskörper« gesprochen, der von allen »rassefremden« Elementen »gereinigt« werden sollte. Aufgrund dieser problematischen Begriffsgeschichte vermeiden heute viele Deutschen die Verwendung des Begriffs »Volk«. Dies hat einige Repräsentanten der Roma nicht gehindert, sich zu ihrem Roma-Volk zu bekennen und für dieses verschiedene Rechte einzufordern, bis hin zu einem eigenen Roma-Staat. Die weitaus meisten Repräsentanten der Roma wollen allerdings nur, dass ihr Volk bzw. ihre Volksgruppe als ethnische Minderheit in den einzelnen europäischen Nationalstaaten anerkannt wird.

Vorurteil: »Vorurteile« sind vorab positiv und negativ wertende Urteile über einzelne Menschen und Menschengruppen, die nicht mehr in Frage gestellt und auf ihren Wahrheitsgehalt hin überprüft werden. Sie können wie »Ideologien« das politische Handeln und Verhalten von einzelnen Menschen und Menschengruppen beeinflussen und bestimmen.

Wiedergutmachung: Als »Wiedergutmachung« wurden die Rückgabe des den Juden in der NS-Zeit geraubten Eigentums und die Entschädigungszahlungen an deutsche und ausländische Juden bezeichnet, welche die Schoah überlebt haben. Im Unterschied zu den Juden haben (von wenigen Ausnahmen abgesehen) nur solche Roma »Wiedergutmachung« erhalten, welche die deutsche Staatsbürgerschaft besaßen.

Zigeuner: Die deutsche Fremdbezeichnung der Roma als »Zigeuner« stammt aus dem Griechischen. Die Griechen haben die Roma, die schon im 10. Jahrhundert nach Europa einge-wandert sind, als »atsingganoi« bezeichnet. Wahrscheinlich weil sie der Meinung waren, dass die »atsingganoi« der gnosti-schen Sekte der »athinganoi« (= die Unberührbaren) angehört haben, die wegen ihres Teufelsglaubens verketzert wurde. Ähnliche Vorwürfe trafen auch die »atsingganoi«. Daher war schon die griechische Fremdbezeichnung der Roma negativ belegt. Dennoch haben sich auch die Roma, die zu Beginn des 15. Jahrhunderts nach Deutschland und in seine europäischen Nachbarländer gezogen sind, nicht gegen die Bezeichnung »atsingganoi« gewehrt, die aber in den deutschen Quellen mit »Zigeuner« wiedergegeben wurde. Der eigentlich aus dem Griechischen stammende Begriff ist dann im 16. Jahrhundert etymologisch aus dem Deutschen abgeleitet worden. Dies ge-schah unter Verwendung des Verbs »ziehen« und des Substan-tivs »Gauner«. Mit dieser sprachlich und inhaltlich falschen Ableitung wird suggeriert, dass es sich bei den »Zigeunern« um umherziehende Gauner handeln würde. Daher ist es ver-ständlich, dass sich die Sinti und Roma nicht als »Zigeuner« bezeichnen und diskriminieren lassen wollen. Dies gilt es zu respektieren! Roma sind keine »Zigeuner«.

ANHANG

Anmerkungen

1. Schnitzel und Saucen

1 Einige sind abgedruckt bei: Wolfgang Wippermann, Geschichte der Sinti und Roma in Deutschland. Darstellung und Dokumente, Berlin 1997, S. 54 ff.

2 Jan Selling, Svensk Antiziganism. Fördomens kontinuitet och förändringens förutsättningar, Limhamn 2013, S. 32 ff.

3 Henriette Asséo, Les Tsiganes une destinée européene, Paris 1994, S. 32 f.

4 Helmut Kreuzer, Die Boheme. Analyse und Dokumentation der intellektuellen Subkultur vom 19. Jahrhundert bis zur Gegenwart, Stuttgart 2000.

5 Ulrich Friedrich Opfermann, »Seye kein Zigeuner, sondern kaiserlicher Cornet«. Sinti im 17. und 18. Jahrhundert, Berlin 2007.

6 Wolfgang Wippermann, Das »ius sanguinis« und die Minderheiten im Deutschen Kaiserreich, in: Hans Henning Hahn / Peter Kunze (Hrsg.), Nationale Minderheiten und staatliche Minderheitenpolitik in Deutschland im 19. Jahrhundert, Berlin 1999, S. 133 – 144; Jochen Baumann / Andreas Dietl / Wolfgang Wippermann, Blut oder Boden. Doppelpaß, Staatsbürgerrecht und Nationsverständnis, Berlin 1999.

7 Robert Ritter, Die Bestandsaufnahme der Zigeuner und Zigeunermischlinge in Deutschland, in: Der Öffentliche Gesundheitsdienst 6, 1941, S. 535 – 539.

2. »Verkundschafter der christen lant«

1 Abschied des Freiburger Reichstages vom 04.09.1498 über die »Zigeuner«, in: Deutsche Reichstagsakten unter Maximilian I., Bd. 6: Reichstage von Lindau, Worms und Freiburg 1496–1498, Göttingen 1979, S. 737.

2 Joachim S. Hohmann, Geschichte der Zigeunerverfolgung, Frankfurt/M. 1981; Rüdiger Vossen, Zigeuner. Roma, Sinti, Gitanos, Gypsies zwischen Verfolgung und Romantisierung, Frankfurt/M. 1983.

3 Einige sind abgedruckt in: Wolfgang Wippermann, Geschichte der Sinti und Roma in Deutschland. Darstellung und Dokumente, Berlin 1997, S. 62 ff.

4 Dies wurde ihnen von den notorisch antiziganistisch eingestellten »Zigeunerforschern« verübelt und als Beweis für ihre These angesehen, wonach alle »Zigeuner« kriminell seien.

5 Dazu das extrem antiziganistische Buch von: Hermann Arnold, Die Zigeuner. Herkunft und Leben der Stämme im deutschen Sprachgebiet, Olten 1965.

6 Maria Helena Sanchez Ortega, »Dieser wichtige Zweig der Landesordnung …« Zur Geschichte der Zigeuner in Spanien bis zum Ende des 18. Jahrhunderts, Frankfurt/M. 1993.

7 David Crowe/John Kolsti, The Gypsies of Eastern Europe, New York 1991.

8 Viorel Achim, The Roma in Romanian History, New York 2004.

9 Klaus-Michael Bogdal, Europa erfindet die Zigeuner. Eine Geschichte von Faszination und Verachtung, Berlin 2011.

3. »Greuliche und schwartze leute«

1 Albert Kranz, Sachsenchronik, Leipzig 1563, zitiert nach: Wippermann, Geschichte der Sinti und Roma in Deutschland, Berlin 1997, S. 56.

2 R. Po-Chia Hsia, The Mythos of Ritual Murder. Jews and Magic in Reformation Germany, New Haven 1988.

3 Thomas Meier, Die Verfolgung der Jenischen in der Schweiz durch das »Hilfswerk für die Kinder der Landstraße« (1926–1973), in: Dietmar Sedlazek u. a. (Hrsg.), »minderwertig« und »asozial«. Stationen der Verfolgung gesellschaftlicher Außenseiter, Zürich 2005, S. 157–178.

4 Wolfgang Wippermann, Rassenwahn und Teufelsglaube, Berlin 2005.

5 Wippermann, Rassenwahn und Teufelsglaube, Berlin 2005, S. 57 ff.

6 Sebastian Münster, Cosmographey oder Beschreibung aller Länder, Basel 1628 (zuerst: 1550), S. 603; zitiert nach: Wippermann, Geschichte der Sinti und Roma in Deutschland, Berlin 1993, S. 56 f.

7 Zitiert nach: Wolfgang Wippermann, Luthers Erbe. Zur Kritik des deutschen Protestantismus, Darmstadt 2014, S. 153.

8 Eine wunderschöne Widerlegung dieses positiven Vorurteils hat Romani Rose gemacht, der in einem Gespräch mit Wolfgang Benz bekannt hat, dass er »weder ein Instrument spielen noch tanzen« könne. Wolfgang Benz, Sinti und Roma: Die unerwünschte Minderheit. Über das Vorurteil Antiziganismus, Berlin 2014, S. 59.

9 Wulf D. Hund, Rassismus. Die soziale Konstruktion natürlicher Ungleichheit, Münster 1999.

10 Ines Köhler-Zülch, Die verweigerte Herberge. Die Heilige Familie in Ägypten und andere Geschichten von »Zigeunern«, in: Jacqueline Giere (Hrsg.), Die gesellschaftliche Konstruktion des Zigeuners. Zur Genese eines Vorurteils, Frankfurt/M. 1996, S. 46–86.

11 Diese These geht zurück auf: Heinrich von Wlislocki, Volksglaube und religiöser Brauch der Zigeuner, Münster 1891.

12 Siehe Kapitel »Wir klagen uns an. Eine Kritik der ›Zigeunerforschung‹«, S. 171ff.

4. »Volk des Orients«

1 Heinrich Moritz Gottlieb Grellmann, Die Zigeuner. Ein historischer Versuch über die Lebensart und Verfassung, Sitten und

Schicksale dieses Volkes in Europa, nebst ihrem Ursprunge, Dessau und Leipzig 1783, S. 3 f.

2 Edward Said, Orientalism, New York 1979; Nicholas Saul, Gypsies and Orientalism in German Literature and Anthropology of the Long Nineteenth Century, Oxford 2007.

3 Zahlreiche Beispiele in: Bogdal, Europa erfindet die Zigeuner, Berlin 2011.

4 Ich verzichte auf Zitate aus diesen Werken, weil dies von den so negativ gezeichneten Afrikanern, Indianern und Roma als beleidigend empfunden wird oder werden kann, und verzichte auch auf eine Widerlegung der hier zu findenden Vorurteile sowohl gegenüber den Afrikanern und Indianern wie den Roma, weil dies eigentlich nicht notwendig ist, aber dennoch und deshalb letzten Endes erfolglos ist.

5 Fernand Braudel, Histoire et sciences sociales. La longue durée, in: ders., Ecrits sur l'histoire, Paris 1969, S. 41–83.

6 Claudia Breger, Die Ortslosigkeit des Fremden: »Zigeunerinnen« und »Zigeuner« in der deutschsprachigen Literatur um 1800, Köln 1998; Almut Hille, Identitätskonstruktionen. Die »Zigeunerin« in der deutschsprachigen Literatur des 20. Jahrhunderts, Würzburg 2005; Wolfgang Wippermann, »Doch allermeist die Weiber.« Antiziganismus in geschlechtergeschichtlicher Sicht, in: Helgard Kramer (Hrsg.), Die Gegenwart der NS-Vergangenheit, Berlin 2000, S. 9–24.

7 Wolfgang Wippermann, »Gefängnisse von langer Dauer.« Stand und Aufgaben der historischen Rassismusforschung in Deutschland, in: Claudia Lepp / Barbara Danckwortt (Hrsg.), Von Grenzen und Ausgrenzung. Interdisziplinäre Beiträge zu den Themen Migration, Minderheiten und Fremdenfeindlichkeit, Marburg 1997, S. 159–174.

8 Christian Wilhelm von Dohm, Über die bürgerliche Verbesserung der Juden, Berlin und Stettin 1781, S. 87 f.

9 Johann Rüdiger, Von der Sprache und Herkunft der Zigeuner aus Indien, in: Neuester Zuwachs der teutschen, fremden und allgemeinen Sprachkunde in eigenen Buchanzeigen und Nachrichten. 1. Stück, Leipzig 1782, S. 37–84, S. 47.

10 George L. Mosse, Rassismus. Ein Krankheitssymptom der europäischen Geistesgeschichte des 19. und 20. Jahrhunderts, Königstein 1978; Patrick von zur Mühlen, Rassenideologien. Geschichte und Hintergründe, Berlin 1977.

11 Hartwig von Hundt-Radowsky, Judenspiegel, ein Schand- und Sittengemälde alter und neuer Zeit, Würzburg 1819; Theodor Tetzner, Geschichte der Zigeuner, ihre Herkunft, Natur und Art, Weimar 1835; Richard Liebich, Die Zigeuner in ihrem Wesen und in ihrer Sprache. Nach eigenen Beobachtungen dargestellt, Leipzig 1863.

12 Aufgrund der ersten Verordnung zum Reichsbürgergesetz vom 14.11.1935 (Reichsgesetzblatt 1935 I, S. 1333 f.) war »Jude (…) wer von mindestens drei der Rasse nach volljüdischen Großeltern abstammt«, doch wer und aufgrund welcher rassischer Kriterien und Merkmale »der Rasse nach« Jude war, wurde weder in dieser noch in einer anderen Verordnung bestimmt und definiert. Daher orientierte man sich an der in der Verordnung vom 14.11.1935 zu findenden Bestimmung, wonach »Jude« ist, »der beim Erlass des Gesetzes der jüdischen Religionsgemeinschaft angehört hat …« Dazu wurden auch solche Personen gezählt, die aus der »jüdischen Religionsgemeinschaft« ausgetreten und zum Christentum konvertiert waren. Diese Christen galten nun ebenfalls als »Juden«.

13 Cesare Lombroso, Der Verbrecher in anthropologischer, ärztlicher und juristischer Beziehung, Hamburg 1894.

14 Stephan Bauer, Von Dillmanns Zigeunerbuch zum BKA. 100 Jahre Erfassung und Verfolgung der Sinti und Roma in Deutschland, Heidenheim 2008.

15 Jacob Katz, Vom Vorurteil bis zur Vernichtung. Der Antisemitismus 1700–1933, München 1988.

5. »Endgültige Lösung«

1 Runderlass des Reichsführers SS und Chefs der Deutschen Polizei im Reichsministerium des Inneren, Heinrich Himmler, vom

08.12.1938 über die »Bekämpfung der Zigeunerplage«, in: Ministe-
rialblatt des Reichs- und Preußischen Ministers des Innern, Jg. 99,
Nr. 51, S. 2105–2110.

Zum Folgenden die Überblicke von: Till Bastian, Sinti und Roma
im Dritten Reich. Geschichte einer Verfolgung, München 2001;
Martin Luchterhand, Der Weg nach Birkenau. Entstehung und Verlauf der nationalsozialistischen Verfolgung der »Zigeuner«, Lübeck
2009; Wolfgang Wippermann, »Auserwählte Opfer«? Shoah und
Porrajmos im Vergleich. Eine Kontroverse, Berlin 2005; Michael
Zimmermann, Verfolgt, vertrieben, vernichtet. Die nationalsozialistische Vernichtungspolitik gegen Sinti und Roma, Essen
1989; ders., Rassenutopie und Genozid. Die nationalsozialistische
Lösung der Zigeunerfrage, Hamburg 1996.

3 Verschiedene Erlasse abgedruckt bei: Wippermann, Geschichte
der Sinti und Roma in Deutschland, S. 77 ff.

4 Wilhelm Stuckart / Hans Globke, Kommentar zur deutschen
Rassengesetzgebung, Bd. 1, München / Berlin 1936, S. 55.

5 Wolfgang Wippermann, Holocaust mit kirchlicher Hilfe, in:
Evangelische Kommentare 9 / 1993, S. 519–521.

6 Siehe Kapitel »Wir klagen uns an. Kritik der ›Zigeunerforschung‹«,
S. 168 ff.

7 Reichstagsrede Hitlers vom 30.1.1939 in: Herbert Michaelis / Ernst
Schraepler (Hrsg.), Ursachen und Folgen. Vom deutschen Zu-
sammenbruch 1918 und 1945 bis zur staatlichen Neuordnung
Deutschlands in der Gegenwart, Bd. 1–22, Berlin 1964–1975,
Bd. 13, S. 21 f.

8 Rundschreiben des Bevollmächtigten Kommandierenden Generals
in Serbien (Dr. Harald Turner) vom 26.10.1941 an alle Feld- und
Kreiskommandeure, in: Wippermann, Geschichte der Sinti und
Roma in Deutschland, S. 96.

9 Ernst Klee und Willy Dressen (Hrsg.), »Gott mit uns«. Der deutsche Vernichtungskrieg im Osten 1939–1945, Frankfurt / M. 1989,
S. 114.

10 Schreiben Martin Bormanns an Heinrich Himmler vom
03.12.1942, in: Wippermann, Geschichte der Sinti und Rom in
Deutschland, S. 94.

Anhang

11 Wolfgang Wippermann, Nur eine Fußnote? Die Verfolgung der sowjetischen Roma. Historiographie, Motive, Verlauf, in: Klaus Meyer/Wolfgang Wippermann (Hrsg.), Gegen das Vergessen. Der Vernichtungskrieg gegen die Sowjetunion, Frankfurt/M. 1992, S. 75–90; Martin Holler, Der nationalsozialistische Völkermord an den Roma in der besetzten Sowjetunion (1941–1944), Heidelberg 2009.

12 Denis Pechanski, Les Tsiganes en France, 1936–1946, Paris 1994.

13 Amadeo Osti Guerrazzi, Der italienische Faschismus und die »Zigeuner«, in: Jahrbuch für Antisemitismusforschung 18, 2009, S. 139–159.

14 Karel Vodicka, Die Zigeuner des Monsignore Tiso. Roma-Verfolgung im »Schutzstaat« Slowakei 1939–1945, in: Zeitschrift für Ostmitteleuropa-Forschung 53, S. 46–82.

15 János Bársony/Agnes Daróczi, Pharrajimos. The fate of the Roma During the Holocaust, Budapest 2007; Melanie Barlai/Florian Hartlieb, Die Roma in Ungarn, in: Aus Politik und Zeitgeschichte 06.07.2009.

16 Dennis Reinharz, Damnation of the Outsider. The Gypsies of Croatia and Serbia in the Balkan Holocaust, 1941–1945, in: David Crowe/John Kolsti (Hrsg.), The Gypsies in Eastern Europe, New York 1991, S. 81–92.

17 Viorel Achim, The Roma in Romanian History, New York 2004.

18 Radu Ionid, The Holocaust in Romania. The Destruction of Jews and Gypsies under the Antonescu Regime, 1940–1944, Chicago 2000; Viorel Achim, Die Deportation der Roma nach Transnistrien, in: Mariana Hausleitner, Brigitte Mihok, Juliane Wetzel (Hrsg.), Rumänien und der Holocaust. Zu den Massenverbrechen in Transnistrien 1941–1944, Berlin 2001.

19 Thomas Huonker/Regula Ludi, Roma, Sinti und Jenische. Schweizerische Zigeunerpolitik zur Zeit des Nationalsozialismus, Zürich 2001.

20 Den Begriff »Roma-Emigration« scheint es noch nicht einmal zu geben. Gibt man dieses Stichwort bei Wikipedia ein, so erscheinen Hinweise auf die heutige »Migration« von Roma.

6. »Wie mit den Juden«

1 Robert M. W. Kempner, SS im Kreuzverhör, Hamburg 2. Aufl. 1991, S. 101.

2 Julia von dem Knesebeck, The Roma Struggle for Compensation in Post-War Germany, Hatfield 2011.

3 Urteil des Bundesgerichtshofs vom 07.01.1956, in: Tilman Zülch (Hrsg.), In Auschwitz vergast, bis heute verfolgt. Zur Situation der Roma (Zigeuner) in Deutschland und Europa, Reinbek 1979, S. 168–170.

4 Franz Calvelli-Adorno, Die rassische Verfolgung der Zigeuner vor dem 1. März 1943, in: Rechtsprechung zum Wiedergutmachungs-recht 12, 1961, S. 529 ff.

5 Dazu: Hans Günther Hockerts, Anwälte der Verfolgten. Die United Restitution Organization, in: Ludolf Herbst/Constantin Goschler (Hrsg.), Wiedergutmachung, München 1989, S. 249–272.

6 Zitiert nach: Michael Schenk, Rassismus gegen Sinti und Roma. Zur Kontinuität der Zigeunerverfolgung innerhalb der deutschen Gesellschaft von der Weimarer Republik bis zur Gegenwart, Frankfurt/M. 1994, S. 326.

7 BGH-Urteil vom 18. Dezember 1963, in: Rechtsprechung zum Wiedergutmachungsrecht 1964, S. 209 ff.

8 Dieser Beschluss wurde in Form einer sog. »Härteregelung« am 26. August 1981 in Kraft gesetzt. Vgl.: Romani Rose, Bürgerrechte für Sinti und Roma. Das Buch zum Rassismus in Deutschland, Heidelberg 1987, S. 59.

9 Drucksache des Deutschen Bundestages 10/6287 vom 31. Oktober 1986, S. 34.

10 Arnold Spitta, Wiedergutmachung oder wider die Gutmachung, in: Zülch (Hrsg.), In Auschwitz vergast, S. 161–167.

11 Wolf Biermann/Goldschabi Rosenberg, in: Zülch (Hrsg.), In Auschwitz vergast, S. 172.

12 Christian Bernadec, L'holocauste oublié. Le massacre des Tsiganes, Paris 1979.

13 Jerzy Ficowsky, Wieviel Trauer und Wege. Zigeuner in Polen, Frankfurt/M. 1992; Selma Steinmetz, Österreichs Zigeuner im

NS-Staat, Wien 1966; Erika Thurner, Nationalsozialismus und Zigeuner in Österreich, Wien 1983; Bernard Sijes, Vervolging van Zigeuneers in Nederland 1940–1945, s'Gravenhage 1978.

14 Donald Kenrick/Grattan Puxon, Sinti und Roma. Die Vernichtung eines Volkes im NS-Staat, Göttingen 1981.

7. »Interdit aux nomades«

1 Rajko Djuric/Jörg Becken/Bertolt A. Bengsch, Ohne Heimat – ohne Grab. Die Geschichte der Roma und Sinti, Berlin 1996; Katrin Reemtsma, Sinti und Roma. Geschichte, Kultur, Gegenwart, München 1986. In den meisten anderen Überblicksdarstellungen zur Geschichte der europäischen Roma wird die Diskriminierung und Verfolgung der Roma nach dem Porrajmos nur gestreift.

2 Zur keineswegs konfliktfreien Geschichte der deutschen Sinti und Roma nach 1945: Gilad Margalit, Die Nachkriegsdeutschen und »ihre Zigeuner«. Die Behandlung der Sinti und Roma im Schatten von Auschwitz, Berlin 2002; Peter Widmann, An den Rändern der Städte. Sinti und Jenische in der deutschen Kommunalpolitik, Berlin 2001.

3 Siehe dazu oben Kapitel 6, S. 89. Zur Bürgerrechtsbewegung der deutschen Sinti und Roma unten Kapitel 10, S. 140 ff.

4 Daniel Strauß (Hrsg.), Studie zur aktuellen Bildungssituation der deutschen Sinti und Roma, Marburg 2011.

5 Derek Hawes/Barbara Perez, The Gypsy and the state. The ethnic cleansing of British society, Bristol 1996.

6 Allerdings haben die Roma wie die Juden keine »Wiedergutmachungszahlungen« von den Behörden der DDR erhalten.

7 Dazu gibt es zwar zahlreiche publizistische Quellen, die meist im Internet abrufbar sind, aber noch keine zusammenfassende Darstellung.

8 Zum Folgenden: Katrin Lange, Die Stille durchbrechen. Antiziganistische Stimmungsmache in Italien und der Widerstand dagegen, in: Markus End/Kathrin Herold/Yvonne Robel (Hrsg.),

Antiziganistische Zustände. Zur Kritik eines allgegenwärtigen Ressentiments, Münster 2009, S. 233–250.

9 Ich stütze mich im Folgenden auf verschiedene Berichte im Internet, u. a.: »Italien: vier Roma-Kinder starben im Feuer«, Antiziganismus Watchblog vom 09.02.2011, http://antizig.blogsport. de/2011/02/09, zuletzt abgerufen am 11.02.2015.

10 »Antiziganismus in Italien«. Freie-radios.net vom 03.06.2008, http:// www.freie-radios.net/22707, zuletzt abgerufen am 11.02.2015.

11 Gisela Dürselen, Asozial, unzivilisiert, kriminell, ungewollt. Antiziganistische Zustände in Italien, in: Phase 2 – Zeitschrift gegen die Realität, http://phase-zwei.org/hefte/artikel/asozial-unzivilisiert-kriminell-ungewollt-187/, zuletzt abgerufen am 11.02.2015.

12 Braun, Michael: »Apartheid-Vorschlag in Italien. B für die Braven, R für die Roma«, in: taz vom 28.10.2014, http://www.taz.de/ Apartheids-Vorschläge-in-Italien/!148508, zuletzt abgerufen am 11.02.2015.

13 Zum Folgenden der sehr informative Artikel von Bernard Schmid: »Sarkozys ›Krieg‹ gegen das Nichtfranzösische und besonders gegen Roma«, in: ZAG – antirassistische zeitschrift, http://www. zag-berlin.de/antirassismus/archiv/57sarkozy.html, zuletzt abgerufen am 11.02.2015.

14 »Antiziganismus in Frankreich. Roma unerwünscht«, in: taz vom 27.08.2012, http://www. taz.de/!100436, zuletzt abgerufen am 11.02.2015.

15 Balmer, Rudolf: »Antiziganismus in Frankreich. Hitler als Referenz«, in: taz vom 23.08.2013, http://www.taz.de/!120521/, zuletzt abgerufen am 11.02.2015.

16 »Frankreich: Rechter Bürgermeister verweigert Roma-Baby die Beerdigung«, in: www.spiegel.de vom 03.01.2015, http:// www.spiegel.de/panorama/gesellschaft/frankreich-rechter-buergermeister-verweigert-roma-baby-grab-a-1011128.html, zuletzt abgerufen am 11.02.2015.

8. »Apartheid«

1 Václav Miko, Anticikanismus v Cechách, Ceské Budejovice 2009.

2 Zur Geschichte und Gegenwart der osteuropäischen Roma: David Crowe/John Kolsti, The Gypsies of Eastern Europe, New York 1991; Max Matter (Hrsg.), Die Situation der Roma und Sinti nach der EU-Osterweiterung, Göttingen 2005; David Crowe, The Roma in Post-Communist Eastern Europe: Questions of Ethnic Conflict and Ethnic Peace, in: Nationality Papers 36, 2008, S. 521–552. Nicht sehr zuverlässig sind die journalistischen Arbeiten von: Norbert Mappes-Niedeck, Arme Roma. Böse Zigeuner. Was an den Vorurteilen über die Zuwanderer stimmt, Berlin 2012; Rolf Bauerdick, Begegnung mit einem ungeliebten Volk, Stuttgart 2013.

3 Zur gegenwärtigen Lage der tschechischen Roma der Bericht über eine Konferenz, die im September 2012 in Ostrava stattgefunden hat: http://www.rosalux.de/documentation/47390/rassismus und antiziganismus in mittel- und osteuropa, zuletzt abgerufen am 11.02.2015.

4 Daniel Bartolomej, Geschichte der Roma in Böhmen, Mähren und der Slowakei, Frankfurt/M. 1998.

5 Das wichtigste war: Rajko Djuric/Jürgen Becken/A. Bertolt Bengsch, Ohne Heimat – Ohne Grab. Die Geschichte der Roma und Sinti, Berlin 1996.

6 Tilman Zülch, Bis der letzte »Zigeuner« das Land verlassen hat. Massenvertreibung der Roma und Aschkeli aus dem Kosovo, Göttingen 1999; Rom e.V., 650 Jahre Roma-Kultur im Kosovo – und die Vernichtung: Das Pogrom, Köln 1999.

7 Brigitte Mihok/Stephan Müller, Roma in Rumänien. Ein kleiner Einblick, in: ZAG, H. 5, 1992, S. 18–23, http://anti-ziganismus. de/artikel/roma-in-rumaenien/, zuletzt abgerufen am 11.02.2015; Barbara Danckwortt, Die Roma Rumäniens – Verfolgung unter zwei Diktaturen (Teil III), in: Deutsch-Rumänische Hefte 3, H. 3–4, 2002, S. 17–20; Barbara Danckwortt, Die Roma Rumäniens – Die unerwünschten Staatsbürger (Teil IV), in: Deutsch-Rumänische Hefte 3, H. 3–4, 2002, S. 13–16.

8 Zu Antiziganismus in Ungarn: Brigitte Mihok, Vergleichende

Studie zur Situation der Minderheiten in Ungarn und Rumänien (1989–1996) unter besonderer Berücksichtigung der Roma, Frankfurt/M. 1999; Melanie Barlai/Florian Hartleb, Die Roma in Ungarn, in: Aus Politik und Zeitgeschichte 06.07.2009; Andreas Koob, Deklassiert und verhasst, in: Jungle World 40, Oktober 2013, http://jungle-world.com/artikel/2013/40/48548.html, zuletzt abgerufen am 11.02.2015; Wolfgang Benz, Sinti und Roma: Die unerwünschte Minderheit. Über das Vorurteil Antiziganismus, Berlin 2014, S. 80–97.

9 Zur Jobbik-Partei: Melanie Barlai/Florian Hartleb, Rechtsextremismus als Posttransformationsphänomen – der Fall Ungarn, in: Totalitarismus und Demokratie 7, 2010, S. 83–104.

10 Wolfgang Wippermann, Faschismus. Eine Weltgeschichte vom 19. Jahrhundert bis heute, Darmstadt 2009, S. 146 ff.

11 Mit Hinweisen auf verschiedene Presseberichte: Benz Sinti und Roma, S. 81 ff.

12 Dazu die scharfe Kritik der ungarischen Wissenschaftlerin Magdalena Marsovsky in der taz vom 09.04.2014, http://www.taz.de/!136342, zuletzt abgerufen am 11.02.2015.

13 Balog ist 2013 mit dem (deutschen) Großen Verdienstkreuz mit Stern und Schulterband ausgezeichnet worden. Gewissermaßen im Gegenzug hat der Vorsitzende des Zentralrats deutscher Sinti und Roma, Romani Rose, einen hohen ungarischen Orden bekommen.

14 Beispielhaft dafür ist ein Artikel in der Berliner Morgenpost vom 06.01.2014, in dem die ungarische Roma-Politik hymnisch gelobt wurde. Dies unter der alles sagenden Überschrift »Ringen um die Seele der Roma«. Vgl. die Kritik von Benz, Sinti und Roma, S. 93 f.

9. »Sozialtourismus«

1 Die für Bulgarien und Rumänien geltenden Beschränkungen endeten am 31.12.2013.

2 Jessica Heun, Minderheitenschutz der Roma in der Europäischen Union. Unter besonderer Berücksichtigung der Definition der

Roma als nationale Minderheit sowie der Möglichkeit positiver
Maßnahmen im Rahmen von Art. 19 AEUV, Berlin 2011.

10. »Lass maro tschatschepen«

1 Abgedruckt in: Tilman Zülch (Hrsg.), In Auschwitz vergast, bis
   heute verfolgt. Die Situation der Roma (Zigeuner) in Deutschland
   und Europa, Reinbek 1979, S. 288.
2 Vgl. dazu: Peter Widmann, An den Rändern der Städte. Sinti und
   Jenische in der deutschen Kommunalpolitik, Berlin 2001. Diese
   Studie beschränkt sich zwar auf die Situation in Freiburg und
   Straubing. Ihre deprimierenden Ergebnisse dürften aber einen
   verallgemeinerungsfähigen Charakter haben.
3 Vgl. dazu die kritische Studie von: Wolfgang Feuerhelm, Polizei
   und »Zigeuner«. Strategien, Handlungsmuster und Alltagstheorien
   im polizeilichen Umgang mit Sinti und Roma, Stuttgart 1987.
4 Vgl. dazu: Gilad Margalit, Die Nachkriegsdeutschen und »ihre
   Zigeuner«. Die Behandlung der Sinti und Roma im Schatten von
   Auschwitz, München 2001.
5 An einem Einzelfall dokumentiert von: Wolfgang Wippermann,
   Mazurka Rose und der Artikel 16 des Grundgesetzes, in: Perspektiven. Die internationale StudentInnenzeitung 7/8, 1991, S. 51–53;
   ders., Christine Lehmann and Mazurka Rose: Two Gypsies in
   the Grip of German Bureaucracy, in: Michael Burleigh (Hrsg.),
   Confronting the Nazi Past. New Debates on Modern German
   History, London 1996, S. 112–124.
6 Romani Rose, Bürgerrechte für Sinti und Roma, Heidelberg 1987,
   S. 88 ff.; und: Yaron Matras, The Development of the Romani Civil
   Rights Movement in Germany (1945–1996) in: Susan Tebbutt
   (Hrsg.), Sinti und Roma. Gypsies in German-Speaking Society and
   Literature, New York 1998, S. 49–63.
7 An dem Sammelband war kein einziger deutscher Fachhistoriker
   beteiligt. Dennoch oder gerade deshalb hat gerade dieses Buch
   einige jüngere Historiker bewogen, sich erstmals mit der Verfolgung der Sinti und Roma in der NS-Zeit zu beschäftigen.

8 Ernst Tugendhat, Vorwort, in: Zülch (Hrsg.), In Auschwitz vergast, bis heute verfolgt, S. 9–11.

9 Zitiert nach Margalit, Die Nachkriegsdeutschen und »ihre Zigeuner«, S. 260 f.

10 Zitiert nach: Peter Sandner, Frankfurt. Auschwitz. Die national-sozialistische Verfolgung der Sinti und Roma in Frankfurt am Main, Frankfurt/M. 1998, S. 12.

11 Einige haben sich auch von Romani Roses Kampagne gegen die Verwendung des »Zigeuner«-Begriffs distanziert. Dies mit der merkwürdigen Begründung, dass sie sich selber als »Zigeuner« bezeichnen würden.

12 Vgl. dazu: Grattan Puxon, Einhundert Jahre Nationalbewegung der Zigeuner, in: Zülch (Hrsg.), In Auschwitz vergast, S. 290–300.

13 Ebenda, S. 293.

14 Wolfgang Wippermann, »Vom langen Schlaf ermuntert.« Über den Nationsbildungsprozess der Roma, in: Reetta Toivanen/Michi Knecht (Hrsg.), Europäische Roma – Roma in Europa, Münster 2006, S. 78–85; Herbert Ueling/Julia-Karin Patrut (Hrsg.), »Zigeuner« und Nation: Repräsentation – Inklusion – Exklusion, Frankfurt/M. 2008.

»Wir klagen uns an«

1 Bei der »Zigeunerforschung« handelt es sich um keine objektive Forschung über die Roma und ihre Geschichte.

2 Martin Ruch, Zur Wissenschaftsgeschichte der deutschsprachigen »Zigeunerforschung« von den Anfängen bis 1900, Freiburg 1986; Joachim S. Hohmann, Zigeuner und Zigeunerwissenschaft. Ein Beitrag zur Grundlagenforschung und Dokumentation des Völkermords im »Dritten Reich«, Marburg 1980; Kirsten Martins-Heuß, Zur mythischen Figur des Zigeuners in der deutschen Zigeunerforschung, Frankfurt/M. 1983.

3 Heinrich Moritz Grellmann, Die Zigeuner. Ein historischer Versuch über die Lebensart und Verfassung, Sitten und Schicksale dieses Volkes in Europa, nebst ihrem Ursprunge, Göttingen 1783.

4 Friedrich Christian Benedict, Avé-Lallement, Das deutsche Gau-
nerthum, Bd. 1–4, Leipzig 1858–1862.

5 Richard Liebich, Die Zigeuner in ihrem Wesen und in ihrer
Sprache. Nach eigenen Beobachtungen dargestellt, Leipzig 1863,
S. 113.

6 Werner K. Höhne, Die Vereinbarkeit der deutschen Zigeunergesetze und -verordnungen mit dem Reichsrecht, insbesondere der
Reichsverfassung, Jur. Diss. Heidelberg 1929.

7 Volker Berbüsse, Das Bild der »Zigeuner« in deutschsprachigen
kriminologischen Lehrbüchern seit 1946. Eine erste Bestandsaufnahme, in: Jahrbuch für Antisemitismusforschung 1, 1992.
S. 117–151.

8 Dazu: Bogdal, Europa erfindet die Zigeuner, Berlin 2011, S. 254 ff.

9 Franz Liszt, Die Zigeuner und ihre Musik in Ungarn, Pest 1861.
Bemerkenswert objektiv ist: Martin Block, Die Zigeuner. Ihr Leben
und ihre Seele. Dargestellt auf Grund eigener Reisen und Forschungen, Leipzig 1936

10 Johann Schwicker, Die Zigeuner in Ungarn und Siebenbürgen,
Wien 1883; Heinrich von Wlislocki, Zur Volkskunde der trans-
silvanischen Zigeuner, Hamburg 1887; ders., Vom wandernden
Zigeunervolke. Bilder aus dem Leben der Siebenbürger Zigeuner.
Geschichtliches, Ethnologisches, Sprache und Poesie, Hamburg
1890; ders., Volksglaube und religiöser Brauch der Zigeuner,
Münster 1891; Friedrich Wilhelm Brepohl, Aus dem Winterleben
der Wanderzigeuner. Ethnologische Studie, Seegefeld 1919; ders.,
Die Zigeuner im alten Orient. Eine ethnologisch-historische Studie
über die Vorgeschichte der Zigeuner, unter besonderer Berücksichtigung byzantinischer Quellen, Berlin 1913.

11 Silvio Peritore/Frank Reuter (Hrsg.), Inszenierung des Fremden.
Fotografische Darstellung von Sinti und Roma im Kontext der
historischen Bildforschung, Heidelberg 2011.

12 Tobias Schmidt-Degenhard, Vermessen und Vernichten. Der
NS-»Zigeunerforscher« Robert Ritter, Stuttgart 2012.

13 Benno Müller-Hill, Tödliche Wissenschaft. Die Aussonderung von
Juden, Zigeunern und Geisteskranken, Reinbek 1984.

14 Ein erster Versuch war: Kirsten Martins-Heuß, Zur mythischen

Figur des Zigeuners in der deutschen Zigeunerforschung, Frankfurt/M. 1983.

15 Joachim S. Hohmann, Die Forschungen des »Zigeunerexperten« Hermann Arnold, in: 1999. Zeitschrift für Sozialgeschichte des 20. und 21. Jahrhunderts, 1995, H. 3, S. 35–49.

16 Hermann Arnold, Vaganten, Komödianten, Fieranten und Briganten, Stuttgart 1958.

17 Hermann Arnold, Die Räuberbande des Hannikel, in: Pfälzer Heimat 3, 1957, S. 101–103; Hermann Arnold, Etwas vom Igel und von den Zigeunern, in: Die Pirsch 8, 1956, S. 253 f.; Hermann Arnold, Soziale Isolate im Mosel-Saar-Nahe-Raum, Saarbrücken 1964.

18 Hermann Arnold, Die Zigeuner – Herkunft und Leben im deutschen Sprachgebiet, Olten/Freiburg 1965.

19 Hermann Arnold, Zur Geschichte der Zigeunerforschung in Deutschland, in: Arnold, Die Zigeuner, S. 292–297; ders., Ein Menschenalter danach – Anmerkungen zur Geschichtsschreibung der Zigeunerverfolgung, in: Mitteilungen zur Zigeunerkunde 3, 1977.

20 Anita Awosusi, Stichwort Zigeuner. Zur Stigmatisierung von Sinti und Roma in Lexika und Enzyklopädien, Heidelberg 2002.

21 Zum Beispiel: Wolf in der Maur, Die Zigeuner. Wanderer zwischen den Welten, Wien 1978.

22 Lukrezia Jochimsen, Zigeuner heute. Untersuchung einer Außen-seitergruppe in einer deutschen Mittelstadt, Stuttgart 1963; Anita Geigges/Bernhard Wette, Zigeuner heute. Verfolgung und Diskriminierung in der BRD, Bornheim-Merten 1979; George v. Soest, Zigeuner zwischen Verfolgung und Integration. Geschich-te, Lebensbedingungen und Eingliederungsversuche, Weinheim 1979; Andreas Hundsalz, Stand der Forschung über Zigeuner und Landfahrer, Stuttgart 1979.

23 Mark Münzel/Bernhard Streck (Hrsg.), Kumpania und Kontrolle. Moderne Behinderungen zigeunerischen Lebens, Gießen 1981.

24 Romani Rose, Vorwort, in: Kirsten Martins-Heuß, Zur mythischen Figur des Zigeuners in der deutschen Zigeunerforschung, Frank-furt/M. 1983, S. 1–34.

25 Bernhard Streck, Die nationalsozialistischen Methoden zur »Lösung des Zigeunerproblems, in: Tribüne – Zeitschrift zum Verständnis des Judentums 20, 1981, S. 53–77.

26 Bernhard Streck, Kultur der Zwischenräume – Grundfragen der Tsiganologie, in: Fabian Jacobs/Johannes Ries (Hrsg.), Roma-/Zigeunerkulturen in neuen Perspektiven, Leipzig 2008, S. 21–47.

27 Hans Buchheim, Die Zigeunerdeportation vom Mai 1940, in: Gutachten des Instituts für Zeitgeschichte, Bd. 1, München 1958, S. 51–61.

28 Hans-Joachim Döring, Die Motive der Zigeuner-Deportation vom Mai 1940, in: Vierteljahreshefte für Zeitgeschichte 7, 1959, S. 418–428.

29 Jerzy Ficowski, Cyganie Polscy. Skice historyczno-obyczajow, Warschau 1953; ders., Cyganie na polskich drogach, Krakau 1965; ders., Wieviel Trauer und Wege. Zigeuner in Polen, Frankfurt/M. 1992; Selma Steinmetz, Österreichs Zigeuner im NS-Staat, Wien 1966; Erika Thurner, Nationalsozialismus und Zigeuner in Österreich, Salzburg 1983; Bernard Sijes u. a., Vervolging van Zigeuners in Nederland 1940–1945, s'Gravenhage 1979; Miriam Novitch, Le génocide des Tsiganes sous le Régime Nazi, Paris 1968; Christian Bernadec, L'holocauste oublié. Le massacre de Tsiganes, Paris 1979. Donald Kenrick/Grattan Puxon, The Destiny of Europe's Gypsies, London 1982.

30 Joachim S. Hohmann, Geschichte der Zigeunerverfolgung, Frankfurt/M. 1981; ders., Verfolgte ohne Heimat. Geschichte der Zigeuner in Deutschland, Frankfurt/M. 1990; Wolfgang Wippermann, Geschichte der Sinti und Roma in Deutschland. Darstellung und Dokumente, Berlin 3. Aufl. 1997; Katrin Reemtsma, Sinti und Roma. Geschichte, Kultur, Gegenwart, München 1996.

31 Ulrich König, Sinti und Roma unter dem Nationalsozialismus. Verfolgung und Widerstand, Bochum 1989, Michael Zimmermann, Verfolgt, vertrieben, vernichtet. Die nationalsozialistische Vernichtungspolitik gegen Sinti und Roma, Essen 1989; Michail Krausnick, Wo sind sie hingekommen? Der unterschlagene Völkermord an den Sinti und Roma, Gerlingen 1995

32 Hansjörg Riechert, Im Schatten von Auschwitz. Die national-

sozialistische Sterilisationspolitik gegenüber Sinti und Roma, Münster 1995

33 Die wichtigsten in zeitlicher Reihenfolge: Wolfgang Wippermann, Das Leben in Frankfurt zur NS-Zeit, II. Die nationalsozialistische Zigeunerverfolgung, Frankfurt/M. 1986; Eva Hase-Mihalik/ Doris Kreuzkamp, Du kriegst auch einen schönen Wohnwagen. Zwangslager für Sinti und Roma während des Nationalsozialismus in Frankfurt am Main, Frankfurt/M. 1990; Karola Fings/Frank Sparing, »Z.Zt. Zigeunerlager«. Die Verfolgung der Düsseldorfer Sinti und Roma im Nationalsozialismus, Köln 1992; Herbert Heuß, Darmstadt. Auschwitz. Die Verfolgung der Sinti in Darmstadt, Darmstadt 1995; Udo Engbring-Romang, Fulda. Auschwitz. Zur Verfolgung der Sinti in Fulda, Darmstadt 1996; Udo Engbring-Romang, Wiesbaden. Auschwitz. Zur Verfolgung der Sinti in Wiesbaden, Darmstadt 1997; Peter Sandner, Frankfurt. Auschwitz. Die nationalsozialistische Verfolgung der Sinti und Roma in Frankfurt am Main, Frankfurt/M. 1998; Udo Engbring-Romang, Marburg. Auschwitz. Zur Verfolgung der Sinti in Marburg und Umgebung, Frankfurt/M. 1998; Hans Hesse/Jens Schreiber, Vom Schlachthof nach Auschwitz. Die NS-Verfolgung der Sinti und Roma aus Bremen, Bremerhaven und Nordwestdeutschland, Marburg 1999; Udo Engbring-Romang, Die Verfolgung der Sinti und Roma in Hessen zwischen 1870 und 1950, Frankfurt/M. 2002.

34 Ute Brucker-Boroujerdi/Wolfgang Wippermann, Nationalsozialistische Zwangslager in Berlin, III. Das »Zigeunerlager« Marzahn, in: Wolfgang Ribbe (Hrsg.), Berlin-Forschungen II, Berlin 1987, S. 180–201; Karola Fings, Nationalsozialistische Zwangslager für Sinti und Roma, in: Wolfgang Benz/Barbara Distel (Hrsg.), Der Ort des Terrors. Geschichte der nationalsozialistischen Konzentrationslager, Bd. 9, München 2009, S. 192–217.

35 Wolfgang Wippermann, Konzentrationslager. Geschichte, Nachgeschichte, Gedenken, Berlin 1999, S. 70ff.

36 Zum Folgenden: Wolfgang Wippermann, Umstrittene Vergangenheit. Fakten und Kontroversen zum Nationalsozialismus, Berlin 1998, bes. S. 12ff.

37 Andreas Hillgruber, Die »Endlösung« und das deutsche Ost-

imperium als Kernstück des rassenideologischen Programms
des Nationalsozialismus, in: ders., Deutsche Großmacht- und
Weltpolitik im 19. und 20. Jahrhundert, Düsseldorf 1977,
S. 252–275.

38 Michael Burleigh/Wolfgang Wippermann, The Racial State.
Germany 1933–1945, Cambridge 1992.

39 Ian Hancock, The Pariah Syndrome. An Account of Gypsy Slavery
and Persecution, Ann Arbor 1988; ders., Uniqueness: Gypsies and
Jews, in: Remembering for the Future: Jews and Christians During
and After the Holocaust, Oxford 1988, S. 2017–2025.

40 Yehuda Bauer, »Es galt nicht der gleiche Befehl für beide.« Eine
Entgegnung auf Romani Roses Thesen zum Genozid an den
europäischen Juden, Sinti und Roma, in: Blätter für deutsche und
internationale Politik 11, 1998, S. 1380–1386.

41 Michael Zimmermann, Rassenutopie und Genozid. Die nationalsozialistische Lösung der Zigeunerfrage, Hamburg 1996.

42 Guenter Lewy, »Rückkehr nicht erwünscht« Die Verfolgung der
Zigeuner im Dritten Reich, München 2001.

43 Wolfgang Wippermann, »Auserwählte Opfer«? Shoah und Porrajmos im Vergleich. Eine Kontroverse, Berlin 2. Aufl. 2012.

44 Hinzuweisen wäre noch auf: Martin Luchterhandt, Der Weg nach
Birkenau. Entstehung und Verlauf der nationalsozialistischen
Verfolgung der »Zigeuner«, Lübeck 2009.

45 Dazu: Karola Fings/Frank Sparing, »… einziges Land, in dem Judenfrage und Zigeunerfrage gelöst.« Die Verfolgung der Roma im
faschistisch besetzten Jugoslawien 1941–1945, Köln 1993; Martin
Holler, Der nationalsozialistische Völkermord an den Roma in
der besetzten Sowjetunion (1941–1944), Heidelberg 2009; Felicitas Fischer von Weikersthal (Hrsg.), Der nationalsozialistische
Genozid an den Roma Osteuropas. Geschichte und künstlerische
Verarbeitung, Köln 2008; Radu Ionid, The Holocaust in Romania. The Destruction of Jews and Gypsies under the Antonescu
Regime, 1940–1944, Chicago 2000; Karel Vodicka, Die Zigeuner
des Monsignore Tiso. Roma-Verfolgung im »Schutzstaat« Slowakei
1939–1945, in: Zeitschrift für Ostmitteleuropa-Forschung 53,
S. 46–82; Anton Weiss-Wendt, Extermination of the Gypsies in

Estonia during World War II. Popular Images and Official Policies, in: Holocaust and Genocide Studies 17, 2003, S. 31–61; Amadeo Osti Guerrazzi, Der italienische Faschismus und die »Zigeuner«, in: Jahrbuch für Antisemitismusforschung 18, 2009, S. 139–159.

46 Wippermann, Auserwählte Opfer, S. 125 ff.

47 Leo Lucassen, Zigeuner. Die Geschichte eines polizeilichen Ordnungsbegriffes in Deutschland 1700–1945, Köln 1996.

48 Ulrich Friedrich Opfermann, »Dass sie den Zigeuner-Habit ablegen« Die Geschichte der »Zigeuner-Kolonien« zwischen Wittgenstein und Westerwald, Frankfurt/M. 1997; ders., »Seye kein Ziegeuner, sondern kayserlicher Cornet« Sinti im 17. und 18. Jahrhundert, Berlin 2007.

49 Marion Bonillo, »Zigeunerpolitik« im Deutschen Kaiserreich 1871–1918, Frankfurt/M. 2001; Rainer Hehemann, Die »Bekämpfung des Zigeunerunwesens« im Wilhelminischen Deutschland und in der Weimarer Republik 1871–1933, Frankfurt/M. 1987; Wolfgang Günther, Zur preußischen Zigeunerpolitik seit 1871. Eine Untersuchung am Beispiel des Landkreises Neustadt am Rübenberge und der Hauptstadt Hannover, Hannover 1985; Thomas Fricke, Zwischen Erziehung und Ausgrenzung. Zur württembergischen Geschichte der Sinti und Roma im 19. Jahrhundert, Frankfurt/M. 1991.

50 Wolfgang Wippermann, Das »ius sanguinis« und die Minderheiten im Deutschen Kaiserreich, in: Hans Henning Hahn/Peter Kunze (Hrsg.), Nationale Minderheiten und staatliche Minderheitenpolitik in Deutschland im 19. Jahrhundert, Berlin 1999, S. 133–144.

51 Klaus J. Bade (Hrsg.), Deutsche im Ausland – Fremde in Deutschland. Migration in Geschichte und Gegenwart, München 1992.

52 Generell haben sich die deutschen Historiker wenig für die Geschichte der Roma nach dem Völkermord interessiert. Eine rühmliche Ausnahme ist: Peter Widmann, An den Rändern der Städte. Sinti und Jenische in der deutschen Kommunalpolitik, Berlin 2001; Die wichtigste Arbeit stammt von dem israelischen Historiker Gilad Margalit, Die Nachkriegsdeutschen und »ihre Zigeuner«. Die Behandlung der Sinti und Roma im Schatten von Auschwitz, Berlin 2002.

53 Meines Wissens geschah dies durch den Gründer und Direktor
des »Centre de recherches tsiganes«, Jean-Pierre Liégeois. Martin
Holler hat aber entdeckt, dass der Begriff Antiziganismus bzw.
russisch »antycyganisme« schon im Russland des ausgehenden
19. Jahrhunderts anzutreffen ist.

54 Michael Zimmermann, Antiziganismus – ein Pendant zum
Antisemitismus? Überlegungen zu einem bundesdeutschen
Neologismus, in: Zeitschrift für Geschichtswissenschaft 55, 2007,
S. 304–314.

55 Wolfgang Wippermann, »Wie die Zigeuner«. Antisemitismus und
Antiziganismus im Vergleich, Berlin 1997; ders., »Auserwählte
Opfer«? Shoah und Porrajmos im Vergleich. Eine Kontroverse,
Berlin 2005.

56 Gespräch mit Romani Rose, in: Wolfgang Benz, Sinti und Roma.
Die unerwünschte Minderheit. Über das Vorurteil Antiziganismus,
Berlin 2014, S. 49.

57 Benz, Sinti und Roma, S. 47.

58 Wegweisend wäre: Jacob Katz, Vom Vorurteil bis zur Vernichtung.
Der Antisemitismus 1700–1933, München 1988.

59 Michael Schenk, Rassismus gegen Sinti und Roma. Zur Kontinuität der Zigeunerverfolgung innerhalb der deutschen Gesellschaft
von der Weimarer Republik bis in die Gegenwart, Frankfurt/M.
1994; Wulf D. Hund, Zigeuner. Geschichte und Struktur einer
rassistischen Konstruktion, Duisburg 1996; Ännecke Winckel,
Antiziganismus. Rassismus gegen Roma und Sinti im vereinigten
Deutschland, Münster 2002.

60 Wolfgang Wippermann, Antiziganismus. Gespräch mit Wolfgang
Wippermann, in: Christoph Burgmer (Hrsg.), Rassismus in der
Diskussion, Berlin 1999, S. 92–111.

61 Franz Maciejewski, Das geschichtlich Unheimliche am Beispiel der
Sinti und Roma, in: Psyche 48, 1994, S. 30–49, S. 47.

62 Markus End, Bilder und Sinnstruktur des Antiziganismus, in: Aus
Politik und Zeitgeschichte 2011.

63 In seinem »Gutachten. Antiziganismus. Zum Stand der Forschung
und der Gegenstrategien« vom Dezember 2012 hat Markus End
die folgende Definition des Antiziganismus gegeben, die ich

nicht verstanden habe und auch nicht verstehen will: »Unter dem Begriff Antiziganismus wird im Folgenden ein historisch gewachsenes und sich selbst stabilisierendes soziales Phänomen verstanden, das eine homogenisierende und essentialisierende Wahrnehmung und Darstellung bestimmter sozialer Gruppen und Individuen unter dem Stigma ›Zigeuner‹ oder anderer verwandter Bezeichnungen, eine damit verbundene Zuschreibung spezifischer devianter Eigenschaften an die so Stigmatisierten sowie vor diesem Hintergrund entstehende diskriminierende soziale Strukturen und gewaltförmige Praxen umfasst.«

64 Leo Lucassen, Zigeuner. Die Geschichte eines polizeilichen Ordnungsbegriffs 1700–1945, Köln 1996.

65 Wilhelm Solms, Zigeunerbilder. Ein dunkles Kapitel der deutschen Literaturgeschichte. Von der frühen Neuzeit bis zur Romantik, Würzburg 2008.

66 Es handelt sich übrigens um den Vorsitzenden des hessischen Landesverbandes der Sinti und Roma Daniel Strauß, den ich ebenfalls kennen- und schätzen gelernt habe.

67 Hans-Richard Brittnacher, Leben auf der Grenze. Klischee und Faszination des Zigeunerbildes in Literatur und Kunst, Göttingen 2012.

68 Klaus-Michael Bogdal, Europa erfindet die Zigeuner. Eine Geschichte von Faszination und Verachtung, Berlin 2011.

69 Christina Kalkühl/Wilhelm Solms (Hrsg.), Antiziganismus heute. Beiträge zur Antiziganismusforschung, Bd. 2, Seeheim 2005; Udo Engbring-Romang/Wilhelm Solms (Hrsg.), »Diebstahl im Blick«? Zur Kriminalisierung der »Zigeuner«. Beiträge zur Antiziganismusforschung, Bd. 3, Seeheim 2004; Udo Engbring-Romang/Wilhelm Solms (Hrsg.), Die Stellung der Kirchen zu den deutschen Sinti und Roma. Beiträge zur Antiziganismusforschung, Bd. 5, Marburg 2008.

70 Franz Hamburger (Hrsg.), Kriminalisierung von Minderheiten in den Medien: Fallstudien zum Zigeuner-Bild in der Tagespresse, Mainz 1988.

71 Mehr dazu bei: Benz, Sinti und Roma, S. 33 ff.

72 Wolfgang Benz, Feindbild und Vorurteil. Beiträge über Ausgren-

zung und Verfolgung, München 1996; Benz, Sinti und Roma,
S. 14 ff.

73 Wolfgang Wippermann, »Doch allermeist die Weiber« Antiziganismus in geschlechtergeschichtlicher Sicht, in: Helgard Kramer (Hrsg.), Die Gegenwart der NS-Vergangenheit, Berlin 2000,
S. 9–24; Claudia Breger, Die Ortslosigkeit des Fremden: »Zigeunerinnen« und »Zigeuner« in der deutschsprachigen Literatur
um 1800, Köln 1998; Almut Hille, Identitätskonstruktionen. Die
»Zigeunerin« in der deutschsprachigen Literatur des 20. Jahrhunderts, Würzburg 2005.

74 Viele alte und schon als überwunden angesehene antiziganistische Vorurteile findet man in den neuen Veröffentlichungen von:
Norbert Mappes-Niedeck, Arme Roma. Böse Zigeuner. Was an den
Vorurteilen über die Zuwanderer stimmt, Berlin 2012; Rolf Bauerdick, Zigeuner. Begegnung mit einem ungeliebten Volk, Stuttgart
2013.

Warum nicht »Zigeuner«?

1 Wilhelm Marr, Der Sieg des Judentums über das Germanentum,
Berlin 1879.

2 Raphael Lemkin, Axis Rule in Occupied Europe. Laws and
Occupation – Analysis of Government – Proposals for Redress,
Washington 1944.

3 Kurt Lenk, Volk und Staat. Strukturwandel der politischen
Ideologien im 19. und 20. Jahrhundert, Stuttgart 1971, S. 20 ff.

4 Erster Nachweis: Magnus Hirschfeld, Racism, Oxford 1938.

5 »Gespräch mit Romani Rose«, in: Wolfgang Benz, Sinti und Roma:
Die unerwünschte Minderheit. Über das Vorurteil Antiziganismus,
Berlin 2014, S. 50.

6 Johann Erich Biester, Über die Zigeuner, besonders im Königreich
Preußen, in: Berlinische Monatsschrift 21, 1793, S. 108–165.

7 Yaron Matras, Die Sprache der Roma. Ein historischer Umriss, in:
Yaron Matras / Michael Zimmermann (Hrsg.), Sinti, Roma, Gypsies.
Sprache – Geschichte – Gegenwart, Berlin 2003, S. 231–261.

8 Johann Rüdiger, Von der Sprache und Herkunft der Zigeuner aus Indien, in: Neuester Zuwachs der teutschen, fremden und allgemeinen Sprachkunde in eigenen Buchanzeigen und Nachrichten. 1. Stück, Leipzig 1782, S. 37–84.

Literaturverzeichnis

Achim, Viorel: Die Deportation der Roma nach Transnistrien, in:
Mariana Hausleitner/Brigitte Mihok/Juliane Wetzel (Hrsg.),
Rumänien und der Holocaust. Zu den Massenverbrechen in
Transnistrien 1941–1944, Berlin 2001

Achim, Viorel: The Roma in Romanian History, New York 2004

Apel, Linde (Hrsg.): In den Tod geschickt. Die Deportation von Juden,
Sinti und Roma aus Hamburg 1940 bis 1945, Berlin 2009

Arnold, Hermann: Vaganten, Komödianten, Fieranten und Briganten,
Stuttgart 1958

Arnold, Hermann: Die Zigeuner. Herkunft und Leben der Stämme im
deutschen Sprachgebiet, Olten 1965

Arnold, Hermann: Ein Menschenalter danach. Anmerkungen zur
Geschichtsschreibung der Zigeunerverfolgung, Mainz 1977

Asséo, Henriette: Les Tsiganes une destinée européenne, Paris 1994

Avé-Lallement, Friedrich Christian Benedict: Das deutsche Gauner-
thum, Bd. 1–4, Leipzig 1858–1862

Awosusi, Anita (Hrsg.): Zigeunerbilder in der Kinder- und Jugendliteratur, Heidelberg 2000

Awosusi, Anita: Stichwort: Zigeuner. Zur Stigmatisierung von Sinti
und Roma in Lexika und Enzyklopädien, Heidelberg 2002

Ayaß, Wolfgang: Feinderklärung und Prävention. Kriminalbiologie,
Zigeunerforschung und Asozialenpolitik, Berlin 1998

Bade, Klaus J. (Hrsg.): Deutsche im Ausland – Fremde in Deutschland.
Migration in Geschichte und Gegenwart, München 1992

Bancroft, Angus: Roma and Gypsy-Travellers in Europe: modernity,
race, space and exclusion, Adlershot 2005

Baranyi, Zoltan: The East European Gypsies. Regime Change, Marginality and Ethnopolitics, Cambridge 2009

Bársony, János/Daróczi, Agnes: Pharrajimos. The fate of the Roma During the Holocaust, Budapest 2007

Bartolomej, Daniel: Geschichte der Roma in Böhmen, Mähren und der Slowakei, Frankfurt/M. 1998

Bastian, Till: Sinti und Roma im Dritten Reich. Geschichte einer Verfolgung, München 2001

Bauer, Stephan: Von Dillmanns Zigeunerbuch zum BKA. 100 Jahre Erfassung und Verfolgung der Sinti und Roma in Deutschland, Heidenheim 2008

Bauer, Yehuda: »Es galt nicht der gleiche Befehl für beide.« Eine Entgegnung auf Romani Roses Thesen zum Genozid an den europäischen Juden, Sinti und Roma, in: Blätter für deutsche und internationale Politik 11, 1998, S. 1380–1386

Bauerdick, Rolf: Zigeuner. Begegnung mit einem ungeliebten Volk, Stuttgart 2013

Benz, Wolfgang: Feindbild und Vorurteil. Beiträge über Ausgrenzung und Verfolgung, München 1996

Benz, Wolfgang (Hrsg.): Ausgrenzung. Vertreibung. Völkermord. Genozid im 20. Jahrhundert, München 2006

Benz, Wolfgang (Hrsg.): Vorurteil und Genozid. Ideologische Prämissen des Völkermords, Wien 2010

Benz, Wolfgang: Sinti und Roma: Die unerwünschte Minderheit. Über das Vorurteil Antiziganismus, Berlin 2014

Berbüsse, Volker: Das Bild der »Zigeuner« in deutschsprachigen kriminologischen Lehrbüchern seit 1946. Eine erste Bestandsaufnahme, in: Jahrbuch für Antisemitismusforschung 1, 1992, S. 117–151

Berger, Heidi: Das Zigeunerbild in der deutschen Literatur des 19. Jahrhunderts, Diss. Waterloo 1972

Biehl, Petra: Der Zigeuner im Jugendbuch, in: Politische Didaktik 1/1981, S. 77–84

Biester, Johann Erich: Über die Zigeuner, besonders im Königreich Preußen, in: Berlinische Monatsschrift 21, 1793, S. 108–165

Block, Martin: Die Zigeuner. Ihr Leben und ihre Seele. Dargestellt auf Grund eigener Reisen und Forschungen, Leipzig 1936

Böhmer, Torsten: Gutachten zur Behandlung der Geschichte und aktuellen Situation der Sinti und Roma im Unterricht der Mittel- und Oberstufe, Darmstadt 1983

Bogdal, Klaus-Michael: Europa erfindet die Zigeuner. Eine Geschichte von Faszination und Verachtung, Berlin 2011

Bonillo, Marion: »Zigeunerpolitik« im Deutschen Kaiserreich 1871–1918, Frankfurt/M. 2001

Breger, Claudia: Heinrich Moritz Gottlieb Grellmann – Überlegungen zu Entstehung und Funktion rassistischer Deutungsmuster im Diskurs der Aufklärung, in: Barbara Danckwortt/Thorsten Querg/Claudia Schöningh (Hrsg.): Historische Rassismusforschung. Ideologen – Täter – Opfer. Mit einer Einleitung von Wolfgang Wippermann, Hamburg 1995, S. 34–69

Breger, Claudia: Die Ortslosigkeit des Fremden: »Zigeunerinnen« und »Zigeuner« in der deutschsprachigen Literatur um 1800, Köln 1998

Briel, Gerda Gabriele: »Lumpenkind und Traumprinzessin«. Zur Sozialgestalt der Zigeuner in der Kinder- und Jugendliteratur seit dem 19. Jahrhundert, Gießen 1989

Brittnacher, Hans-Richard: Leben auf der Grenze. Klischee und Faszination des Zigeunerbildes in Literatur und Kunst, Göttingen 2012

Brucker-Boroujerdi, Ute/Wippermann, Wolfgang: Nationalsozialistische Zwangslager in Berlin, III. Das »Zigeunerlager« Marzahn, in: Wolfgang Ribbe (Hrsg.), Berlin-Forschungen II., Berlin 1987, S. 180–201

Brucker-Boroujerdi, Ute/Wippermann, Wolfgang: Die »Rassenhygienische und Erbbiologische Forschungsstelle« im Reichsgesundheitsamt, in: Bundesgesundheitsblatt 23. März 1989, S. 13–19

Buchheim, Hans: Die Zigeunerdeportation vom Mai 1940, in: Gutachten des Instituts für Zeitgeschichte, Bd. 1, München 1958, S. 51–60

Burleigh, Michael/Wippermann, Wolfgang: The Racial State. Germany 1933–1945, Cambridge 2. Aufl. 1992

Crowe, David/Kolsti, John: The Gypsies of Eastern Europe, New York 1991

Danckwortt, Barbara/Querg, Thorsten/Schöningh, Claudia (Hrsg.): Historische Rassismusforschung. Ideologen – Täter – Opfer. Mit einer Einleitung von Wolfgang Wippermann, Hamburg 1995

Danckwortt, Barbara: Franz Mettbach – Die Konsequenzen der preußischen »Zigeunerpolitik« für die Sinti von Friedrichslohra, in: Danckwortt u. a. (Hrsg.), Historische Rassismusforschung, S. 273–295

Delumeau, Jean: Angst im Abendland. Die Geschichte kollektiver Ängste im Europa des 14. bis 18. Jahrhunderts, Bd. 1–2, Reinbek 1985

Dillmann, Alfred (Hrsg.): Zigeunerbuch. Herausgegeben im Auftrag der Polizeidirektion München, München 1905

Djuric, Rajko: Roma und Sinti im Spiegel der deutschen Literatur, Frankfurt/M. 1995

Djuric, Rajko/Becken, Jörg/Bengsch, Bertolt A.: Ohne Heimat – ohne Grab. Die Geschichte der Roma und Sinti, Berlin 1996

Döring, Hans-Joachim: Die Motive der Zigeuner-Deportation vom Mai 1940, in: Vierteljahreshefte für Zeitgeschichte 7, 1959, S. 418–428

Döring, Hans-Joachim: Die Zigeuner im nationalsozialistischen Staat, Hamburg 1964

Dohm, Christian Wilhelm von: Über die bürgerliche Verbesserung der Juden, Berlin und Stettin 1781

Duna, William A./Polansky, Paul: The Hidden Holocaust of the Gypsies, Minneapolis 1997

Ebhardt, Wilhelm: Die Zigeuner in der hochdeutschen Literatur bis zu Goethes »Goetz von Berlichingen«, Diss. Göttingen 1928

Eiber, Ludwig: »Ich wußte es wird schlimm«. Die Verfolgung der Sinti und Roma in München 1933–1945, München 1993

End, Markus/Herold, Kathrin/Robel, Yvonne (Hrsg.): Antiziganistische Zustände. Zur Kritik eines allgegenwärtigen Ressentiments, Münster 2009

End, Markus: Gutachten Antiziganismus. Zum Stand der Forschung und der Gegenstrategien, Marburg 2013

End, Markus: Antiziganismus in der deutschen Öffentlichkeit. Strategien und Mechanismen medialer Kommunikation, Heidelberg 2014

Engbring-Romang, Udo: Wiesbaden. Auschwitz. Zur Verfolgung der Sinti in Wiesbaden, Darmstadt 1997

Engbring-Romang, Udo: Marburg. Auschwitz. Zur Verfolgung der Sinti in Marburg und Umgebung, Frankfurt/M. 1998

Engbring-Romang, Udo: Die Verfolgung der Sinti und Roma in Hessen zwischen 1870 und 1950, Frankfurt/M. 2001

Engbring-Romang, Udo: Bad Hersfeld. Auschwitz. Zur Verfolgung der Sinti im Kreis Hersfeld-Rotenburg, Frankfurt/M. 2002

Engbring-Romang, Udo: Hanau. Auschwitz. Zur Verfolgung der Sinti in Hanau und Umgebung, Frankfurt/M. 2002

Engbring-Romang, Udo: Fulda. Auschwitz. Zur Verfolgung der Sinti in Fulda und Umgebung, Seeheim 2006

Engbring-Romang, Udo/Solms, Wilhelm: Unruhe und Angst. Die Roma-Politik der Slowakei und die falschen Signale der EU, Seeheim 2005

Feuerhelm, Wolfgang: Polizei und »Zigeuner«. Strategien, Handlungsmuster und Alltagstheorien im polizeilichen Umgang mit Sinti und Roma, Stuttgart 1987

Ficowsky, Jerzy: Wieviel Trauer und Wege. Zigeuner in Polen, Frankfurt/M. 1992

Fings, Karola/Lissner, Cordula/Sparing, Frank: »Z. Zt. Zigeunerlager« Die Verfolgung der Düsseldorfer Sinti und Roma im Nationalsozialismus, Köln 1992

Fings, Karola/Sparing, Frank: »... einziges Land, in dem Judenfrage und Zigeunerfrage gelöst« Die Verfolgung der Roma im faschistisch besetzten Jugoslawien 1941–1945, Köln 1993

Fings, Karola/Sparing, Frank: Vertuscht, verleugnet, versteckt. Akten zur NS-Verfolgung von Sinti und Roma, in: Beiträge zur nationalsozialistischen Gesundheits- und Sozialpolitik 12, 1995, S. 181– 291

Fings, Karola/Sparing, Frank: Rassismus – Lager – Völkermord. Die nationalsozialistische Zigeunerverfolgung in Köln, Köln 2005

Fings, Karola/Opfermann, Ulrich (Hrsg.): Zigeunerverfolgung im Rheinland und Westfalen 1933–1945. Geschichte, Aufarbeitung und Erinnerung, Paderborn 2012

Fischer von Weikersthal, Felicitas (Hrsg.): Der nationalsozialistische Genozid an den Roma Osteuropas. Geschichte und künstlerische Verarbeitung, Köln 2008

Fraser, Angus: The Gypsies. The Peoples of Europe, Oxford 1992

Freese, Christoph: Zur Geschichte und Gegenwart der Zigeuner und Landfahrer in Deutschland, Diss. Erlangen 1980

Fricke, Thomas: Zwischen Erziehung und Ausgrenzung. Zur württembergischen Geschichte der Sinti und Roma im 19. Jahrhundert, Frankfurt/M. 1991

Geiges, Anita/Wette, Bernhard: Zigeuner heute. Verfolgung und Diskriminierung in der BRD. Eine Anklageschrift, Bornheim-Meerten 1979

Giere, Jacqueline (Hrsg.): Die gesellschaftliche Konstruktion des Zigeuners. Zur Genese eines Vorurteils, Frankfurt/M. 1996

Gilman, Sander: Rasse, Sexualität und Seuche. Stereotype aus der Innenwelt der westlichen Kultur, Reinbek 1992

Gilsenbach, Reimar: Wie Lolitschai zur Doktorwürde kam, in: Beiträge zur nationalsozialistischen Gesundheits- und Sozialpolitik 6, 1988, S. 101–152

Gilsenbach, Reimar: Weltchronik der Zigeuner, Teil 1: Von den Anfängen bis 1599, Frankfurt/M. 1994

Glajar, Valentina/Radulesci, Domnica (Hrsg.): »Gypsies« in European literature and culture, New York 2008

Gomez Alfaro, Antonio: Die große Razzia gegen die Gitanos. Die kollektive Gefangennahme der spanischen Gitanos im Jahr 1749, Berlin 1998

Grellmann, Heinrich Moritz: Die Zigeuner. Ein historischer Versuch über die Lebensart und Verfassung, Sitten und Schicksale dieses Volkes in Europa, nebst ihrem Ursprunge, Göttingen 1783

Greußing, Fritz: Die Kontinuität der NS-Zigeunerverfolgung, in: Zeitschrift für Kulturaustausch 31, 1981, H. 4, S. 385–392

Greußing, Fritz: Das offizielle Verbrechen der zweiten Verfolgung, in: Zülch (Hrsg.), In Auschwitz vergast, S. 192–197

Gronemeyer, Reimer: Jakobus Thomasius und Ahasverus Fritzsch. Zu den Anfängen engagierter Tsiganologie im 17. Jahrhundert, in: Gießener Hefte für Tsiganologie, H. 1, 1984, S. 7–25

Gronemeyer, Reimer: Christian Creutz, geweßener Zigeuner zu Burgsolms. Ein Besserungsversuch von der Hand aufgeklärter

Kleinfürsten, in: Gießener Hefte für Tsiganologie 3/4, 1984/85, S. 69–73

Gronemeyer, Reimer: Zigeuner im Spiegel früherer Chroniken und Abhandlungen. Quellen vom 15. bis 17. Jahrhundert, Gießen 1987

Günther, Wolfgang: Zur preußischen Zigeunerpolitik seit 1871. Eine Untersuchung am Beispiel des Landkreises Neustadt am Rübenberge und der Hauptstadt Hannover, Hannover 1985

Guerrazzi, Amadeo Osti: Der italienische Faschismus und die »Zigeuner«, in: Jahrbuch für Antisemitismusforschung 18, 2009, S. 139–159

Hamburger, Franz (Hrsg.): Kriminalisierung von Minderheiten in den Medien: Fallstudien zum Zigeuner-Bild in der Tagespresse, Mainz 1988

Hancock, Ian: The Pariah Syndrome, Ann Arbor o.J.

Hancock, Ian: We are the Romani people, Paris 2002

Hancock, Ian: Danger! Educated Gypsies. Selected Essays, Hatfield 2010

Hase-Mihalik, Eva/Kreuzkamp, Doris: Du kriegst auch einen schönen Wohnwagen. Zwangslager für Sinti und Roma während des Nationalsozialismus in Frankfurt am Main, Frankfurt/M. 1990

Haupt, Gernot: Antiziganismus in der Sozialarbeit. Elemente einer wissenschaftlichen Grundlegung, gezeigt an Beispielen aus Europa mit dem Schwerpunkt Rumänien, Berlin 2006

Haupt, Gernot: Antiziganismus und Religion. Elemente einer Theologie der Roma-Befreiung, Wien 2009

Hawes, Derek/Perez, Barbara: The Gypsy and the state. The ethnic cleansing of British society, Bristol 1996

Hehemann, Rainer: Die »Bekämpfung des Zigeunerunwesens« im Wilhelminischen Deutschland und in der Weimarer Republik 1871–1933, Frankfurt/M. 1987

Hesse, Hans/Schreiber, Jens: Vom Schlachthof nach Auschwitz. Die NS-Verfolgung der Sinti und Roma aus Bremen, Bremerhaven und Nordwestdeutschland, Marburg 1999

Heun, Jessica: Minderheitenschutz der Roma in der Europäischen Union. Unter besonderer Berücksichtigung der Definition der Roma als nationale Minderheit sowie der Möglichkeit positiver Maßnahmen im Rahmen von Art. 19 AEUV, Berlin 2011

Heuß, Herbert: Das Dokumentations- und Kulturzentrum deutscher Sinti und Roma in Heidelberg. Aufgaben und Perspektiven vor dem Hintergrund des Holocaust, in: Jahrbuch für Antisemitismusforschung 1, 1992, S. 152–159

Heuß, Herbert: Darmstadt, Auschwitz. Die Verfolgung der Sinti in Darmstadt, Darmstadt 1995

Heuzeroth, Günther/Martins, Karl-Heinz: Vom Ziegelhof nach Auschwitz – Verfolgung und Vernichtung der Sinti und Roma im Oldenburger Land und Ostfriesland, in: Günther Heuzeroth (Hrsg.): Unter der Gewaltherrschaft des Nationalsozialismus 1933–1945. Dargestellt an den Ereignissen im Oldenburger Land, Bd. 2, Oldenburg 1985 S. 227–352

Hille, Almut: Identitätskonstruktionen. Die »Zigeunerin« in der deutschsprachigen Literatur des 20. Jahrhunderts, Würzburg 2005

Höhne, Werner K.: Die Vereinbarkeit der deutschen Zigeunergesetze und -verordnungen mit dem Reichsrecht, insbesondere der Reichsverfassung, Heidelberg 1929

Hölz, Karl: Zigeuner, Wilde und Exoten. Fremdbilder in der französischen Literatur des 19. Jahrhunderts, Berlin 2002

Hohmann, Joachim S.: Zigeuner und Zigeunerwissenschaft. Ein Beitrag zur Grundlagenforschung und Dokumentation des Völkermordes im »Dritten Reich«, Marburg 1980

Hohmann, Joachim S.: Geschichte der Zigeunerverfolgung, Frankfurt/M. 1981

Hohmann, Joachim S.: Verfolgte ohne Heimat. Geschichte der Zigeuner in Deutschland, Frankfurt/M. 1990

Hohmann, Joachim S.: Robert Ritter und die Erben der Kriminalbiologie – »Zigeunerforschung« im Nationalsozialismus und in Westdeutschland im Zeichen des Rassismus, Frankfurt/M. 1991

Hohmann, Joachim S.: Sinti und Roma in Deutschland. Versuch einer Bilanz, Frankfurt/M. 1995

Hohmann, Joachim S.: Die Forschungen des »Zigeunerexperten« Hermann Arnold, in: 1999. Zeitschrift für Sozialgeschichte des 20. und 21. Jahrhunderts, 1995, H. 3, S. 35–49

Holler, Martin: Der nationalsozialistische Völkermord an den Roma in der besetzten Sowjetunion (1941–1944), Heidelberg 2009

Hornberger, Sabine (Hrsg.): Die Schulsituation von Sinti und Roma in Europa, Frankfurt/M. 2000

Hund, Wulf D.: Zigeuner. Geschichte und Struktur einer rassistischen Konstruktion, Duisburg 1996

Hund, Wulf D. (Hrsg.): Zigeunerbilder. Schnittmuster rassistischer Ideologie, Duisburg 2000

Hundsalz, Andreas: Stand der Forschung über Zigeuner und Landfahrer. Eine Literaturanalyse unter vorwiegend sozialwissenschaftlichen Gesichtspunkten. Im Auftrag des Bundesministeriums für Jugend, Familie und Gesundheit, Stuttgart 1978

Hundt-Radowsky, Hartwig von: Judenspiegel, ein Schand- und Sittengemälde alter und neuer Zeit, Würzburg 1819

Huonker, Thomas/Ludi, Regula: Roma, Sinti und Jenische. Schweizerische Zigeunerpolitik zur Zeit des Nationalsozialismus, Zürich 2001

Huttenbach, Henry R.: The Nazi Genocide of Europe's Gypsies, in: Nationality Papers 19, 1991, S. 373–396

Ionid, Radu: The Holocaust in Romania. The Destruction of Jews and Gypsies under the Antonescu Regime, 1940–1944, Chicago 2000

Jacobs, Fabian/Ries, Johannes (Hrsg.): Roma – Zigeunerkulturen in neuen Perspektiven, Leipzig 2008

Jansen, Michael: Sinti und Roma und die deutsche Staatsangehörigkeit, Diss. Bonn 1995

Jocham, Anna Lucia: Antiziganismus. Exklusionsrisiken von Sinti und Roma durch Stigmatisierung, Konstanz 2010

Jochimsen, Lukrezia: Zigeuner heute. Untersuchung einer Außenseitergruppe in einer deutschen Mittelstadt, Stuttgart 1963

Jonuz, Elizabeta: Stigma Ethnizität. Wie zugewanderte Romafamilien der Ethnisierungsfalle begegnen, Opladen 2009

Jonuz, Sefedin/Holl, Karl: Die Minderheit der Roma (und Sinti), in: Cornelia Schmalz-Jacobsen/Georg Hansen (Hrsg.): Ethnische Minderheiten in der Bundesrepublik Deutschland. Ein Lexikon, München 1995, S. 420–434

Kapralski, Slawomir: Identity Building And the Holocaust: Roma Political Nationalism, in: Nationality Papers 25, 1997, S. 270–283

Katz, Jacob: Vom Vorurteil bis zur Vernichtung. Der Antisemitismus 1700–1933, München 1988

Kawczynski, Rudko: Hamburg soll »zigeunerfrei« werden, in: Angelika Ebbinghaus (Hrsg.): Heilen und Vernichten im Mustergau Hamburg. Bevölkerungs- und Gesundheitspolitik im Dritten Reich, Hamburg 1984, S. 45–52

Kenrick, Donald/Puxon, Grattan: Sinti und Roma. Die Vernichtung eines Volkes im NS-Staat, Göttingen 1981

Kenrick, Donald (Hrsg.): The Gypsies during the Second World War. Bd. 1–3, Hatfield 1997–2006

Knesebeck, Julia von dem: The Roma Struggle for Compensation in Post-War Germany, Hatfield 2011

Knudsen, Marko: Die Geschichte der Roma, Hamburg 2005

König, Ulrich: Sinti und Roma unter dem Nationalsozialismus. Verfolgung und Widerstand, Bochum 1989

Körber, Ursula: Die Wiedergutmachung unter dem Nationalsozialismus. Verfolgung und Widerstand, Bochum 1989

Krause, Mareile: Verfolgung durch Erziehung. Eine Untersuchung über die jahrhundertelange Kontinuität staatlicher Erziehungsmaßnahmen im Dienste der Vernichtung kultureller Identität von Roma und Sinti, Hamburg 1991

Krausnick, Michael: Die Zigeuner sind da. Roma und Sinti zwischen gestern und heute, Würzburg 1983

Krausnick, Michael (Hrsg.): »Da wollten wir frei sein!« Eine Sinti-Familie erzählt, Weinheim 1983

Krausnick, Michael: Abfahrt Karlsruhe. Die Deportation in den Völkermord. Ein unterschlagenes Kapitel aus der Geschichte unserer Stadt, Karlsruhe 1990

Krausnick, Michael: Wo sind sie hingekommen? Der unterschlagene Völkermord an den Sinti und Roma, Göttingen 1995

Krokowski, Heike: Die Last der Vergangenheit. Auswirkungen nationalsozialistischer Verfolgung auf deutsche Sinti, Frankfurt/M. 2001

Lemkin, Raphael: Axis Rule in Occupied Europe, Washington 1944

Lenk, Kurt: Volk und Staat. Strukturwandel politischer Ideologien im 19. und 20. Jahrhundert, Stuttgart 1971

Lewy, Guenter: »Rückkehr nicht erwünscht« Die Verfolgung der Zigeuner im Dritten Reich, München 2001

Liebich, Richard: Die Zigeuner in ihrem Wesen und in ihrer Sprache. Nach eigenen Beobachtungen dargestellt, Leipzig 1863

Liégeois, Jean-Pierre: Roma, Tsiganes, Voyageurs, Straßburg 1994

Liszt, Franz: Die Zigeuner und ihre Musik in Ungarn, Pest 1861

Lombroso, Cesare: Der Verbrecher in anthropologischer, ärztlicher und juristischer Beziehung, Hamburg 1894

Lucassen, Leo: Zigeuner. Die Geschichte eines polizeilichen Ordnungsbegriffes 1700–1945, Köln 1996

Luchterhandt, Martin: Der Weg nach Birkenau. Entstehung und Verlauf der nationalsozialistischen Verfolgung der »Zigeuner«, Lübeck 2009

Maciejewski, Franz: Das geschichtlich Unheimliche am Beispiel der Sinti und Roma, in: Psyche 1994, S. 30–49

Maciejewski, Franz: Elemente des Antiziganismus, in: Jacqueline Giere (Hrsg.), Die gesellschaftliche Konstruktion des »Zigeuners«. Zur Genese eines Vorurteils, Frankfurt/M. 1996, S. 9–28

Mappes-Niedeck, Norbert: Arme Roma. Böse Zigeuner. Was an den Vorurteilen über die Zuwanderer stimmt, Berlin 2012

Margalit, Gilad: Die Nachkriegsdeutschen und »ihre Zigeuner«. Die Behandlung der Sinti und Roma im Schatten von Auschwitz, Berlin 2002

Martins-Heuß, Kirsten: Zur mythischen Figur des Zigeuners in der deutschen Zigeunerforschung, Frankfurt/M. 1983

Matras, Yaron: The Development of the Romani Civil Rights Movement in Germany, in: Susan Tebbutt (Hrsg.), Sinti and Roma. Gypsies in German-Speaking Society and Literature, New York 1998, S. 49–63

Matras, Yaron: Die Sprache der Roma. Ein historischer Umriss, in: Yaron Matras/Michael Zimmermann (Hrsg.): Sinti, Roma, Gypsies. Sprache – Geschichte – Gegenwart, Berlin 2003, S. 231–261

Matras, Yaron/Winterberg, Hans/Zimmermann, Michael (Hrsg.): Sinti, Roma, Gypsies. Sprache – Geschichte – Gegenwart, Berlin 2003

Matter, Max (Hrsg.): Die Situation der Roma und Sinti nach der EU-Osterweiterung, Göttingen 2005

Mayerhofer, Claudia: Dorfzigeuner. Kultur und Geschichte der Burgenland-Roma von der Ersten Republik bis zur Gegenwart, Wien 1987

Meier, Thomas: Die Verfolgung der Jenischen in der Schweiz durch das »Hilfswerk für die Kinder der Landstraße« (1926–1973), in: Dietmar Sedlazek u. a. (Hrsg.): »minderwertig« und »asozial«. Stationen der Verfolgung gesellschaftlicher Außenseiter, Zürich 2005, S. 157–178

Meister, Johannes: Das Schicksal der Sinti-Kinder aus der St.-Josefspflege in Mulfingen, Heidelberg 1987

Mihok, Brigitte: Vergleichende Studie zur Situation von Minderheiten in Ungarn und Rumänien (1896–1996) unter besonderer Berücksichtigung der Roma, Frankfurt/M. 1999

Mihok, Brigitte: Zurück nach nirgendwo. Bosnische Roma-Flüchtlinge in Berlin, Berlin 2001

Milton, Sybil: Der Weg zur »Endlösung der Zigeunerfrage«. Von der Ausgrenzung zur Ermordung der Sinti und Roma, in: Bamberger/Ehmann (Hrsg.): Kinder und Jugendliche als Opfer des Holocaust, S. 29–52

Mode, Heinz/Wölffling, Siegfried: Zigeuner – Der Weg eines Volkes in Deutschland, Leipzig 1968

Mosse, George L.: Rassismus. Ein Krankheitssymptom der europäischen Geistesgeschichte des 19. und 20. Jahrhunderts, Königstein 1978

Mühlen, Patrik von zur: Rassenideologien. Geschichte und Hintergründe, Berlin 1977

Müller-Hill, Benno: Tödliche Wissenschaft. Die Aussonderung von Juden, Zigeunern und Geisteskranken, Reinbek 1984

Münzel, Mark/Streck, Bernhard (Hrsg.): Kumpania und Kontrolle. Moderne Behinderungen zigeunerischen Lebens, Gießen 1981

Necas, Ctibor/Pellar, Simon: The Holocaust of Czech Roma, Prag 1999

Niemandt, Hans-Dieter: Die Zigeunerin in den romanischen Literaturen, Frankfurt/M. 1992

Novitch, Miriam: Le génocide des Tsiganes sous le Régime Nazi, Paris 1968

Opfermann, Ulrich Friedrich: »Dass sie den Zigeuner-Habit ablegen«. Die Geschichte der »Zigeuner-Kolonien« zwischen Wittgenstein und Westerwald, Frankfurt/M. 1997

Opfermann, Ulrich Friedrich: »Seye kein Ziegeuner, sondern kayserlicher Cornet« Sinti im 17. und 18. Jahrhundert, Berlin 2007

Peritore, Silvio/Reuter, Frank (Hrsg.): Inszenierung des Fremden.
Fotografische Darstellung von Sinti und Roma im Kontext der
historischen Bildforschung, Heidelberg 2011

Peritore, Silvio: Geteilte Verantwortung? Der nationalsozialistische
Völkermord an den Sinti und Roma in der deutschen Erinnerungs-
politik und in Ausstellungen zum Holocaust, Diss. Hannover 2012

Peschanski, Denis: Les Tsiganes en France, 1936–1946, Paris 1994

Plésiat, Mathieu: Les tsiganes. Entre nation et négation, Bd. 1–2, Paris
2012

Poliakov, Leon u. a.: Über den Rassismus. Sechzehn Kapitel zur
Anatomie, Geschichte und Deutung des Rassenwahns, Frank-
furt/M. 1984

Pott, August Friedrich: Die Zigeuner in Europa und Asien. Ethno-
graphisch-linguistische Untersuchung vornehmlich ihrer Herkunft und Sprache, Bd. 1–2, Halle 1844/45

Rao-Casimir, Aparna: Die Minderheit der Sinti (und Roma) in:
Schmalz-Jacobsen/Hansen (Hrsg.): Ethnische Minderheiten in der
Bundesrepublik, S. 442–453

Reemtsma, Katrin: Sinti und Roma. Geschichte, Kultur, Gegenwart,
München 1996

Reinbek, Emil: Die Zigeuner. Herkommen, Geschichte und eigen-
thümliche Lebensweise dieses rätselhaften Wandervolkes,
Salzkotten 1861

Reiter, Raimond: Sinti und Roma im »Dritten Reich« und die
Geschichte der Sinti in Braunschweig, Marburg 2002

Riechert, Hansjörg: Im Schatten von Auschwitz. Die NS-Sterilisations-
politik gegenüber Sinti und Roma, Münster 1995

Ritter, Robert: Ein Menschenschlag. Erbärztliche und erbgeschicht-
liche Untersuchungen über die – durch 10 Geschlechterfolgen
erforschten – Nachkommen von »Vagabunden, Jaunern und
Räubern«, Leipzig 1937

Ritter, Robert: Die Bestandsaufnahme der Zigeuner und Zigeunermischlinge in Deutschland, in: Der Öffentliche Gesundheitsdienst 6, 1941, S. 535–539

Romano Centro – Verein für Roma (Hrsg.): Antiziganismus in Österreich. Dokumentation rassistischer Vorfälle gegen Roma/Romnja
und Sinti/Sintize, Wien 2013

Rose, Romani: Bürgerrechte für Sinti und Roma. Das Buch zum
Rassismus in Deutschland, Heidelberg 1987

Rose, Romani/Weiss, Walter: Sinti und Roma im »Dritten Reich«. Das
Programm der Vernichtung durch Arbeit, Göttingen 1991

Rose, Romani (Hrsg.): Der nationalsozialistische Völkermord an den
Sinti und Roma, Heidelberg 1995

Rose, Romani (Hrsg.): »Den Rauch hatten wir täglich vor Augen« Der
nationalsozialistische Völkermord an den Sinti und Roma. Katalog
zur ständigen Ausstellung im Dokumentations- und Kulturzentrum Deutscher Sinti und Roma, Heidelberg 1999

Ruch, Martin: Zur Wissenschaftsgeschichte der deutschsprachigen
»Zigeunerforschung« von den Anfängen bis 1900, Freiburg 1986

Rüdiger, Johann: Von der Sprache und Herkunft der Zigeuner aus
Indien, in: Neuester Zuwachs der teutschen, fremden und allge-
meinen Sprachkunde in eigenen Aufsätzen, Buchanzeigen und
Nachrichten, 1. Stück, Leipzig 1782, S. 37–84

Sanchez Ortega, Maria Helena: »Dieser wichtige Zweig der Landesordnung ...« Zur Geschichte der Zigeuner in Spanien bis zum
Ende des 18. Jahrhunderts. Darstellung und Dokumente, Frank-
furt/M. 1993

Sandner, Peter: Frankfurt. Auschwitz. Zur Verfolgung der Sinti in
Frankfurt am Main, Frankfurt/M. 1998

Saul, Nicholas: Gypsies and Orientalism in German Literature and
Anthropology of the Long Nineteenth Century, Oxford 2007

Schenk, Michael: Rassismus gegen Sinti und Roma. Zur Kontinuität
der Zigeunerverfolgung innerhalb der deutschen Gesellschaft von
der Weimarer Republik bis zur Gegenwart, Frankfurt/M. 1994

Schmidt-Degenhard, Tobias: Vermessen und Vernichten. Der
NS-»Zigeunerforscher« Robert Ritter, Stuttgart 2012

Schmuhl, Hans-Walter: Sinti und Roma in der deutschen Geschichte,
in: Schopf (Hrsg.): Sinti, Roma und wir anderen, S. 25–47

Schopf, Roland (Hrsg.): Sinti und Roma und wir anderen. Beiträge zu
problembesetzten Beziehungen, Münster 1994

Schüler, Sonja: Die ethnische Dimension der Armut. Roma im post-
sozialistischen Rumänien, Stuttgart 2007

Schulze, Rainer (Hrsg.): The Porrajmos. The »Gypsy Holocaust« and
the Continuing Discrimination of Roma and Sinti After 1945,
Colchester 2010

Schwab, Gert/Wüpper, Edgar: Zigeuner. Porträt einer Randgruppe,
Frankfurt/M. 1979

Selling, Jan: Antiziganism. Fördomens kontinuitet och förändringens
förutsättningar, Limhamn 2013

Sijes, Bernard u. a.: Vervolging van Zigeuneers in Nederland
1940–1945, s'Gravenhage 1978

Sindhandl, Karin: Der Diskurs der EU-Institutionen über die Katego-
rien »Zigeuner« und »Roma«. Die Erschließung eines politischen
Raumes über die Konzepte von »Antidiskriminierung« und »sozia-
lem Einschluss«, Baden-Baden 2007

Solms, Wilhelm/Strauß, Daniel (Hrsg.): »Zigeunerbilder« in der
deutschsprachigen Literatur, Heidelberg 1995

Solms, Wilhelm: Zigeunerbilder. Ein dunkles Kapitel der deutschen
Literaturgeschichte. Von der frühen Neuzeit bis zur Romantik,
Würzburg 2008

Spitta, Arnold: Wiedergutmachung oder wider die Gutmachung, in:
Zülch (Hrsg.): In Auschwitz vergast, S. 161–167

Spitta, Arnold: Entschädigung für Zigeuner? Geschichte eines Vorurteils, in: Ludolf Herbst/Constantin Goschler (Hrsg.): Wiedergutmachung in der Bundesrepublik Deutschland, München 1989,
S. 385–401

Stauber, Roni/Vago, Raphael (Hrsg.): The Roma. A minority in Europe.
Historical, political and social perspectives, New York 2007

Steinmetz, Selma: Österreichs Zigeuner im NS-Staat, Wien 1966

Strauß, Daniel (Hrsg.): Die Sinti/Roma-Erzählkunst im Kontext
europäischer Märchenkultur, Heidelberg 1992

Strauß, Daniel (Hrsg.): Studie zur aktuellen Bildungssituation
deutscher Sinti und Roma, Marburg 2011

Streck, Bernhard: Die nationalsozialistischen Methoden zur »Lösung
des Zigeunerproblems«, in: Tribüne – Zeitschrift zum Verständnis
des Judentums 20, 1981, S. 53–77

Streck, Bernhard: Kultur der Zwischenräume – Grundfragen der Tsiganologie, in: Jacobs, Fabian / Ries, Johannes (Hrsg.): Roma- / Zigeuner-Kulturen in neuen Perspektiven, Leipzig 2008, S. 21–47

Szabó, György: Die Roma in Ungarn. Ein Beitrag zur Sozialgeschichte einer Minderheit in Ost- und Mitteleuropa, Frankfurt / M. 1991

Tebbutt, Susan: Sinti und Roma in der deutschsprachigen Gesellschaft und Literatur, Frankfurt / M. 2001

Tetzner, Theodor: Geschichte der Zigeuner, ihre Herkunft, Natur und Art, Weimar 1835

Thurner, Erika: Nationalsozialismus und Zigeuner in Österreich, Wien 1983

Toivanen, Reetta / Knecht, Michi (Hrsg.): Europäische Roma – Roma in Europa, Münster 2006

Tyrnauer, Gabrielle: Gypsies and the Holocaust. A Bibliography and introductory Essay, Montreal 1989

Uerling, Herbert / Patrut, Julia-Karin (Hrsg.): »Zigeuner« und Nation: Repräsentation – Inklusion – Exklusion, Frankfurt / M. 2008

Vodicka, Karel: Die Zigeuner des Monsignore Tiso. Roma-Verfolgung im »Schutzstaat« Slowakei 1939–1945, in: Zeitschrift für Ostmittel-europa-Forschung 53, S. 46–82

Vossen, Rüdiger: Zigeuner. Roma, Sinti, Gitanos, Gypsies zwischen Verfolgung und Romantisierung, Frankfurt / M. 1983

Weiss-Wendt, Anton: Extermination of the Gypsies in Estonia during World War II. Popular Images and Official Policies, in: Holocaust and Genocide Studies 17, 2003, S. 31–61

Widmann, Peter: An den Rändern der Städte. Sinti und Jenische in der deutschen Kommunalpolitik, Berlin 2001

Williams, Patrick: Tsiganes: Identité, Evolution, Paris 1989

Winckel, Änneke: Antiziganismus. Rassismus gegen Roma und Sinti im vereinigten Deutschland, Münster 2002

Winter, Mathias: Kontinuitäten in der deutschen Zigeunerforschung und Zigeunerpolitik, in: Beiträge zur nationalsozialistischen Gesundheits- und Sozialpolitik 6, 1988, S. 132–135

Wippermann, Wolfgang: Das Leben in Frankfurt zur NS-Zeit II. Die nationalsozialistische Zigeunerverfolgung. Darstellung – Doku-mente – Didaktische Hinweise, Frankfurt / M. 1986

Wippermann, Wolfgang: Mazurka Rose und der Artikel 16 des Grundgesetzes, in: Perspektiven. Die internationale StudentInnenzeitung 7/8, 1991, S. 51–53

Wippermann, Wolfgang: Nur eine Fußnote? Die Verfolgung der sowjetischen Roma. Historiographie, Motive, Verlauf, in: Klaus Meyer/Wolfgang Wippermann (Hrsg.): Gegen das Vergessen. Der Vernichtungskrieg gegen die Sowjetunion, Frankfurt/M. 1992, S. 75–90

Wippermann, Wolfgang: Geschichte der Sinti und Roma in Deutschland. Darstellung und Dokumente, Berlin 1993

Wippermann, Wolfgang: Holocaust mit kirchlicher Hilfe, in: Evangelische Kommentare 9, 1993, S. 519–521

Wippermann, Wolfgang: Sinti und Roma. Ihre Geschichte – unsere Geschichte, in: Rolf Busch (Hrsg.): Sinti, Roma und wir, Berlin 1994, S. 25–46

Wippermann, Wolfgang: Christine Lehmann and Mazurka Rose: Two Gypsies in the Grip of German Bureaucracy, in: Michael Burleigh (Hrsg.): Confronting the Nazi Past. New Debates on Modern German History, London 1996, S. 112–124

Wippermann, Wolfgang: »Wie die Zigeuner« Antisemitismus und Antiziganismus im Vergleich, Berlin 1997

Wippermann, Wolfgang: Antiziganismus – Entstehung und Entwicklung der wichtigsten Vorurteile, in: Landeszentrale für politische Bildung Baden-Württemberg (Hrsg.): Zwischen Romantisierung und Rassismus. Sinti und Roma 600 Jahre in Deutschland, Stuttgart 1998, S. 37–46

Wippermann, Wolfgang: Antiziganismus. Gespräch mit Wolfgang Wippermann, in: Christoph Burgmer (Hrsg.), Rassismus in der Diskussion, Berlin 1999, S. 92–111

Wippermann, Wolfgang: Das »ius sanguinis« und die Minderheiten im Deutschen Kaiserreich, in: Hans Henning Hahn/Peter Kunze (Hrsg.): Nationale Minderheiten und staatliche Minderheitenpolitik in Deutschland im 19. Jahrhundert, Berlin 1999, S. 133–144

Wippermann, Wolfgang: »Wie mit den Juden«? Der nationalsozialistische Völkermord an den Sinti und Roma in Politik, Rechtsprechung und Wissenschaft, in: Bulletin für Faschismus- und Weltkriegsforschung, H. 15, 2000, S. 3–29

Wippermann, Wolfgang: »Wie die Zigeuner …« Zur Geschichte des Antiziganismus, in: Max Peter Baumann (Hrsg.): Music, Language and Literature of the Roma and Sinti, Berlin 2000, S. 9–24

Wippermann, Wolfgang: »Doch allermeist die Weiber«. Antiziganismus in geschlechtergeschichtlicher Sicht, in: Helgard Kramer (Hrsg.): Die Gegenwart der NS-Vergangenheit, Berlin 2000, S. 278–294

Wippermann, Wolfgang: »Vom langen Schlaf ermuntert« Über den Nationsbildungsprozess der Roma, in: Reetta Toivanen/Michi Knecht (Hrsg.): Europäische Roma – Roma in Europa, Münster 2006, S. 78–85

Wippermann, Wolfgang: »Auserwählte Opfer«? Shoah und Porrajmos im Vergleich. Eine Kontroverse, Berlin 2. Aufl. 2012

Wippermann, Wolfgang: Beschränkungen des Gedenkens, in: Lith Bahlmann/Moritz Pankok/Matthias Reichelt (Hrsg.): Das schwarze Wasser. O Kalo Phani. Das Denkmal für die im Nationalsozialismus ermordeten Sinti und Roma Europas, Berlin 2012, S. 41–54

Wlislocki, Heinrich von: Volksglaube und religiöser Brauch der Zigeuner, Münster 1891

Wolff, Sigmund: Großes Wörterbuch der Zigeunersprache, Mannheim 1960

Zimmermann, Michael: Verfolgt, vertrieben, vernichtet. Die nationalsozialistische Vernichtungspolitik gegen Sinti und Roma, Essen 1989

Zimmermann, Michael: Rassenutopie und Genozid. Die nationalsozialistische Lösung der Zigeunerfrage, Hamburg 1996

Zülch, Tilman (Hrsg.): In Auschwitz vergast, bis heute verfolgt. Zur Situation der Roma (Zigeuner) in Deutschland und Europa, Reinbek 1979

Register

Rose, Vincenz 140 f.
Rüdiger, Johann 59, 200

Sara, die Schwarze (biblische
   Gestalt) 52 f.
Sarkozy, Nicolas 104–106, 134
Schade, Heinrich 173
Schmidt, Helmut 143
Schwidetsky, Ilse 173
Sijes, Bernard 89
Sisyphos (mythologische Figur)
   167
Solms, Wilhelm 189, 191
Spitta, Arnold 86
Stalin, Josef 135
Steinmetz, Selma 89
Steuben, Fritz 57
Streck, Bernhard 177, 186
Stuckart, Wilhelm 69

Szálasi, Ferenc 79

Tandler, Gerold 142
Tetzner, Theodor 60
Thurner, Erika 89
Tiso, Jozef 79
Tugendhat, Ernst 142
Turner, Harald 73 f.

Veil, Simone 142
Verschuer, Otmar Freiherr von
   173
Vona, Gabor 125

Weiss, Häns'che 138
Wiesel, Elie 181

Zimmermann, Michael 182
Zülch, Tilman 141

Reimer Gronemeyer
Soziologe

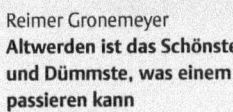

Reimer Gronemeyer
**Altwerden ist das Schönste
und Dümmste, was einem
passieren kann**

216 Seiten | Gebunden mit
Schutzumschlag
Euro 18,– (D)
ISBN 978-3-89684-160-5

Zeit der Befreiung

Die Alten sind die Musterschüler der Leistungsgesellschaft, die
umworbene Kundschaft eines verantwortungslosen Marktes.
Schonungslos schreibt Reimer Gronemeyer über das Altwerden
im Würgegriff von Konsum und Jugendwahn. Sein hoffnungs-
volles Gegenbild ist eine neue Kultur der Nachdenklichkeit. Sie
entfaltet sich im unermüdlich bewussten Unterwegssein und
in der Entscheidung, Verantwortung zu übernehmen. Denn es
geht immer um Befreiung. Gronemeyers persönlichstes Buch ist
eine Einladung, einen eigenen Umgang mit der großen Aufgabe
Alter zu finden.

www.edition-koerber-stiftung.de